中国公路

公路养护安全生产标准化管理手册

昌吉公路管理局　组织编写

人民交通出版社股份有限公司

北　京

内 容 提 要

本书以习近平总书记关于安全生产的重要论述为指导,在安全生产法律法规、公路养护安全规范的总体框架下,结合公路养护安全生产标准化建设应用实践,阐述公路养护安全生产管理重要环节和必要流程。其主要内容包括安全生产方针及目标、组织保障、责任落实、技术标准、培训教育、监督检查、安全生产费用、风险管控、隐患排查、应急管理、事故报告、安全生产信息化以及有效性评价和持续改进等,力求手册具有较强的统一性和可操作性,从而有助于提升单位安全生产综合管理能力和水平。

本书可供从事公路养护行业安全生产管理工作的人员使用,可用于公路养护一线职工岗前培训,其他相关行业、单位、部门也可借鉴参考。

图书在版编目(CIP)数据

公路养护安全生产标准化管理手册/昌吉公路管理局组织编写. —北京:人民交通出版社股份有限公司, 2021.8

ISBN 978-7-114-16832-1

Ⅰ.①公… Ⅱ.①昌… Ⅲ.①公路养护—交通运输企业—安全生产—标准化管理—中国—手册 Ⅳ.①F542.6-62

中国版本图书馆 CIP 数据核字(2020)第 167271 号

Gonglu Yanghu Anquan Shengchan Biaozhunhua Guanli Shouce

| 书　　　名：公路养护安全生产标准化管理手册
| 著　作　者：昌吉公路管理局
| 责任编辑：王　丹
| 责任校对：刘　芹
| 责任印制：张　凯
| 出版发行：人民交通出版社股份有限公司
| 地　　　址：(100011)北京市朝阳区安定门外外馆斜街 3 号
| 网　　　址：http://www.ccpcl.com.cn
| 销售电话：(010)59757973
| 总 经 销：人民交通出版社股份有限公司发行部
| 经　　　销：各地新华书店
| 印　　　刷：北京虎彩文化传播有限公司
| 开　　　本：880×1230　1/16
| 印　　　张：14
| 字　　　数：400 千
| 版　　　次：2021 年 8 月　第 1 版
| 印　　　次：2024 年 8 月　第 3 次印刷
| 书　　　号：ISBN 978-7-114-16832-1
| 定　　　价：88.00 元

(有印刷、装订质量问题的图书由本公司负责调换)

《公路养护安全生产标准化管理手册》编委会

主 编 单 位：昌吉公路管理局
编委会主任：邹　刚
编委会副主任：尼加提　李国虎
编　　　委：(按姓氏笔画排序)

王　奇	王建新	王　睿	邓　荣	邓　涛	白占学
兰　翔	多力坤·谢力甫	刘广华	刘昱含	刘　磊	
齐　英	李若涵	李相民	陈　红	张　英	张晓江
张　瑞	郝游俊	康江英	梁俊勇	彭　丽	戴继海

主　　　编：邹　刚
副　主　编：尼加提　李国虎　王建新　戴继海
主要编写人员：(按姓氏笔画排序)

王　路	王立辉	王建新	文立环	邓　荣	邓　涛
古孜丽·阿衣	兰　翔	尼加提	刘　欣	刘昱含	
孙　凯	孙茂荣	李　燕	李若涵	李国虎	李柯蒙
邹　刚	陈　月	张　英	张　瑞	尚亚馨	岳　涓
赵　静	赵　霄	郝游俊	哈布拉·叶尔肯别克		
侯春萍	夏衣旦·吾苏曼	徐　峰	徐传鹏	唐雪萍	
桑　欢	康文繁	康江英	梁俊勇	寇海薇	彭　丽
彭鲜莉	董芸辰	惠　文	缪　园	潘　斌	戴继海

前　言

安全,是生命的渴望;

安全,是幸福的保障;

安全,是时代的航向。

在习近平新时代中国特色社会主义思想的正确引领下,随着交通强国战略目标的稳步推进,公路养护事业已步入快车道,强化监督、规范秩序、注重安全、保障畅通的必要性和重要性更加突显,成为公路养护事业新变革的风向标。

"安全就是效益"这一理念的正确性与先进性已经被一次次事故教训证明过,它不仅是安全生产标准化建设的初衷和目的,更是公路养护事业持续、稳定、健康发展的必由之路。

结合当前公路养护事业的发展来看,安全生产标准化建设具有基础性、规范性、紧迫性、重要性、长期性和全局性等特征。它主要通过建立安全生产责任制,制定安全管理制度和操作规程,排查治理隐患和监控重大危险源,建立预防机制,规范生产行为,使各环节符合安全生产有关法律、法规及行业标准规范的要求,"人员、机械、物品、环境、管理"处于良好状态并持续改进,把"策划、实施、检查、改进"的动态循环模式与行业、单位自身特点结合起来,建立并保持安全生产标准化系统,建立奖勤罚懒、有效可靠、自我完善的安全生产监督管理长效机制,不断提升养路职工生命财产安全保障能力和单位安全管理水平。

本书在安全生产法律、法规和公路养护安全规范的总体框架下,坚持"发展决不能以牺牲安全为代价""安全就是效益"等理念,以管控物的不安全状态、约束人的不安全行为、消除管理缺陷为主要目的,从狠抓安全生产责任制落实、加强和改进安全监管工作,强化依法治理,用法治思维和法治手段解决安全生产问题,采取风险分级管控、隐患排查治理双重预防性工作机制;加强基础建设,提升安全保障能力五个方面,立足公路养护工作实际与特点,明确提出制定公路养护与安全管理有机结合、统筹推进的标准体系,通过这一体系,横向到边、纵向到底,让各级人员明白业务工作与安全工作如何统一、如何履责、如何落实;既讲权责,也讲标准,更讲方法,清晰地划分哪些人负监管责任,哪些人负主体责任,都由谁来做,做什么,怎样做;将安全生产这一抽象概念具体化到每个人的岗位实际中,持续地培养和强化职工养成良好的安全工作习惯,进而凝聚形成行业、单位的安全文化,这既是工作人员高兴上班、平安工作、快乐回家的美好期待,也是公路交通行业安全发展、高质量发展的内在需要,更是广大职工群众安全感、获得感、幸福感的有力保障。

本书共15章,主要内容包括总则,安全生产方针、目标及体系,安全生产管理制度,危险源辨识、风险评价与控制,安全技术和措施,教育培训与宣传,安全生产费用管理,公路养护作业过程的控制,生产设施、设备的安全管理,职业健康管理,安全生产监督检查及纠正预防,安全生产应急管理,安全生产事故管理,安全生产档案文件管理,有效性评价和持续改进。本书主要从"管行业必须管安全,管业务必须管安全,管生产经营必须管安全"的角度,规定了单位各部门、各岗位的安全职责,旨在厘清职责范围和边界,做到各司其职、各负其责、主动担当、靠前作为;阐明了公路养护安全生产遵循的总体方针、目标及基本要求,进一步明确公路养护单位落实主体责任、监管责任的方式方法,规范安全生产的各项工作标准,让安全生产工作有章可循、有据可依,促成"主要领导带头抓、分管领导亲自抓、业务人员具体抓"的安全生产良性工作格局;同时,归纳了涉及公路养护单位主要工作场所、工作过程和工作岗位的安全生产管理制度、管理规定、操作规程以及危险源辨识参考清单、安全生产检查表、应急预案、记录表等内容并收录于附录中,可直接用于公路养护单位及其下属单位安全管理实际操作,对于基层单位及其职工,尤其是一线操作人员具有很强的指导性。

本书的编写参照了我国安全生产法律、法规,公路养护安全规范、规程与安全技术标准及新疆维吾尔自治区公路管理局公路养护安全生产相关规定、制度,参考和引用了多位学者的著作、论文等。所参考的相关资料均列于参考文献。本书在成书过程中得到了各级领导和单位各职能科室、业务部门人员及基层职工的大力支持和帮助,主要参编人员详见编写委员会名单。另外,人民交通出版社股份有限公司的领导和编辑对本书的出版给予了大力帮助并付出辛勤劳动。在此,向以上人员表示最诚挚的谢意。

由于编者水平有限,时间仓促,难免有疏漏和不足之处,敬请广大读者提出宝贵意见和建议。

编委会
2020 年 12 月 16 日

目 录

1 总则 ·· 1
  1.1 目的 ·· 1
  1.2 适用范围 ·· 1
  1.3 安全与安全生产 ·· 1
  1.4 方针原则 ·· 1
  1.5 安全生产标准化 ·· 2
  1.6 安全绩效 ·· 3
  1.7 安全生产标准化应用实践 ··· 3
  1.8 安全管理体系文件的组成 ··· 8
  1.9 建立和保持安全生产长效机制 ·· 8
  1.10 安全评价与监督管理 ·· 8
2 安全生产方针、目标及体系 ··· 9
  2.1 安全生产方针 ··· 9
  2.2 安全生产目标 ··· 9
  2.3 安全生产责任体系 ·· 9
3 安全生产管理制度 ··· 12
  3.1 安全生产规章制度 ·· 12
  3.2 安全操作规程及安全作业规程 ·· 22
  3.3 评估和修订 ·· 25
4 危险源辨识、风险评价与控制 ··· 26
  4.1 危险源的辨识与风险评价 ··· 26
  4.2 建立危险源清单 ·· 28
  4.3 编制重大危险源管理方案及措施 ··· 28
  4.4 危险源的运行控制管理 ·· 28
  4.5 重大危险源的过程监控 ·· 29
  4.6 过程及结果评估活动 ··· 30
5 安全技术和措施 ·· 31
  5.1 安全风险评估 ··· 31
  5.2 安全技术措施 ··· 31
  5.3 专项安全操作规程及安全作业规程 ··· 37
  5.4 安全生产专用设施、设备 ··· 47
6 教育培训与宣传 ·· 48
  6.1 安全生产教育培训管理 ·· 48
  6.2 安全生产管理人员教育培训 ··· 49
  6.3 特种作业人员教育培训 ·· 49
  6.4 其他人员教育培训 ·· 50

6.5　安全宣传 ··· 50
　　6.6　安全文化建设 ··· 51
7　安全生产费用管理 ··· 54
　　7.1　安全生产费用的提取 ·· 54
　　7.2　安全生产费用的支付 ·· 55
　　7.3　安全生产费用的使用 ·· 55
　　7.4　安全生产费用台账 ·· 55
8　公路养护作业过程的控制 ··· 57
　　8.1　安全生产控制 ··· 57
　　8.2　公路养护作业类型 ·· 57
　　8.3　公路养护作业安全方案的编制与实施 ··································· 58
　　8.4　公路养护作业安全文明管理 ··· 58
　　8.5　安全日志 ·· 59
　　8.6　公路养护作业过程评估与改进 ·· 59
9　生产设施、设备的安全管理 ·· 60
　　9.1　设施、设备选型的安全控制 ··· 60
　　9.2　设备安全操作规程 ·· 60
　　9.3　设施、设备的使用控制 ·· 60
　　9.4　设施、设备的检测、维护、修理过程中的安全控制 ················· 61
　　9.5　特种设备管理及要求 ··· 66
　　9.6　用电安全管理及要求 ··· 66
10　职业健康管理 ··· 68
　　10.1　劳动保护 ··· 68
　　10.2　职业病防治 ··· 70
　　10.3　生活区、办公区、作业现场的卫生防疫控制 ······················· 73
11　安全生产监督检查及纠正预防 ·· 75
　　11.1　安全生产监督检查 ·· 75
　　11.2　纠正预防 ··· 76
12　安全生产应急管理 ·· 77
　　12.1　应急组织体系 ·· 77
　　12.2　应急预案 ··· 77
　　12.3　应急队伍、设施和装备、物资管理 ·································· 77
　　12.4　应急演练 ··· 79
　　12.5　应急预案的评审备案 ··· 79
13　安全生产事故管理 ·· 84
　　13.1　事故统计、分析 ··· 84
　　13.2　事故快报 ··· 85
　　13.3　事故调查分析和处理 ··· 85
14　安全生产档案文件管理 ·· 87
　　14.1　安全生产档案管理职责 ·· 87
　　14.2　安全生产档案管理规定 ·· 87
　　14.3　安全生产信息化系统建设和完善 ····································· 89

15 有效性评价和持续改进 ... 90
15.1 安全生产考核 ... 90
15.2 有效性评价与持续改进 ... 91
15.3 奖励和惩处 ... 92

附录 A 制度、办法、规程参考范例 ... 93
- 附录 A-1 安全生产管理办法 ... 93
- 附录 A-2 安全风险识别和评价管理规定 ... 98
- 附录 A-3 安全检查和隐患排查管理制度 ... 102
- 附录 A-4 消防管理制度 ... 107
- 附录 A-5 设施、设备安全管理制度 ... 109
- 附录 A-6 建设项目安全设施"三同时"制度 ... 110
- 附录 A-7 相关方安全生产监督管理制度 ... 112
- 附录 A-8 安全生产标准化评价管理制度 ... 118
- 附录 A-9 办公楼安全管理制度 ... 123
- 附录 A-10 财务安全管理制度 ... 123
- 附录 A-11 养护作业安全管理制度 ... 124
- 附录 A-12 养护工程安全管理制度 ... 125
- 附录 A-13 养护安全检查操作规程 ... 128
- 附录 A-14 路面保洁安全操作规程 ... 128
- 附录 A-15 收费广场安全管理制度 ... 129
- 附录 A-16 收费站(车道广场)安全管理规范及安全设施摆放标准 ... 129
- 附录 A-17 收费岗亭安全管理制度 ... 133
- 附录 A-18 服务区安全监督管理制度 ... 133

附录 B 公路养护单位典型危险源辨识参考清单 ... 135

附录 C 安全生产检查表 ... 145

附录 D 应急预案参考范例 ... 166
- 附录 D-1 公路交通突发事件应急总体预案 ... 166
- 附录 D-2 突发公共事件应急预案 ... 170
- 附录 D-3 办公楼突发事件应急响应预案 ... 176
- 附录 D-4 普通公路冬季防雪保交通应急救援预案 ... 181
- 附录 D-5 生产安全事故应急救援预案 ... 184
- 附录 D-6 突发公共卫生事件应急预案 ... 188
- 附录 D-7 地震应急预案 ... 192
- 附录 D-8 突发安全保卫事件应急救援预案 ... 195
- 附录 D-9 公路收费计重收费突发安全保卫事件应急预案 ... 198
- 附录 D-10 财务安全管理应急预案 ... 203
- 附录 D-11 机电系统突发故障应急预案 ... 205
- 附录 D-12 机械车辆伤害事故应急预案 ... 210

参考文献 ... 213

1 总 则

1.1 目 的

为更好地适应安全常态,单位应当建立完善的安全生产责任制,制定安全管理制度和操作规程,排查治理隐患和监控重大危险源,运行预防机制,规范生产行为,使各环节符合有关安全生产法律、法规和标准规范的要求,使人员、机械、物品、环境处于良好状态并持续改进,不断提升单位生命财产安全管理水平与保障能力。根据本书单位昌吉公路管理局在安全生产标准化建设的应用实践基础,本书主要从公路养护安全生产管理工作的基础、经验、创新等方面进行介绍与探讨。

1.2 适用范围

本书可供公路养护单位安全生产管理相关工作借鉴与参考。

1.3 安全与安全生产

《辞海》将"安全生产"解释为:为预防生产过程中发生人身、设备事故,形成良好的劳动环境和工作秩序而采取的一系列措施和活动。《中国大百科全书》将"安全生产"解释为:旨在保护劳动者在生产过程中安全的一项方针,也是单位、企业管理必须遵循的一项原则,要求最大限度地减少劳动者的工伤和职业病,保障劳动者在生产过程中的生命安全和身体健康。前者将安全生产解释为生产的一系列措施和活动,后者将安全生产解释为生产的一项方针、原则和要求。根据现代系统安全工程的观点,一般意义上来讲,安全生产是指在社会生产活动中,通过人员、机械、物料、环境、方法的和谐运作,使生产过程中潜在的各种事故风险和伤害因素始终处于有效控制状态,切实保护了劳动者的生命安全和身体健康。也就是说,安全生产的初衷是使劳动生产过程在符合安全要求的物质条件和工作秩序下进行,消除或控制危险有害因素,防止人身伤害与财产损失,保障劳动者生命健康。

"我的安全我负责,他人安全我尽责。"安全生产更多也更现实的意义在于劳动者、从业者的个人健康安全与家庭美满幸福。因此,这项工作是为自己和身边人而做,要做到平平安安上班,高高兴兴回家。

1.4 方针原则

1)安全生产工作方针
(1)安全第一。
在生产经营活动中,在处理保证安全与实现生产经营活动的其他各项目标的关系上,要始终把安全特别是从业人员和其他人员的人身安全放在首要位置,实行"安全优先"的原则。在确保安全的前提下,努力实现生产经营的其他目标。当安全工作与其他活动发生冲突与矛盾时,其他活动要服从安全,绝不能以牺牲人的生命健康为代价换取发展和效益。安全第一,体现了以人为本的思想,是"预防为主、综合治理"的统帅。没有安全第一的思想,预防为主就失去了思想支撑,综合治理就失去了整治依据。

（2）预防为主。

"预防为主"是安全生产方针的核心和具体体现，是实施安全生产和实现安全第一目标的根本途径。所谓预防为主，就是要把预防生产安全事故的发生放在安全生产工作的首位。对安全生产的管理，不是在发生事故后去组织抢救，进行事故调查，找原因、追责任、堵漏洞，而要谋事在先、尊重科学、探索规律，采取有效的事前控制措施，千方百计地预防事故发生，做到防患于未然，将事故消灭在萌芽状态。虽然人类在生产活动中还不可能完全杜绝安全事故的发生，但只要思想高度重视，预防措施得当，绝大部分事故特别是重大事故是可以避免的。坚持预防为主，就要坚持教育培训为主，在提高生产经营单位主要负责人、安全管理人员和从业人员的安全素质上下功夫，最大限度地减少"三违"现象，努力做到"不伤害自己，不伤害他人，不被他人伤害"。只有把安全生产的重点放在建立事故隐患预防体系上，提前防范，才能有效地避免和减少事故，实现安全第一的目标。

（3）综合治理。

将"综合治理"纳入安全生产方针，标志着对安全生产的认识上升到一个新的高度，是贯彻落实习近平新时代中国特色社会主义思想，坚守"发展决不能以牺牲安全为代价"红线，常态、长效地抓好安全生产工作的具体体现。所谓综合治理，就是要综合运用法律、经济、行政等手段，从发展规划、行业管理、安全投入、科技进步、经济政策、教育培训、安全文化以及责任追究等方面着手，建立安全生产长效机制。综合治理，秉承"安全发展"的理念，从遵循和适应安全生产规律出发，充分发挥社会、职工、舆论的监督作用，形成标本兼治、齐抓共管的格局。综合治理，是一种新的安全管理模式，是保证"安全第一、预防为主"的安全管理目标实现的重要手段和方法。只有不断地健全和完善综合治理工作机制，才能有效地贯彻安全生产方针。

2）安全生产工作原则

（1）党政同责、一岗双责、齐抓共管、失职追责。

坚持人民利益至上，筑牢安全发展理念。党政领导干部在对安全生产工作负责的同时，履行岗位业务职责与安全职责，推动和促进安全生产社会共治体系，尽职照单免责，失职照单追责。

（2）管行业必须管安全，管业务必须管安全，管生产经营必须管安全。

行业、业务、生产经营都必须与安全工作统筹推进。

（3）坚持"五全"（全面、全员、全过程、全方位、全时段）动态管理和"五同时"（进行计划、布置、检查、总结、评比生产工作的同时，进行计划、布置、检查、总结、评比安全工作）原则。

（4）坚持"四不放过"（对发生事故的原因分析不清不放过，广大职工群众没受过教育不放过，安全防范措施不落实不放过，事故责任者没得到处理不放过）和安全一票否决制原则。

1.5　安全生产标准化

1）安全生产标准化的定义

安全生产标准化是指通过建立安全生产责任制，制定安全管理制度和操作规程，排查治理隐患和监控重大危险源，建立预防机制，规范生产行为，使各生产环节符合有关安全生产法律、法规和标准规范的要求，人员、机械、物品、环境处于良好的生产状态并持续改进，不断加强安全生产规范化建设。

2）安全生产标准化的内涵

安全生产标准化体现了"安全第一、预防为主、综合治理"的方针和"发展决不能以牺牲人的生命为代价"的思想底线以及全面依法治国的基本方略，强调安全生产工作的规范化、科学化、系统化和法制化，强化风险管理和过程控制，注重绩效管理和持续改进，符合安全管理的基本规律，代表了现代安全管理的发展方向。安全生产标准化包含目标职责、制度化管理、教育培训、现场管理、风险管控及隐患排查治理、应急管理、事故查处、持续改进等8个方面，如图1-1所示。

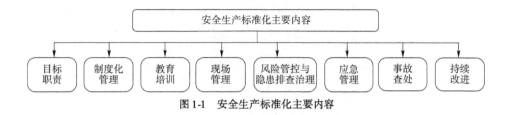

图1-1 安全生产标准化主要内容

1.6 安全绩效

安全绩效是指基于行业、单位安全方针及目标,以职业健康安全管理体系为平台,与职业健康风险控制有关的可测量结果。简单地讲,安全绩效就是根据安全生产既定目标,在安全生产工作方面取得的可测量结果,如未发生责任性事故,职业危害减轻多少,职业病发生率降低多少,杜绝违章指挥、违章操作、违反劳动纪律(以下简称"三违")行为等。

1.7 安全生产标准化应用实践

1)安全生产基本情况

以本书编写单位昌吉公路管理局为例,简要介绍安全生产标准化应用实践情况。

昌吉公路管理局系新疆维吾尔自治区公路管理局驻地州垂直管理事业单位,担负着昌吉州境内国省干线公路的养护、收费与服务区管理工作。截至2019年底,局下辖8个县(市)公路分局、19个高速公路收费站、7对服务区、24个养护工区(站、道班)、均有专(兼)职安全员。

全局管养高速公路371.613km、一级公路165.326km,管养桥梁596座(其中大桥31座、中桥162座、小桥403座)、隧道1.69km/1座、涵洞3122道、避险车道1处,拥有各类养护机械596台/辆(其中运输设备315辆、机械设备139台、小型养护机具142台)。

昌吉公路管理局一直秉承"安全为天,责任如山,凝铸路魂,保障畅通"的精神理念,立足行业特点,紧跟时代形势,落实安全责任,保障公路畅通,努力为交通强国战略实施贡献自己的力量。

在安全生产组织架构方面,昌吉公路管理局成立安全生产委员会(以下简称局安委会),并将局安委会办公室设在昌吉公路管理局安全监督保卫科。13个职能科室为局安委会成员科室,按照各自业务安全职责分工,对昌吉公路管理局属各分局、收费站、服务区的安全生产工作进行监督、检查、指导。昌吉公路管理局安全生产领导机构网络图如图1-2所示。

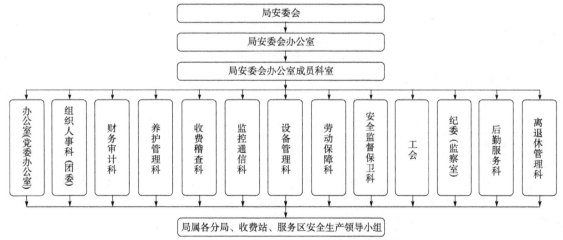

图1-2 昌吉公路管理局安全生产领导机构网络图

昌吉公路管理局党委副书记、局长任局安委会主任,昌吉公路管理局党委委员、副局长任局安委会副主任,局安委会办公室主任由昌吉公路管理局安全监督保卫科科长担任,13个职能科室科长为局安委会成员,按照各自业务安全职责分工,对局属各分局、收费站、服务区安全生产领导小组的日常工作进行监督、检查、指导。昌吉公路管理局安全管理领导(责任人)网络图如图1-3所示。

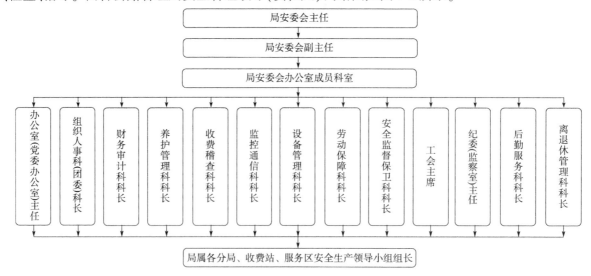

图1-3 昌吉公路管理局安全管理领导(责任人)网络图

2)安全生产标准化建设主要步骤

交通运输部发布高速公路运营企业安全生产标准化建设基本规范后,昌吉公路管理局根据年度总体工作部署,积极推进安全生产标准化建设工作(简称"达标建设")。

首先,委托具有相应资质的第三方作为达标建设咨询服务商。

其次,组织召开达标建设动员会议,会上宣读《关于昌吉公路管理局安全生产标准化建设工作的通知》(昌公管安保〔2019〕69号)及昌吉公路管理局达标建设实施方案,明确了达标建设的内容、目标及要求,并由第三方技术指导人员进行达标建设专题培训。

再次,根据达标建设工作安排,昌吉公路管理局组织第三方陆续对机关各科室、局属基层单位职工开展达标建设专题培训,并在培训后组织进行安全管理文件汇编(包含安全目标、安全职责、安全制度、操作规程、应急预案等内容)修订,危险源辨识、评估工作和外业隐患问题整改。

最后,达标建设经试运行与初步整改后,昌吉公路管理局安全生产标准化自评小组根据"高速公路运营企业安全生产标准化评价实施细则"相关,对达标建设情况内容开展自评价。

3)自评价主要方向

(1)自评情况概述。

为确保达标建设工作取得实效,进一步检验各项安全生产管理措施的科学性、合理性、实用性、有效性及安全生产工作目标、指标的完成情况,昌吉公路管理局安全生产标准化自评小组于2019年12月6日至12月11日对达标建设情况开展了自评。

自评小组成员由局安委会办公室领导、成员及局安委会成员科室人员组成,根据"高速公路运营企业安全生产标准化评价实施细则"相关内容,主要通过资料审查、现场检查、抽样调查、职工询问等方式,对达标建设工作予以自评。

(2)自评内容。

①目标与考核。昌吉公路管理局领导高度重视安全生产工作,机关各科室、局属各单位均能认真履行安全生产职责,安全目标任务的完成情况良好。在全局上下的共同努力下,昌吉公路管理局系统安全管理体系总体运行平稳、有效,顺利完成年度安全目标任务:

a. 不发生责任性安全生产事故。

b. 不发生责任性人员伤亡事故。

c. 不发生责任性火灾事故。

d. 不发生责任性财物被盗事件。

e. 不发生责任性交通安全事故。

f. 不发生严重影响社会稳定的治安事件。

②管理机构和人员。昌吉公路管理局安全管理机构设置完整有序，职责分工清晰明确，安全管理体系运行状况良好。明确昌吉公路管理局党委副书记、局长为安全生产第一责任人，对全局安全生产工作负领导责任；机关各科室、局属各单位负责人为业务范围内安全生产管理第一责任人。同时，成立局安委会，其办公室设在昌吉公路管理局安全监督保卫科，具体负责安全生产监督管理。

③安全责任体系。昌吉公路管理局已经形成安全生产标准化管理文件汇编体系，明确了局党政领导、副职领导、机关各科室、局属各单位负责人及业务人员安全生产职责。逐级签订安全目标管理责任书，切实体现并落实安全生产"党政同责、一岗双责、齐抓共管、失职追责"责任体系，着力构建"主要领导带头抓，分管领导亲自抓，业务人员具体抓"的安全生产工作格局。

④法律、法规和安全管理制度。在坚持稳中求进工作总基调的基础上，昌吉公路管理局建立了适用的安全生产法律法规清单和岗位安全操作规程，并组织相关人员对安全生产标准化管理文件汇编体系的内容进行宣贯。通过开展安全资质培训、组织班组安全学习等教育培训形式，进一步提高昌吉公路管理局干部职工的安全责任感与安全执行力。

⑤安全投入。昌吉公路管理局及局属单位均认真履行单位负责人保障安全投入的法定职责，以维护干部职工生命健康与财产安全为初心，足额投入和使用安全生产经费，建立动账明细，确保有据可查。

通过加强公路设施/设备维保、消除公路安全隐患、完善重点路段监控、加大安全培训力度等措施，保障管养公路安全畅通，人员素质稳步提升。

⑥装备设施。严把监督关，守好入口关。昌吉公路管理局设备管理、后勤服务部门负责管理区域内设施/设备的采购、验收、运行和检修管理，认真按照昌吉公路管理局规章制度选型、购置、维护、更新。同时，如发现设施、设备存在安全隐患，及时进行整改消除，并保存工作记录，形成闭环管理。

⑦科技创新与信息化。根据行业主管部门交通应急信息工作相关要求，昌吉公路管理局及时加入新疆路况及交通应急工作平台，密切关注管养高速公路通行状况与阻断信息，按时上报各类道路信息及安全畅通情况。同时，积极与当地公安、交警、路政部门对接"一路三方"联动机制，随时做好应对处置各类公路交通突发事件的准备。

建立了机械车辆安全管控 App 系统，通过手机移动终端和计算机固定终端两种方式，实现机械车辆的派车、维修、出车前安全检查、日常维护及定期检查的实时过程管理，并设置机械车辆保险到期、审验到期、轮胎到期更换、机油到期更换等手机提示功能，进一步强化机械车辆安全管控，杜绝车辆"带病上路"或"带病作业"。

围绕科技兴安，坚持"生命至上、安全第一"的原则，从 2017 年下半年起，以增加高速公路养护施工现场安全系数为研发方向，利用现代电子科学技术，昌吉公路管理局自主创新研制了"施工现场车辆防闯入声光报警系统"，侧重解决养护作业现场报警方式单一且不及时的问题。目前，此系统已在昌吉公路管理局范围内推广使用，获得广泛好评。2019 年 6 月，此研究项目积极参与了"平安交通"创新案例征集活动。

⑧教育培训。根据国家相关规范及昌吉公路管理局安全生产教育培训制度要求，积极开展昌吉公路管理局、局属单位、班组三级安全教育培训。同时，局属基层单位按月组织职工开展经常性的班组安全教育培训，公路养护作业、收费班组换班期间，均进行岗前安全提示，做到遵章守纪、安全生产、不伤害自己、不伤害他人、不被他人伤害。

⑨作业管理。牢固树立"发展绝不能以牺牲安全为代价，业绩绝不能以生命鲜血来换取"的指导理念，针对各岗位风险特点尤其是基层一线操作人员的特点，昌吉公路管理局制定了相应的安全操作规程，明确了危险因素、操作步骤、防范措施、技术要求等内容，坚持把《道路交通标志和标线 第 4 部分：作业区》（GB 5768.4—2017）、《公路养护安全作业规程》（JTG H30—2015）的执行落实情况作为安全督查、巡查、

检查的重要内容,按规范要求实施"公路安全生命防护工程""提升公路桥梁安全防护和连续长陡下坡路段安全通行能力"等专项行动,定期排查及整治现场管理中存在的隐患和问题,对照清单问责,实行动态管理,形成闭环机制。同时,加强对相关方安全作业的监督,签订安全合同与协议,要求相关方遵照施工作业安全技术规范做好安全保护措施。

⑩风险管理。在全局范围内推行安全风险评估管理体系,昌吉公路管理局及局属各分局、收费站、服务区根据各自管辖区域和职能不同,绘制了结合单位实际的安全风险"四色"分布图,建立完善了安全风险管理台账,对可能发生或受到汛洪、泥石流等灾害影响的区域、路段、范围进行排查登记,并积极采取相应的管理防范措施。在单位内部火、电、油、气及消防安全重点区域均张贴相关安全警示标志。

⑪隐患排查与治理。按照"管行业必须管安全,管业务必须管安全,管生产经营必须管安全"的原则,层层压实各级安全生产主体与监管责任,将业务与安全统筹推进,昌吉公路管理局机关各科室在进行业务督查的同时,对业务安全工作进行督查;局属各单位每月按周对内部火、电、油、气及消防安全重点区域进行安全自查、检查与巡查工作,做到检查有记录、整改有措施、落实有记录、印证有图片,实行问题动态清零,体现痕迹闭环管理。同时,在重要时期、特定时段及节假日、季节性等特殊时间,组织开展专项安全检查和隐患排查,并形成督查、检查通报。目前,全局安全生产总体形势持续平稳,无重大安全隐患问题。

⑫职业健康。昌吉公路管理局统一缴纳养老保险、医疗保险、工伤保险及住房公积金等,每年组织开展职工健康体检。同时,组织开展职业健康教育培训、健康讲座等活动,使干部职工正确认识和预防职业危害,降低职业健康风险,保障安全健康生活与工作。

⑬安全文化。依据"安全为天,责任如山,凝铸路魂,保障畅通""平平安安上班,高高兴兴回家"等理念,确定安全愿景、使命、文化价值观、要素,并通过安全应急工作交流平台、LED电子宣传标语、"安全生产月"主题展板等途径,对行业安全理念、文化进行宣传,增加职工群众的认同感和归属感。同时,对获得地州级或以上安全生产先进的集体给予奖励、鼓励。

昌吉公路管理局根据单位性质和特点,最终确定了如下安全文化价值观、愿景、使命:

安全文化价值观:关注安全,关爱生命,平安你我,幸福大家。

安全愿景:争当平安职工,畅享平安公路。

安全使命:安全为天,责任如山,大道为公,保障畅通。

⑭应急管理。昌吉公路管理局建立东西线两个应急保障基地。东线以奇台为中心,辐射木垒、吉木萨尔、五彩湾、阜康等地;西线以呼图壁为中心,连接昌吉、硫磺沟、玛纳斯等地,以昌吉公路管理局应急指挥部为中心,以两大应急保障基地为平台,以公安交警、路政等部门联动为支撑,以局属单位应急分队为终端,形成了东联西出、南北呼应、管理规范、优势互补、保障有力的应急队伍。

针对管养公路网点多、线长、面广的实际情况,截至2019年底,昌吉公路管理局组建了1个路网应急保通中队、32个应急救援保障分队,应急救援保障人员达432人。应急救援物资储备主要为工业盐、融雪剂、编织袋、铅丝笼、应急照明灯、防滑沙等。

结合局属各单位实际,局安委会办公室分别对《突发事件应急演练制度》等8个制度及《高速公路突发事件应急总体预案》等19项预案进行修订,以完善应急机制和处置体系为主导,强化各项预案的理论指导性和有效操作性。

⑮事故报告调查处理。事故调查处理坚持"四不放过"原则。

⑯绩效考评与持续改进。昌吉公路管理局年中、年终对业务与安全生产工作进行综合检查、评定,对安全生产实行"一票否决"的同时,积极推广日常安全管理工作中的好思路、好经验、好方法、好机制。

4)工作亮点

(1)领导重视,全力支持。昌吉公路管理局成立了以局党委副书记、局长为组长,分管领导为副组长,各科室负责人及安全生产标准化内审员为成员的安全生产标准化建设领导小组。局领导定期了解和掌握《昌吉公路管理局安全生产标准化管理文件汇编》的审稿、印制事宜工作进度,确保局安全生产标准化建设工作稳中有序向前推进。

（2）全局动员，人人参与。牢固树立"没有与安全无关的单位、无关的部门、无关的人员"的思想以及安全生产标准化建设的核心是人的观念，通过安全生产标准化建设，使全局上下把"策划、实施、检查、改进"的动态循环模式应用到业务与安全工作的自觉性逐步上升，通过自我检查、自我纠正和自我完善，逐步形成了尽职免责、失职追责、奖勤罚懒、有效可靠、持续改进的安全生产监督管理长效机制。

（3）查改隐患，应对风险。历年来，昌吉公路管理局安全生产工作始终把安全督查、隐患排查、风险管控作为防范和遏制事故的治本之策，特别是推进质量和职业健康安全管理体系以来，进一步利用安全生产标准化的契机，深入开展危险源辨识，优化完善"红、橙、黄、蓝"安全风险管理台账，通过经验积累、工作交流、日常检查、现场观察、学习研究、查阅记录以及获取外部信息等多方面途径，共确认危险源201项，后补充完善至230余项，进一步清晰了安全风险防范措施的指向性和基层一线隐患排查工作的方向感，更有助于提升干部职工安全综合能力和单位安全整体管理水平。

5）存在的问题

对照《高速公路运营企业安全生产标准化评价实施细则》，根据单位实际工作开展情况，如实地对单位安全生产管理情况予以合理评估，并列出问题清单：

（1）未对部门级安全目标进行考核。

（2）未定期识别安全培训需求。

（3）安全教育培训效果未评价。

（4）专（兼）职安全管理人员和应急管理人员未以正式文件任命。

（5）未明确基层兼职安全员安全职责，没有对安全岗位任职能力进行要求或进行能力评价。

（6）安全文化价值观、愿景、使命的推广宣传力度不够。

（7）防雷检测不及时。

（8）危险源辨识与全员全要素仍有差距。

（9）无风险分析记录、风险评价报告。

（10）缺少应急处置卡。

（11）未编制安全风险评估和应急资源调查报告。

（12）未制订应急救援人员日常训练计划。

（13）部分相关方未签订安全协议，未明确安全管理具体要求。

（14）道路全程监控和分段监控系统仍需要完善。

6）整改计划

针对存在的不符合项，昌吉公路管理局对照考核细则和相关规章制度，经综合归纳分析，发现导致问题的主要原因包括规章制度学习不深入，落实力度不够，人员安全教育培训和综合能力水平有待提高。

（1）对于规章制度学习不深入，落实力度不够，昌吉公路管理局将《昌吉公路管理局安全生产标准化管理文件汇编》印发机关各科室、局属各单位进行学习参考，进一步将自身业务安全中的不符合项分解明确至具体业务人员，对照标准落实整改内容。同时，对整改和有效保持情况进行动态巡查，督促逐级落实责任，培养并强化安全习惯。

（2）对于现场存在的不符合项，责成当场立即整改，暂无法立即整改的则以整改通知单直接明确整改方式及整改责任部门、人员，限期予以整改，严防相同和类似问题重复出现。

（3）对于年内或短期无法整改完成的，纳入长期工作规划中，持续关注，积极掌握进度情况，督促整改直至完成。

7）整改完成情况

公路养护单位根据实际完成度予以评价。

8）总体结论

昌吉公路管理局安全生产标准化自评小组根据《高速公路运营企业安全生产标准化评价实施细则》

逐条自评,自评得分为 927.64 分。2017—2019 年,昌吉公路管理局已连续获得昌吉州安全生产先进单位,且近 3 年未发生安全生产责任事故。

昌吉公路管理局安全生产标准化自评小组认为,昌吉公路管理局安全生产标准化建设工作已达到高速公路运营企业安全生产标准化 1 级要求,可向交通运输行业相关评价机构申请评审。

1.8　安全管理体系文件的组成

安全生产标准化体系文件主要包括单位、部门及岗位人员安全目标与职责、安全管理规章制度、安全教育培训计划方案、安全风险管控及隐患排查治理措施、设施/设备安全操作规程、应急预案,等等。

1.9　建立和保持安全生产长效机制

安全生产标准化建设既带有基础性、规范性,又带有紧迫性、重要性,还带有长期性和全局性。安全生产标准化建设是指用科学的方法和手段,提高人的安全意识,创造人的安全环境,规范人的安全行为,把"策划、实施、检查、改进"的动态循环模式与行业、单位自身特点结合起来,建立并保持安全生产标准化系统;通过自我检查、自我纠正和自我完善,建立奖勤罚懒、有效可靠、持续改进的安全生产监督管理长效机制,从而最大限度地预防和减少伤亡事故,合理降低或规避责任风险。

1.10　安全评价与监督管理

1)安全评价

安全评价是指以实现安全为目的,运用安全系统工程原理和方法,辨识与分析工程、系统、生产经营活动中的危险及有害因素,预测发生事故或造成职业危害的可能性及其严重程度,提出科学、合理、可行的安全对策、措施及建议,做出评价结论的活动。安全评价可针对一个特定的对象,也可针对一定区域范围。

2)安全监督管理

安全监督管理部门和其他负有安全监督管理职责的部门在履行监管职责时,应遵循以下基本原则:

(1)坚持"有法必依、执法必严、违法必究"的原则。

(2)坚持"以事实为依据,以法律为准绳"的原则。

(3)坚持"预防为主"的原则。

(4)坚持"行为监察与技术监察相结合"的原则。

(5)坚持"监察与服务相结合"的原则。

(6)坚持"教育与惩罚相结合"的原则。

在开展安全监督管理工作中,必须提及的是安全生产闭环管理机制,其主要执行步骤如下:

安全督查、检查、自查发现隐患问题→填写检查记录或下达整改通知书→隐患问题责任单位负责人签收→隐患问题列入台账→制定并落实隐患问题整改或防范措施→提交整改报告书→确认隐患问题已整改完毕或相应防范措施已落实→隐患问题台账中予以销号。

在实施过程中,公路养护单位需要根据单位自身情况对各环节步骤进行具体细化,在不违背监管工作原则的前提下,采用与单位性质、组织形式、人员特点相匹配或者更合理、更有效的执行方式。

2 安全生产方针、目标及体系

2.1 安全生产方针

2014年8月31日,第十二届全国人民代表大会常务委员会第十次会议通过全国人民代表大会常务委员会关于修改《中华人民共和国安全生产法》的决定。此次修法,"安全第一、预防为主、综合治理"方针正式被写入《中华人民共和国安全生产法》,既是对各个行业、单位安全生产的原则性指导,也是法律红线对安全生产的刚性约束,更是安全生产法治精神的体现。

公路养护单位可根据国家"安全第一、预防为主、综合治理"总方针,立足行业特点,结合自身实际,确立单位适用的安全价值观、愿景、使命或理念等。例如,本书编写单位昌吉公路管理局将"讲安全遵章守纪,防事故从我做起"作为安全生产工作指导理念,其后续章节提到的安全文化价值观、愿景、使命及"主要领导带头抓、分管领导亲自抓、业务人员具体抓"工作格局,均是"安全第一、预防为主、综合治理"方针的延伸和具体化。

昌吉公路管理局安全生产工作思路:

(1) 坚持安全第一、落实防治结合。承诺践行"安全第一、预防为主、综合治理"的安全生产方针,遵守国家各项法律、法规及标准;采用各种方式方法,预防和控制事故危害,消除隐患,做到标本兼治。

(2) 推进人本管理、实行全员参与。坚持以人为本的管理理念,积极推行职业安全健康管理标准,加强职业安全防护,关注和保障职工的安全和健康状况,加强职工的安全意识和技能教育,采用新技术、新材料、新设备,努力促进和实现公路养护本质化安全;同时,广泛动员,引导全员参与整改隐患问题和抵制违章行为。

(3) 完善制度措施、查改事故隐患。建立健全公路养护安全生产规章制度和岗位作业标准,严格学习和执行制度;加强公路养护作业安全管理,完善养护作业安全施工条件,坚持隐患"零容忍",违章"零迁就",安全"零懈怠",使公路养护作业的风险损失降到最低点;定期组织安全督查、检查、自查,开展隐患排查治理工作;对重点路段、关键设备、危险源、危险部位进行系统、全面的检查,及时查改问题,杜绝违章作业,确保安全生产。

(4) 倡导科学发展、稳步持续改进。坚持以"科技兴安"的思路指导公路养护生产实践过程,加大安全科技投入,提升公路养护安全管理综合技术水平;持续改革创新,推进节能环保,实现职工与自然、环境的安全和谐。

2.2 安全生产目标

公路养护单位安全生产目标应当符合国家安全生产方针及《中华人民共和国安全生产法》《安全生产许可证条例》等法律、法规、条例的规定,以减少和控制事故危害,尽可能避免生产过程中由于安全责任事故造成的人身伤害、财产损失、环境污染以及其他损失为目的,根据实际情况,确定单位年度安全生产工作需要达到的目标、指标及程度。

2.3 安全生产责任体系

1) 安全生产管理机构

安全生产管理机构是安全生产工作有序开展的前提保障,必须设置。值得注意的是,安全与安全生产的涵盖范围通常比较广,即便限定在某个行业领域,对安全管理人员综合素质能力的要求也往往相对较高,需要其对安全生产法律法规、规章制度具有较好的解读能力,熟悉掌握单位内部的工作体系、运行机制。公路养护单位也不例外,应当设置符合工作实际需要的安全生产岗位任职能力要求,以确保安全生产管理工作的监督执行力度。

(1)安全管理人员岗位任职能力要求参考标准：
①政治觉悟高,爱岗敬业,有较强的工作责任心和事业心。
②熟悉国家安全生产管理的法律、法规、相关政策,了解本部门及相关部门管理制度及工作流程。
③具有全面的综合协调、创新、决断能力和全局观念。
④具有较高的组织领导能力,以及较强的组织宣传与应变能力。
⑤具有对行业文化的构建、维护、创新能力。
⑥大学本科及以上学历。
⑦从事安全相关工作3年及以上。
⑧身体健康,形象良好。

(2)基层安全员岗位任职能力要求参考标准：
①政治觉悟高,爱岗敬业,有较强的工作责任心和事业心。
②了解国家安全生产管理的法律、法规、相关政策,熟悉本部门及相关部门管理制度及工作流程。
③具有较强的沟通、协调、执行能力和团队协作意识。
④能熟练应用各种办公软件。
⑤大学专科及以上学历。
⑥经过单位或培训机构统一安全知识培训,并成绩合格。
⑦身体健康,形象良好。

公路养护单位安全生产领导机构参考网络图如图2-1所示,公路养护单位安全管理领导(责任人)参考网络图如图2-2所示。

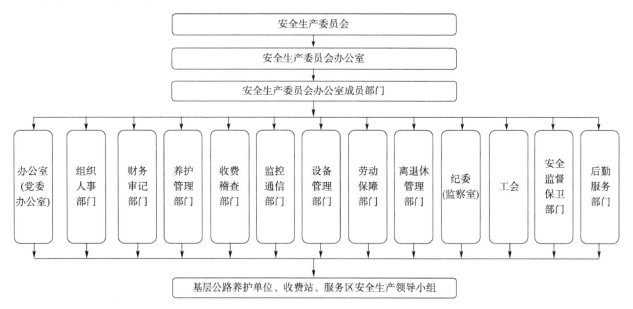

图2-1 公路养护单位安全生产领导机构参考网络图

2)安全生产责任制

公路养护单位应当建立健全安全生产责任制,坚持贯彻落实安全生产"党政同责、一岗双责、齐抓共管、失职追责"责任体系,这既是法定职责,也是做好安全生产工作、落实各级安全责任的必要环节。

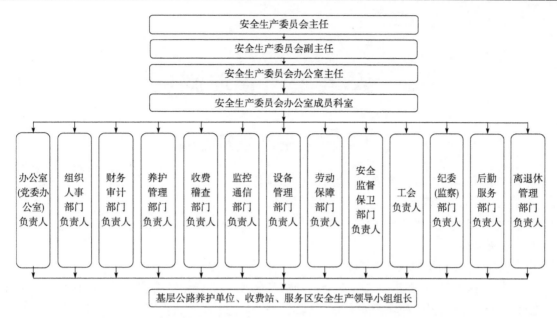

图 2-2　公路养护单位安全管理领导(负责人)参考网络图

3)安全生产管理人员配备

依据《中华人民共和国安全生产法》,各级公路养护单位应当设置安全生产管理机构、部门并配备专(兼)职安全生产管理人员,或者委托具有国家规定相关专业技术资质的第三方机构提供安全生产管理服务。安全管理机构、人员的设置配备应当与单位规模、人数相适应匹配,符合安全生产相关法律法规要求,保证可以满足单位正常安全管理工作的实际需要。

安全生产管理人员要具备胜任相应岗位要求的素质与能力,取得相关安全资质。公路养护单位应当选用责任心强、学习力强、身体健康的人员担任安全生产管理机构、部门负责人或专(兼)职安全生产管理人员。

安全生产管理人员任职资格(如学历、资质、年龄、相关工作经验等)由组织人事部门根据单位实际情况和需要进行设定,并对任职资格进行审核,保障相应的管理岗位待遇。

3 安全生产管理制度

3.1 安全生产规章制度

公路养护单位安全生产规章制度应当遵守以下原则：
(1)坚持"安全第一、预防为主、综合治理"的原则。
(2)遵守"主要负责人负责"的原则。
(3)遵守系统性原则。
(4)遵守规范化、标准化原则。

就主要涵盖内容而言，公路养护单位安全生产规章制度主要分为综合安全管理制度、人员安全管理制度、设施/设备安全管理制度和环境安全管理制度。就其系统性、通行性等方面而言，系统性比较强的有安全生产管理办法、安全风险识别和评价管理规定、安全生产教育培训制度、安全检查和隐患排查管理制度、消防管理制度、建设项目安全设施"三同时"制度、相关方安全生产监督管理制度等，通行性比较强的有办公楼安全管理制度等。

1)安全生产规章制度简述与应用举例

为更加直观地体现安全生产规章制度在实际工作应用中的操作性，下文以公路养护单位公务车辆安全管理为例说明。按照"管行业必须管安全，管业务必须管安全，管生产经营必须管安全"的工作原则，根据单位实际工作具体安排，可由办公室、设备管理部门或后勤服务部门负责公务车辆安全生产管理工作，公务车辆安全生产规章制度一般包括机动车的年审管理工作、驾驶员安全教育监管、安全目标管理责任、车辆安全技术状况检查、行车安全保障机制、交通事故处置流程等内容。

派车单、机车工作日志、车辆维修等环节既是公路养护单位较多涉及的日常工作，也是车辆安全生产的重要内容。公路养护单位公务车辆派车单、机械车辆工作日志、车辆维修申请单参考样式见表3-1～表3-3。

公务车辆派车单参考样式 表3-1

编号：

申请科室填写	用车事由		车辆类型	
	目的地		搭乘人员	
	用车时间	年 月 日 时起至 年 月 日 时止		
	科室负责人		派车单位	
驾驶员填写	本次出车行车里程	公里	驾驶员签字	
	收车时间		备注	

注：本派车单一式两份，一份由驾驶员保存，另一份交派车单位存查。

2)公路养护单位机械设备安全管理办法的制订要素

公路养护单位应将安全生产与公路养护放在同等重要的位置。对单位人员管理任务较重、机械车辆基数较大、设备使用频率较高等安全监督管理过程中的潜在风险因素要保持清醒地认识，审慎做好单位安全生产管理，最大限度地预防和减少事故尤其是安全责任事故。以机械设备安全管理办法的制定为例，需要重点把握好目的、适用范围、职责、管理规定等方面。

机械车辆工作日志参考样式　　　　　　　　　　　　　　　　　　　　　　　　　　　表 3-2

车号：　　　　　　　　　规格型号：　　　　　　　　　　　　　年　月　日

日期	机械车辆			工作内容	油耗	日常维护内容	维护结果	使用人员签字	机械操作人员签字
	起	止	里程(台班)						

主管领导：　　　　　　　　　　机运员：　　　　　　　　　　机械操作人员：

车辆维修申请单参考样式　　　　　　　　　　　　　　　　　　　　　　　　　　表 3-3

日期：　年　月　日　　　　　　　　　　　　　　　　　　　　　　　　　　　编号：

车号		车型		已行驶里程		申请人	
维修项目							
鉴定部门意见							
车辆管理部门意见							
领导审批							

首先,明确目的。建立健全机械、车辆、设备安全管理体系,预防并减少机械设备安全事故的发生,保障和维护好职工群众的生命安全。

其次,明确适用范围。通常适用于公路养护单位机械、车辆、设备安全生产管理。

再次,明确职责。设备管理部门负责检查和督促下属各单位的机械、车辆、设备安全生产工作。下属各单位根据实际情况,机械车辆管理人员按上级有关规定开展工作。

最后,明确管理规定。涉及具体管理操作的实质性内容包括如下:

(1)对于新职工和转岗人员,必须接受岗前培训和安全技术教育,明确安全生产的重要性,经考核合格后才能上岗或独立操作。

(2)机械的安全防护装置必须可靠,在危险、复杂的环境中施工,要有可靠的安全措施,同时要注意防火、防盗、防滑、防冻。

(3)特种作业操作人员必须严格遵守安全技术操作规程及公路养护施工规范。

(4)特种作业操作证,不得转借他人。持某一特种作业操作证的人不得从事与本工种不符的工作或驾驶与证件不符的机车,更不得无证上岗。

(5)对任何违反安全技术操作规程、规定或强令冒险危险作业的行为和无理要求,操作人员应当立即指出,要求予以纠正,且有权拒绝执行。

(6)凡是投入使用的机械均要符合下列主要技术条件:

①外观整洁、装备齐全,各部位连接紧固、安全、可靠。

②发动机(电动机)动力性能良好,运转正常,无"跑、冒、滴、漏"的现象。

③运转机械及工作装置应符合技术要求,性能良好,无异常噪声,各部位不缺油。

④安全部件可靠,应符合技术要求,转向系统及制动系统性能符合有关规定,安全防护装置和电器设备应安全、可靠。

(7)对机械操作人员的要求：

①学习和掌握机械设备的安全技术操作规程，懂维护技术，严格按施工规范的要求施工，不断提高技术水平，达到岗位应知、应会、的要求。

②认真做好例行维护和一级维护作业，使自己管理和使用的机械经常处于整洁、完好、安全可靠的状态。

③遵守本单位的各项规章制度，服从调度，听指挥。

④规范使用和维护机械，保质保量地完成生产任务指标。

⑤严格执行交通法规中的各项规定。

(8)安全教育与技术培训：

①利用灵活多样的形式，采取切实可行的措施，大力开展安全生产的宣传教育工作，让职工群众了解和掌握党的安全生产方针、政策和国家有关安全生产的法律、法规及公路行业有关规定，持续提高职工安全意识，促使"安全为了生产，生产必须安全"的思想入脑、入心、入行。

②各单位特种作业培训，要坚持"缺什么就培训什么"的原则，及时制订并上报培训计划，待地州公路养护单位批准后，由各市、县公路养护单位组织实施。

③单位驾驶员应当人车固定、人岗相适，需要调整时，应及时向地州公路养护单位上报、备案。大型精密机车的驾驶员不得任意更换，如需更换，需征得地州公路养护单位同意。

④取得特种作业操作证的各类人员，1年内不得独立上岗操作，必须参加生产学习。待实习期满且考核合格后，才具备独立上岗资格。

⑤利用生产淡季，有计划地组织特种作业及机械操作人员，进行以安全生产与机械维护规程为主要内容的安全技术培训，培养一批思想纪律好、技术素质硬的稳定职工队伍。

(9)业务安全检查：

①机械设备管理人员组织施工前或出车前安全生产会议或岗前提示，督促机械操作人员对全车制动系统、转向系统、工作系统等进行全面检查，直到确认安全、可靠，同时认真做好各种出车、行车记录。

②机械操作人员在工作前、中、后均应当严格执行机车维修维护技术操作规程，对重点部位进行预防性检查，遵守安全操作规程和交通法规，同时经常留意各部位工作情况，发现问题立即停机、停车检查，待故障排除后，再继续投入工作运行。

③执行安全生产的规章制度及安全技术操作规程，落实防范措施，确保安全生产原始工作记录有据可查，做好归档管理。

④签订的各种合同中，均应当有安全生产方面的条款。

(10)事故处理：

①当事故发生后，各单位安全管理人员应及时填写事故统计报表和事故报告单，并附事故认定、裁决书和保险公司索赔单及事故情况说明、照片等，报单位设备管理、安全监督保卫部门备案。

②发生任何事故，都坚持按照"四不放过"原则找出事故发生的原因，加强对肇事者、责任者及全体职工的教育，制定相应的安全防范措施，以减少相同或类似事故的发生。

③对因违反操作规程造成机械、车辆、设备安全事故的，依据安全生产管理办法规定，对直接责任人、单位第一责任人、分管领导、相关部门负责人予以处罚；责任人员因酒后上岗发生安全事故的，承担因此引发的全部责任。

3)公路养护单位车库安全管理制度制订举例

车库安全管理制度也可以按照以上方法、方式结合单位具体情况和需要达到的管理要求制定，以本手册编写单位昌吉公路管理局的车库安全管理制度为例。

(1)目的。

为保障车库安全管理，最大限度地预防事故，降低意外事件、事故风险，特制定本制度。

(2)适用范围。

本制度适用于昌吉公路管理局及局所属各单位。

(3)职责。

后勤服务科负责局小车班车库的安全管理;局属各单位负责本单位车库的安全管理;后勤服务科负责监督检查。

(4)管理规定:

①车库内禁止吸烟,防止引发火灾事故。

②下班或长期外出时要断电、关窗,防止发生漏电事故或盗窃事件。

③保持车库门窗完好、通风、照明良好以及电器设备工作正常。如有破损或异常,应及时通知更换、修理,防止发生事故或意外事件。

④下班离开时,必须关锁门窗,注意查看电灯、计算机、电视、饮水机、高压洗车机等用电、用水设施是否关闭、电源是否拔掉,确认无误后人员再离开。

⑤发现异常迹象、可疑人员要及时报告局安全监督保卫科。

⑥车库内严禁存放易燃易爆物品。

⑦消防设施每年定期检修、更换,使用者须熟练掌握正确的使用方法。

4)公路养护单位锅炉安全生产管理制度制订举例

公路养护单位锅炉安全生产管理同样具有较强的操作性,《压力容器安全技术监察规程》《蒸汽锅炉安全技术监察规程》及锅炉技术说明书均是做好锅炉安全生产管理工作的重要依据。从实际操作层面,其管理规定需要做到有重点、具体化,主要包括以下4个方面:

(1)人员管理。

①锅炉系统操作人员必须持有效的相应证件上岗。

②锅炉值班操作人员在岗工作期间,坚守岗位,思想集中,规范操作;当班时,不玩手机,不看书、杂志等,不打瞌睡,不随意离开工作岗位,不在班前、班中饮酒。

③非司炉人员一律不准进入锅炉间。

④交班人员要提前做好准备工作,进行认真、全面的检查和调查,保证锅炉运行正常。接班人员按规定班次和规定时间提前到锅炉房,做好接班准备工作,并详细了解锅炉的运行情况。交接班时,如果接班人员没有按时到达现场,交班人员不得离开工作岗位。交接班人员应做好交接班记录。

(2)设备管理。

①严格按照操作手册使用锅炉。

②定期校验、检修锅炉,安全附件按国家相关规定请专业人员进行年检,确保设备发挥正常的技术功能。

③锅炉用水必须处理,故水质不合格,锅炉不准投入运行。

④对炉体及辅助设备定期进行检查,发现锅炉有异常现象危及安全时,应采取紧急停炉措施并及时报告单位负责人。

⑤进行经常性的维护,保证锅炉的正常使用。

⑥在电、气焊维修时,必须报请管理部门批准,并切断气源、确认室内无可燃气体,且做好防护措施后,方可进行;严禁在锅炉房内私自随意进行动火作业。

(3)环境管理。

①设置安全禁令标志,岗位职责、锅炉操作规程上墙。

②严禁在锅炉房内及其附近堆放易燃、易爆品,所需装有少量润滑油、清洗油的油桶和油壶要存放在指定地点。

③环境卫生清洁干净,门窗完好。

④锅炉房需配备有效消防器材,认真管理,不能随便移动或挪作他用。

(4)事故处理。

锅炉一旦发生事故,当班人员在条件允许的情况下要及时采取措施,防止事态扩大,并立即报告单位领导。

锅炉日志是锅炉安全生产管理工作的重要原始记录,及时、认真、如实地填写锅炉日志是安全生产标准化的硬性要求。本书编写单位昌吉公路管理局及局属基层单位普遍使用电锅炉,锅炉工交接班记录及电锅炉运行记录表参考样式见表3-4、表3-5。

锅炉工交接班记录参考样式 表3-4

年 月 日

日期	交班人	接班人	交班时间	结果	简要说明

交接班时应做到五交、五不交	
五交: 1. 锅炉压力、水位、温度、燃烧正常; 2. 锅炉安全附件灵敏、可靠; 3. 锅炉本体和附属设备无异常; 4. 消防设施、工具、备件齐全; 5. 环境整洁,门窗完好	五不交: 1. 不交给酒后上岗的接班人; 2. 锅炉压力、水位、温度、燃烧不正常时不交; 3. 锅炉本体和附属设备异常时不交; 4. 处理事故时不交接班; 5. 接班人员未能按时接班时,不交班给无证人员
备注:	

电锅炉运行记录表参考样式 表3-5

检查人: 年 月 日

设备名称	检查项目	情况标记(√)	设备名称	检查项目	情况标记(√)
电锅炉	声音	1号正常( ) 异常( ) 2号正常( ) 异常( )	水箱	软化水	_____ m³
	气味	1号正常( ) 异常( ) 2号正常( ) 异常( )		声音	正常( ) 异常( )
	水温	1号___℃ 2号___℃		水箱水位	1/3( ) 2/3( ) 满( )
连接水管	压力	1号___MPa 2号___MPa	动力柜	运行状况	1号正常( ) 异常( ) 2号正常( ) 异常( )
	循环泵	1号正常( ) 异常( ) 2号正常( ) 异常( )		电源指示	开( ) 关( )
	渗漏情况	正常( ) 异常( )		电压指示	_____ V
				电流指示	_____ A
异常情况记录:					

注:此表由交接班人员如实填写,合格或正常打(√),不合格或存在问题打(×),并做简要说明。如有争议,则报告单位领导及上级部门。

5)收费站业务安全管理要素、内容及规定

根据职能设定和划分,部分地区公路养护单位还涉及公路收费业务和收费站管理,因此,收费站安全管理工作也相应成为公路养护单位安全生产标准化工作中的一项重要组成内容。以本书编写单位昌吉公路管理局下属收费站为例,对公路收费站业务安全中部分管理要素、内容主要规定如下:

(1)票卡安全管理方面。通常由公路收费稽查部门负责票证安全管理制度的制定,所辖收费站负责具体执行。

具体规定:

①票据管理实行"严格管理、专人负责",严格执行省级主管部门票据管理规定。

②票管室应安装防盗门、防盗窗,配备灭火器,严禁非工作人员进入。

③票管员应妥善保管好防盗门和保险柜钥匙,不得遗失。

④建立完善的票据管理制度,设置专用票据库,由票据管理员专人负责,出库发放票据必须根据领用清单,认真清点并做好记录,确保票据领用安全。

⑤收费员不得擅自转票、调票,特殊情况由票据会计做账处理。

⑥任何人不得将票据带出工作场所。

⑦票管员离开票管室时,应检查门窗是否关闭、电气设备是否切断电源,以防意外事故发生。

⑧票管员必须了解灭火器性能,掌握灭火器使用方法。

⑨票管室摄像必须处于实时完好状态,如果出现故障,应第一时间上报相关部门尽快修复。

⑩票卡应妥善保管、保证安全,应做到"三专"(专人、专库、专柜)、"七防"(防盗、防潮、防火、防鼠、防晒、防磁、防损)。

相关工作记录主要体现在封闭式高速公路 IC 卡缴销申报表、封闭式高速公路 IC 卡入库单、封闭式高速公路 IC 卡出库单及封闭式高速公路 IC 卡申领表,参考样式见表 3-6 ~ 表 3-9。

封闭式高速公路 IC 卡缴销申报表参考样式　　　　表 3-6

缴销日期:　年　月　日　　　　　　　　　　　　　　　　　　　　缴销张数:　　张

序号	缴销 IC 卡号码	缴销原因	备　注
1			
2			
3			
4			
5			

收费稽查科:　　　　　收费稽查科票管员:　　　　分中心负责人:　　　　分中心卡管员:

封闭式高速公路 IC 卡入库单参考样式　　　　表 3-7

出 库 信 息			
领取单位:		领取日期:　年　月　日	领取张数:　　张
分中心经批准后发放信息			
序号	卡箱号码	卡箱内 IC 卡数量	备　注
1			
2			
3			
4			
5			
	合计		

分中心负责人:　　　　票据管理员:　　　　收费站负责人:　　　　卡管理员:

封闭式高速公路 IC 卡出库单参考样式　　　　　　　　　　　　　　　　　表 3-8

入 库 信 息			
领取单位：	领取日期：　年　月　日		领取张数：　张
收费站经批准后领用信息			
序号	卡箱号码	卡箱内 IC 卡数量	备　注
1			
2			
3			
4			
5			
合计			

分中心负责人：　　　　票据管理员：　　　　收费站负责人：　　　　卡管理员：

封闭式高速公路 IC 卡申领表参考样式　　　　　　　　　　　　　　　　　表 3-9

申 领 信 息			
领取单位：	领取日期：　年　月　日		领取张数：　张
经批准后发放信息			
序号	卡箱号码	卡箱内 IC 卡数量	备　注
1			
2			
3			
4			
5			
合计			

分中心负责人：　　　　卡管理员：　　　　收费站负责人：　　　　卡管理员：

(2)通行费安全管理方面。通常由公路收费稽查部门负责通行费安全管理制度的制定,所辖收费站负责具体执行。

具体规定：

①车辆通行费征收备用金仅限于通行费找零,不得挪作他用。

②收费员进入收费岗亭前,应领取车辆通行费征收备用金,并记录备案。收费时如遇到找零不足,由值班长负责调换。

③交班值班长应在交班前 15min 将找零备用金和应急备用金清点准确,移交给接班值班长,双方在"备用金交接记录本"上签字确认,确保备用金交接无误。严禁收费员在没有班次时手中留有备用金。

④收费站缴款室钥匙由专人保管,保险柜钥匙必须由两人以上分别保管,同时开启。

⑤收费员在本班次结束后上缴车辆通行费(含驾驶员放弃找零)时,必须在监控摄像范围内进行,由票务人员核收封包保管。值班长对本班次交款全过程进行监督,执勤人员必须在交款室外负责安全保卫工作。

⑥收费员必须如实填写"现金缴款单"有关内容,不得涂改。

⑦银行上门收款时,值班领导、票务人员需共同验明身份后,对收款全过程进行监督,监控人员实时监控,办理移交手续。如果银行不能按时上门接款,收费站应及时与银行联系,妥善保管车辆通行费,并及时报上级有关部门。

⑧收费站工作人员应做好保密工作,未经允许不得将车辆通行费收入的有关数据、录像资料外泄。

相关工作记录主要体现在车辆通行费缴款单,参考样式见表 3-10。

车辆通行费缴款单参考样式   表3-10

单位：　　　　　　　　　　　　　　　　　年　月　日　　　　　　　　　　　　　　班次：

类别	起号	止号	领取（张数）	发出（收回）	金　额				备注
					应缴	损失	溢出	实收	
卡(卷)									
卡(箱)									
针式票									
合计金额（大写）									

收款人：　　　　　　　　收卡人：　　　　　　　　审核人：　　　　　　　　缴款人：

（3）收费站监控室安全管理方面。通常由公路收费稽查部门负责收费站监控室安全管理制度的制定,所辖收费站负责具体执行。

具体规定：

①收费站监控室实行24h值班制度。

②严格遵守监控室工作纪律,无关人员不得进入。

③监控室设备每班巡检一次,做好运行记录,若出现异常情况及时上报,并联系有关单位进行处理。

④严格遵守监控设备操作规程,未经许可不得擅自拆卸、调试和外接各种设备。

⑤定期检查监控室消防设施,工作人员能熟练使用消防器材,办公场所禁止吸烟,严禁携带易燃易爆物品进入。

相关工作记录主要体现在争议车辆登记表、监控值班日志等,参考样式见表3-11、表3-12。

争议车辆登记表参考样式   表3-11

序号	车道	时间	车牌号	车　型					吨位、座位	备注
				1	2	3	4	5		
1										
2										
3										
4										
5										

监控值班日志参考样式   表3-12

日期：　　　　　　　时间：　　　　　　　班次：　　　　　　　本班收费额：

收费员姓名	道　号	时　间	起　止　号	判错车型、车种,使用模拟键
		上岗： 下岗：	起号： 止号：	
		上岗： 下岗：	起号： 止号：	
		上岗： 下岗：	起号： 止号：	
		上岗： 下岗：	起号： 止号：	
		上岗： 下岗：	起号： 止号：	

续上表

执勤人员：						
岗中巡查						
清账报表	姓名	工号	长款(元)	短款(元)	原因	打印情况

岗中巡查是监控值班日志中的一项重要内容。它是统筹业务工作与安全管理的一个有机结合点，可以多角度地体现工作纪律、业务事件、安全提示、隐患排查、问题整改等的实际情况。此外，班组工作情况（表3-13）、监控人员交接班记录（表3-14）、清账报表特殊情况说明（表3-15）中的一些内容也可以反映安全管理运行情况，或者为一些事件的原因分析提供一定判断依据。

班组工作情况参考样式　　　　　　　　　　　　　　　表3-13

日期：　　　　　时间：　　　　　班组：　　　　　天气：

收费监控设施、设备运行情况及故障处理记录							
班次调看录像	调看时间：		调看班次：		调看人员：		
	调看时段：						
						稽查签字：	
案件处理	案发时间：		报案人：		报案时间：		
	结案人：		到达时间：				
	案件经过：						
日期	通行费完成统计			缴款室出入记录			
	通行费	交通量	完成月比例	时间	事由	进出人员	监管人
合计							

续上表

日期	绿色通道免费车辆统计			车道	IC 卡数	通行费	交通量
	车型	交通量	减免金额				
				入口			
				出口			
合计				合计			

监控人员交接班记录参考样式　　　　　　　　　　　　　　　表 3-14

序号	项目	完好程度	卫生情况	运行情况
1	电视墙			
2	服务器			
3	CCTV			
4	报表计算机			
5	图像查询计算机			
6	硬盘录像计算机			
7	卡箱计算机			
8	矩阵键盘			
9	内部对讲机			
10	工作台			
11	电话及一键报警器			
12	空调及遥控器			
13	地板			
14	工作椅			
15	打印机			
16	票卷记录	接票：　(卷、张)轴　个	交票：　(卷、张)轴　个	备注：
票卷安装记录	车道：	时间：	止号：	起号：
	车道：	时间：	止号：	起号：
	车道：	时间：	止号：	起号：
	车道：	时间：	止号：	起号：
	车道：	时间：	止号：	起号：
	车道：	时间：	止号：	起号：
	车道：	时间：	止号：	起号：
	车道：	时间：	止号：	起号：

交班值班长：　　　　　接班值班长：　　　　　交班值班员：　　　　　接班值班员：

清账报表特殊情况说明　　　　　　　　　　表 3-15

单位：　　　　　　　　　　班次：　　　　　　　　　　　年　月　日

姓　名	工　号	长款(元)	短款(元)	应交款(元)	情况说明
合计					

班长：　　　　　　　　　　监控员：　　　　　　　　　　收费员：

3.2　安全操作规程及安全作业规程

公路养护单位安全操作规程及安全作业规程应当有明确的编制依据：
(1)现行国家、行业安全技术标准和规范、安全规程等。
(2)设施、设备的使用说明书和工作原理资料及设计、制造资料。
(3)曾经出现过的危险、事故案例及与本项操作有关的其他不安全因素。
(4)作业环境条件、工作制度、安全生产责任制等。

1)公路养护单位驾驶员安全操作规程制订举例

以公路养护单位常见常用的驾驶员安全操作规程为例，应遵循的主要规定包括出车前、行车中和收车后三方面。

(1)出车前：

①检查机油、燃油、冷却水和制动液是否正常，蓄电池电解液是否充足，轮胎气压是否正常。汽车加油前发动机必须熄火停机。

②检查汽车各部有无漏水、漏油、漏气、漏电现象。

③检查驾驶员的驾驶证、机动车行驶证等必带的行车证件是否齐全。

④检查照明、信号、喇叭、刮水器、后视镜、门锁、门玻璃及门窗升降器是否完好可靠，检查后视镜位置是否合适，检查刮水器和风窗玻璃清洗液液面及工况是否符合要求，检查驾驶室的前后左右范围内是否悬挂或放置有妨碍驾驶员视线的物品。

⑤检查转向装置横、直拉杆等连接部位是否牢固、可靠，脚手制动器、离合器的工作情况是否良好。

⑥检查人员乘坐是否符合规定，随车装备是否齐全。

⑦起动发动机(变速杆应置于空挡位置)，检查发动机运转是否正常，有无异响，各仪表工作是否正常，发动机、传动部分及车架是否正常。

⑧车辆起步前应查看车四周有无人员或障碍物，在保证安全的情况下，方可起步。冬季冷车起步后，应采用低速挡行驶，待各部机件正常后，方可正常行驶。机动车倒车时，必要时驾驶员须下车查看，在确保安全的情况下，方可倒车。倒车速度要均匀，禁止忽快忽慢。

(2)行车中：

①严格遵守交通法规，文明行车，杜绝疲劳驾车、超速、超载，按交通标志标线规定驾驶机动车辆；严禁酒后驾车；行车中不得有接打电话、抽烟、不系安全带等影响安全驾驶的行为。

②在超车、会车过程中，做到前车不让不超车、后车超车要让车、路窄会车先停车、遇到障碍不抢车、判断不准不开冒险车，自觉做到先慢、先让、先停。夜间行车要高度警惕，控制车速，会车时要距对面来车 150m 以外互闭远光灯，改用近光灯。

③行驶中在不影响安全的情况下，适时查看各仪表是否工作正常，如有异常或其他部位有异常响声，应停车检查修理，不准强行行驶。

④当机动车掉头或变更车道时,在打转向灯的同时,必须经后视镜查看后方是否有车辆或行人,在确保安全的情况下,方可掉头或变更车道,不准打转向灯后即刻变道。

⑤机动车遇风、雨、雾天气,视线不足时,要控制车速,保持足够的安全车距,禁止急打转向盘和使用紧急制动;在冰雪道路行驶时,时速不得超过20km。

⑥机动车驾驶员连续行驶4h应停车休息20min,24h内连续驾车不得超过8h,防止疲劳驾驶和事故发生。

⑦行车中如车辆发生故障,应将车辆移至不妨碍交通的地点并在车后200m处设置故障车辆警告标志或开启危险警示灯;如发生交通事故,驾驶员应及时摆放安全标志,保护好现场,并在第一时间内报交警部门。

⑧在高速公路上行驶时,不准倒车、逆行,不准穿越中央分隔带掉头或转弯,不准在匝道、加速车道上超车、停车,不准骑、压车道分界线行驶或在超车道上连续行驶,不准右侧超车,不准随意停车。

⑨所有上路施工作业的驾驶员(操作手)必须按规定着反光标志服,上路作业车辆(设备)必须悬挂安全标志牌,开启警示灯;养护车辆因施工作业,确需在中央分隔带掉头时应开启警示灯,必须有专人负责指挥,在确保安全的前提下快速通过。

(3)收车后:

①检查发动机是否正常,查看有无漏油、漏气情况。

②检查和补充燃油、机油、冷却水、玻璃水。

③按规定对润滑点进行检查和加润滑油(脂)。

④检查随车工具及附件(三脚架、灭火器等)是否齐全。

⑤关闭所有开关按钮,拉驻车制动器、熄火、拔钥匙,锁上车门。

2)收费站岗位安全作业规程举例

前文提及根据职能设定和划分,部分地区公路养护单位还涉及公路收费业务和收费站管理,针对公路收费站岗位安全作业规程,应用举例如下:

(1)收费站稽查安全操作规程。

①在执行日常稽查任务时应不少于两人,着装规范,上车道应穿安全标志服、反光背心。

②在进入收费广场时,应着反光背心,注意车辆行驶状态,穿越车道时做到"一停、二看、三通过"。

③在检查收费岗亭、监控室、收费车道电器设备时,做好防护,按规操作,确保安全。

④应避免雷雨等恶劣天气上岗稽查,防止雷击等人身伤害。

⑤在处理各类纠纷、投诉事件中,做到以事实为依据,人性化处理,防止发生因处理不当而引发的冲突。

(2)收费站值班长安全操作规程。

①岗前安全操作。

a.整队、清点人数,进行岗前安全提示,要求收费员必须从地下通道进出收费岗亭;无地下通道的,收费员必须着安全标志服,在安全员的引领下进出收费岗亭。

b.清理个人携带的私款,由当班值班长及执勤人员带队到达收费岗亭,并将下班人员接回休息区。

②岗中安全操作。

a.在交接前,值班长应对收费设施、消防器材等进行检查,在确保设施设备正常、安全的情况下经双方签字后方可交接。

b.在交接前,值班长对存在的安全隐患需要向接班班长进行说明,并提出整改意见。

③工作期间安全操作。

a.掌握收费区域安全设施、设备和器材的分布状况,遇到安全突发事件能迅速施救。

b.随时观察收费广场车辆和收费岗亭周围情况,制止闲杂人员和车辆在收费广场滞留。

c.监督、检查收费岗亭门锁是否关闭,穿越车道时要做到"一停、二看、三通过",上、下车道时应走地下通道,雨天穿越车道时应注意地面湿滑,以防摔伤。

d. 在处理有争议的车辆时,禁止站在车辆的正前后方,应站在收费岛上或岗亭内,确保自身安全。

e. 如遇强行闯卡、失控车辆时,坚决杜绝用身体强行拦截车辆。

f. 在能见度低的情况下,开启收费区域照明设施,以保证夜间有足够的照明。

g. 当遇到收费广场车辆拥堵、治安、火灾、危险化学品泄漏等突发事件发生时,值班长应沉着冷静,立即向值班站长汇报,同时做好现场疏导及应急处置工作。

h. 值班长应及时纠正收费员在未关闭车道的情况下打扫卫生的行为。

i. 遇雷雨天气,禁止人员走出大棚外操作设备。

④交款结账安全操作。

a. 值班长之间交接完毕,做好收费现场安全巡检工作后方可离开。

b. 值班长应确保收费员提款出岗亭时在可视范围内,并列队带回缴款室,确保票款安全。

c. 值班长监督交款过程,确保通行费安全移交至押运公司。

(3)收费站值班员安全操作规程。

①上班前值班员按要求着装并做好监控设备清洁除尘及设备运行情况检查。

②进入监控室值班员应随时关门,禁止非工作人员进出,禁止吸烟。

③值班员应在当班期间对违章车辆和突发事件实时跟踪录制,保存好录像,做好相应记录。

④值班员应在当班期间做好收费区域现场安全监控巡检工作,发现异常情况应及时报告值班长到场处理,对设施、设备损坏做好相关记录,并及时上报相关部门进行维修。

⑤值班员履职尽责,对收费员在岗行为进行可视监督。

⑥值班员不泄露收费相关数据及收费人员录像信息,不得在清账前与收费员核对收费额。

⑦禁止无关人员在监控室计算机上打印与报表无关的资料。

⑧及时做好当班期间安全信息的上传下达工作。

(4)收费站收费员安全操作规程。

①岗前安全操作。

a. 参加岗前安全提示,在班长的统一带领下到票证室领取所用票据、卡等上班必备物品。

b. 收费员按要求着安全标志服列队进入岗亭进行交接。

②岗中安全操作。

a. 交接班人员对收费岗亭内所有设施、设备进行安全检查,确认无误后签字。

b. 保持收费岗亭内干净整洁,机柜要加盖上锁,地面要保持干燥,避免湿滑。

③工作期间安全操作。

a. 进出收费岗亭必须关好门窗,外场打扫卫生、维持秩序时应穿反光背心。

b. 工作期间严禁将水壶、水杯放置在工作台面上,防止漏水,做好防鼠工作,防止老鼠损毁线路,造成机电设备损坏。

c. 当车辆即将到收费岛头时,收费员应及时收回手臂,避免胳膊、手被车辆剐伤、擦伤。

d. 如发现强行闯卡、失控车辆,收费员做好紧急避险工作;如发现车辆造成设施、设备损坏,收费员应记录车牌、车型,及时向值班领导汇报。

e. 收费员发现无关人员在收费区域逗留应及时上报。

f. 收费员需要离开收费岗亭时,上报值班员后将顶棚指示灯切换为车道关闭状态,关闭收费车道栏杆,关好门窗后方可离开,确保岗亭安全。

g. 工作场所严禁存放易燃、易爆物品,严禁私自拉线接电器。

④收交款结账安全操作。

a. 收费员在岗亭内交接班时,应关闭门窗,下班时应将所收票、款、卡全部锁入钱箱。

b. 收费员统一列队前往缴款室进行清点、交款。

(5)收费站执勤人员安全操作规程。

①执勤人员应熟知突发事件应急预案处置流程,按规定着装上岗,并佩戴对讲机、防刺服、头盔等,发现隐患及时处理,无法处理的及时上报。

②在疏导车辆工作过程中,执勤人员禁止站在车辆前后盲区处,避免造成人身伤害。

③车辆拥堵时,执勤人员应站在岛头处指挥疏导车辆有序进入收费车道。

④在夜间疏导车辆时,执勤人员应佩戴强光手电、夜间指示棒及肩章爆闪灯,并着反光背心,确保自身安全。

⑤当发现收费广场附近有可疑人员车辆时,执勤人员应立即劝离,确保收费安全。

⑥当车道发生故障及突发事件时,执勤人员应立即上报值班领导,同时做好车辆疏导、人员撤离应急处置工作。

⑦对绿色通道优先通行车辆检查时,执勤人员不要攀爬到车上,以防摔伤。遇特殊车辆通过时,执勤人员需现场指挥,并与车辆保持一定距离。

⑧对突发事件启动应急预案,执勤人员按程序做好处置工作。

在此简单列举一起车道缴费车辆发生火灾应急处置案例:收费员发现车辆起火险情,立即上报监控室;收费员按照监控员指令关闭车道电源,撤离至安全地带;值班长上报值班领导,迅速启动火灾应急处置预案。

(6)收费站票据会计安全操作规程。

①严格执行会计法规、制度,建立规范的会计工作秩序。

②做好票据总账、明细账的记账工作,做到认真审核原始凭证、登记账目日清月结,账账相符、账票相符。

③做好通行费收入、交通量报表汇总上报工作,保证数据准确无误。

④妥善保管各种账册及报表,保证票据会计资料的完整。

⑤定期对站内备用金使用情况进行安全检查,并根据收费所需,准备各种面额备用金。

⑥对于工作调动或离岗10天以上的人员,应做好账目交接手续,经移交人、接交人、监交人签字生效后,方可离岗。

(7)收费站票据管理员安全操作规程

①认真检查发放票据、卡的起止号码、数量和金额,按要求填写领用单。

②做好票据总账和明细账的登记,每日核对账、票、卡、款是否相符;及时统计、汇总并按时上报报表。

③定期申领票据,按规定存放,做好防火、防盗、防潮、防鼠咬等安全工作。

④每月核对账簿,做到账账相符;每月核对库存,做到账簿登记及时,账实相符。

3.3 评估和修订

公路养护单位应当适时或在操作类事故应对工作结束后,组织相关人员对操作规程的规范性、合理性、安全性进行评估和修订。

遇下列情况,操作规程应进行修订:

(1)操作规程中如发现不适宜继续保留、必须予以修正或纠正的事项。

(2)根据出现的操作类事故、险情的经验总结,认为有必要做出改进。

(3)工作岗位特点、工作环节流程、操作技术方法、设施/设备型号发生变化。

(4)其他认为有必要修订的情形。

4 危险源辨识、风险评价与控制

4.1 危险源的辨识与风险评价

1)危险、有害因素
(1)危险、有害因素的分类。
公路养护作业包括但不限于以下内容(仅供参考):
①物体打击,指物体在重力或其他外力的作用下产生运动,打击人体,造成人员伤亡。
②车辆伤害,指机动车辆在行驶中引起的人体坠落和物体倒塌、下落、挤压伤亡。
③机械伤害,指机械设备运动(静止)部件、工具、加工件直接与人体接触引起的夹击、碰撞、剪切、卷入、绞、碾、割、刺等伤害。
④起重伤害,指各种起重作业(包括起重机安装、检修、试验)中发生的挤压、坠落(吊具、吊重)、物体打击等。
⑤触电,包括雷击伤亡。
⑥淹溺,包括高处坠落淹溺。
⑦灼烫,指火焰烧伤、高温物体烫伤、化学灼伤(由酸、碱、盐、有机物引起的体内外灼伤)、物理灼伤(由光、放射性物质引起的体内外灼伤)。
⑧火灾。
⑨高处坠落,指在高处作业中发生坠落造成伤亡。
⑩坍塌,指物体在外力或重力作用下,自身的强度极限或因结构稳定性破坏而造成伤害。
⑪挖沟时的土石塌方、脚手架坍塌、堆置物倒塌等。
⑫冒顶事故(隧道作业)。
⑬透水。
⑭放炮,指爆破作业。
⑮火药爆炸,指火药、炸药及其制品在生产、加工、运输、存储中发生爆炸等。
⑯瓦斯爆炸。
⑰锅炉爆炸。
⑱容器爆炸。
⑲其他爆炸。
⑳中毒和窒息。
㉑其他伤害。
公路行业的危险、有害因素以上文所列①~⑩类居多。
(2)危险、有害因素辨识的方法。
①直观经验分析方法。
直观经验分析方法适用于有可供参考先例或有以往经验可以借鉴的系统,不能用于没有可供参考先例的新开发系统。
a.对照、经验法。
对照、经验法是指对照有关标准、法规、检查表或依靠分析人员的观察分析能力,借助于经验和判断能力对评价对象的危险、有害因素进行分析的方法。

b. 类比方法。

类比方法是指利用相同或相似工程系统,或者用利用作业条件的经验和劳动安全卫生的统计资料,类推、分析评价对象的危险、有害因素。

②系统安全分析方法。

系统安全分析方法是指运用系统安全工程评价方法中的某些方法进行危险、有害因素的辨识。系统安全分析方法常用于复杂的、没有事故经验的新开发系统。常用的系统安全分析方法有事件树、事故树等。

(3)危险、有害因素辨识的主要内容。

①单位地址(位置)。

从地址位置的地质、地形地貌、水文、气象条件、周围环境、交通运输条件及自然灾害、消防支持等方面进行分析与识别。

②总平面布置。

从功能区分、防火间距和安全间距、风向、建筑物朝向、危险和有害物质设施、动力设施(锅炉房、储油间、液化石油气站等)、道路、储运设施等方面进行分析与识别。

③道路运输。

从运输、装卸、消防、疏散、人流、物流、平面交叉运输和竖向交叉运输等方面进行分析与识别。

④建(构)筑物。

从单位建筑物或构造物(如办公楼、宿舍等)的生产火灾危险性分类、耐火等级、结构、层数、占地面积、防火间距、安全疏散等方面进行分析与识别。

⑤生产岗位。

a. 当消除危险、有害因素有困难时,对是否采取了预防性技术措施进行考察。

b. 在无法消除危险或危险难以预防的情况下,对是否采取了减少危险、危害的措施进行考察。

c. 在无法消除、预防、减弱的情况下,对是否将人员与危险、有害因素隔离等进行考察。

d. 当操作者失误或设备运行一旦达到危险状态时,对能否通过连锁装置来终止危险、危害的发生进行考察。

e. 在易发生故障和危险性较大的地方,对是否设置了醒目的安全色、安全标志和声、光警示装置等进行考察。

⑥主要设备装置。

a. 对于工艺设备可以从高温、低温、高压、腐蚀、振动以及关键部位的备用设备、控制、操作、检修和故障、失误时的紧急异常情况等方面进行分析与识别。

b. 对机械设备可以从运动零部件和工件、操作条件、检修作业、误运转和误操作等方面进行分析与识别。

c. 对电气设备可以从触电、断电、火灾、爆炸、误运转或误操作、静电、雷电等方面进行分析与识别。

d. 对高处作业设备、特殊单体设备(如锅炉房)等的危险、有害因素进行分析与识别。

⑦作业环境。

注意识别存在各种职业病危害的作业部位。

⑧安全管理措施。

从安全生产管理机构、安全生产管理制度、事故应急救援预案、特种作业人员培训、日常安全管理等方面进行分析与识别。

2)风险评价

风险评价是指在风险识别和估计的基础上,综合考虑风险发生的概率、损失幅度及其他因素,得出系统发生风险的可能性及其程度,并与公认的安全标准进行比较,确定风险等级,由此决定是否需要采取控制措施,以及控制到什么程度。

风险评价方式方法如下：

(1) 定性评估法。

定性评估法也称经验评估法，是指按生产系统或生产工艺过程，对系统中存在的各种危险、有害因素进行定性的分析、研究、评估，得出定性评估结论的评估方法。

(2) 专业评估法。

专业评估法是指用集体检查分析、专业综合评估或这两者相结合的评估方式，依据现场条件、检测结果、临界指标，运用类比分析等方法，对系统运行环境、设施/设备、工艺和人员技术能力、安全措施、制度、管理水平等方面评估的方法。

(3) 危险与可操作性分析法。

危险与可操作性分析法是指通过分析生产运行过程中工艺状态参数的变动和操作控制中可能出现的偏差，以及这些变动及偏差对系统的影响和可能导致的后果，找出出现变动及偏差的原因，明确装备或系统内建设过程中存在的主要危险、有害因素，并针对变动及偏差产生的后果提出应对安全措施的评估方法。

(4) 预先危险分析法。

预先危险分析法是指在危险物质和装置设计、施工和建设前，对系统中存在的危险性类别、出现条件、导致事故的后果进行分析评估的方法。

(5) 故障假设分析法。

故障假设分析法是指由熟悉工艺的人员对系统工艺过程或操作过程，通过提问（故障假设）的方式来发现可能的潜在事故隐患（实际上是假想系统中一旦发生严重的事故，找出促成事故的潜在危险、有害因素，在最坏的条件下，这些因素导致事故的可能性）的分析评估法。

4.2 建立危险源清单

为了增强人员在施工活动、过程和服务中更有效地对危险源进行辨识、评价与控制，最大限度地消除或降低风险，减少人身伤害和财产损失，公路养护单位应当建立危险源辨识清单，参考清单见附录 B。

4.3 编制重大危险源管理方案及措施

公路养护单位应当结合已经辨识出的重大危险源全要素，编制重大危险源管理方案。方案中至少包含主要编制依据、危险源辨识（辨识分类、内容、准备、方法）、危险源评价、管理制度、管理方法、措施等相关内容要素。为确保重大危险源管理方案的合理性、有效性、可操作性，方案事先应当征求公路养护单位安全生产委员会领导及成员、专家评审组及第三方评审机构的意见、建议，权责达成一致后共同实施。

4.4 危险源的运行控制管理

公路养护单位应预先通过危险分析、故障危险分析、事故树分析、故障树分析等方法，查找危险源存在的各类事故隐患，开展经常性的安全生产检查活动，对排查出的安全隐患进行及时整改并建立对应台账。

公路养护单位对危险源的防范控制可从技术控制、人行为控制和管理控制三方面进行。

1) 技术控制

技术控制是指采用技术措施对固有危险源进行控制，主要技术有消除、控制、防护、隔离、监控、保留和转移等。技术控制的具体内容请参考本书第 3 章和第 4 章的有关内容。

2) 人行为控制

人行为控制是指控制人为失误,减少人的不正确行为对危险源的触发作用。人为失误的主要表现形式有操作失误、指挥错误、不正确的判断或缺乏判断、粗心大意、厌烦、懒散、疲劳、紧张,疾病或生理缺陷、错误使用防护用品和防护装置等。人行为控制应注意两点:一是加强教育培训,做到人的安全化;二是应做到操作安全化。

3) 管理控制

通常采取以下管理措施,对危险源实行控制:

(1) 建立健全危险源管理的规章制度。

(2) 明确责任,定期检查。

(3) 加强危险源的日常管理。

(4) 抓好信息反馈,及时整改隐患。

(5) 做好危险源控制管理的基础建设工作。

(6) 做好危险源控制管理的考核评价和奖惩。

就公路养护单位而言,定期做好安全生产巡查,对于及时排查隐患和防控事故,做好危险源运行控制管理,有效应对和处置突发事件有着重要的作用,能够比较有效地防微杜渐,防患于未然。

安全生产巡查主要是指在危险源运行控制管理中,对公路养护单位安全生产目标任务完成情况、安全生产主体责任落实、上级有关安全生产会议、文件精神的贯彻落实及隐患排查治理过程中存在的突出问题进行的巡查督查。

安全生产巡查工作机构及人员应当由单位党政主要领导担任组长,分管安全生产副职领导担任副组长,未列入组长、副组长的其他领导班子成员以及各部门负责人、基层单位党政主要领导等相关责任、管理人员担任成员。领导小组主要负责指导单位安全巡查工作,研究解决安全生产巡查中发现的问题,及时处置各类突发事件。领导小组可下设办公室,办公室通常设在安全监督保卫部门。安全生产巡查工作领导小组办公室职责是负责安全巡查监督检查工作,对安全生产主体责任不落实、事故隐患整改不及时的有关单位,责成其及时整改。

安全生产巡查领导小组办公室人员组成主体框架如下:

主任:分管业务领导。

副主任:安全监督保卫部门负责人。

成员:安全监督保卫部门、设备管理部门、养护管理部门、收费稽查部门等的工作人员以及下属各单位安全员、基层养护单位负责人、班组长、巡道人员。

安全生产巡查工作通常由单位领导亲自牵头,组织有关职能部门负责人和专(兼)职安全员做好专项和重点检查。公路养护单位安全巡查工作要突出重点,加强对易发水毁、滑坡等重点路段和机械设备隐患、触电、火灾等重点区域、重要部位的检查,及时排查、发现各类危险源和隐患风险因素,因人、因时、因地制宜,合理制订整改计划或预防措施,做到"五落实"(人员、措施、责任、时限、资金),最大限度地保障和维护好公路养护单位职工生命健康安全,努力降低和减少财产损失。

4.5 重大危险源的过程监控

公路养护单位应当知道,重大危险源是指长期或临时使用或者储存的危险物品,且极易造成群死群伤重大事故的场所和设施、设备(沥青拌和站、机械设备油料存储点)。为了加强对重大危险源的监督管理,防止和减少生产安全事故的发生,保障职工群众生命、财产安全,公路养护单位应当作为重大危险源管理的责任主体,其主要负责人对重大危险源的安全管理与监控工作全面负责。

公路养护单位应当建立完善重大危险源的隐患排查、登记、报告、整改制度,并向安全生产监督管理部门备案。公路养护单位应当定期排查、及时发现、排除重特大事故隐患,并按月向负有安全生产监督管理职责的部门书面报告本单位重大危险源隐患的排查情况。书面报告应当经本单位主要负责人签字。

公路养护单位对已经排查的重大危险源进行复查、定等,对于达到预期效果的要继续保持,对于未达到预期效果的要进行升级管理并建立相应管理台账。

公路养护单位在监督检查过程中,发现重大危险源存在事故隐患的,应当责令相关单位(部门)立即排除。在重大危险源隐患排除前或者排除过程中无法保证安全的,应当责令公路养护作业人员从危险区域撤出,暂时停产或者停止使用;待隐患排除后,经安全生产监督管理部门审查同意,方可恢复生产和使用。

4.6　过程及结果评估活动

公路养护单位应当按照法律、法规、规章规定和行业技术标准、规范及安全生产保障条件,对已经排查的重大危险源全要素的过程及结果进行综合评估,对事故隐患的类别、等级、影响范围、影响程度、估计损失等做出评估结论,并对事故隐患的监控保障措施、整改资金来源、治理方式、治理期限和临时防范措施等提出建议,形成评估报告。

公路养护单位应至少每3年对本单位的重大危险源进行一次安全评估。如果法律、法规、规章对评估期限另有规定的,从其规定。

评估报告提出的建议应当客观、适度,并立即送达公路养护单位。

《重大危险源安全评估报告》应具有以下内容:

(1)安全评估的主要依据。

(2)重大危险源的基本情况。

(3)危险、有害因素的辨识与分析。

(4)可能发生的事故类型、严重程度。

(5)重大危险源等级。

(6)安全对策措施。

以公路收费站为例,车道安全畅通情况应作为过程及结果评估活动的一项重要内容,收费站应防止运送易燃、易爆物品车辆及故障车辆在通道内停留时间过长,一旦发生险情或者发现可疑异常状况,须及时上报,妥善处置。另外,收费员离开收费岗亭应做到关灯、关电源、关窗、关门,收费岗亭内灭火器摆放在指定位置,无人车道关闭手动栏杆,交接班人员对设施、设备进行交接检查登记。

以公路服务区为例,开展过程及结果评估活动应当主要围绕以下环节进行:

(1)公路服务区易燃、易爆、危险品运输车辆分类引导停放工作情况。

(2)公路服务区基础消防安全设施配备、维护、管理工作情况,特别是服务区停车场危险化学品停车区域是否配备了必要的消防器材。

(3)公路服务区安全疏散通道畅通情况。

5 安全技术和措施

5.1 安全风险评估

安全风险评估的主要目的包括:为制定安全技术措施提供要素来源;为落实安全管理工作提供基础资料;为做好风险预防管控提供决策依据。

安全风险评估主要步骤:一是识别致险因素;二是确定风险等级、控制范围;三是制定并落实相应措施。需要注意的是,致险因素属于变量,并非一成不变,因此,应当评估出不同环境或不同时期的安全危险性重点。对于公路养护单位,当致险因素发生变化或超出控制范围时,由公路养护单位安全生产管理部门牵头,由承担该致险因素管控责任的公路养护单位相关部门或下属单位按照安全生产管理部门的要求组织重新评估并确定登记;也可委托第三方具有安全风险评估资质的服务机构或成立评估组,对安全风险等级评定、变更、销号予以评估并出具评估结论。具体操作方法见附录 A-2。

5.2 安全技术措施

公路养护单位安全技术措施可根据作业性质类别区分,涉及较多的是边施工边通车、雨季施工、高陡坡土方开挖、高处作业施工、施工机械作业、压路机作业、挖掘机作业、挖掘装载机作业、推土机作业、自卸车作业、电力施工、沥青路面施工等安全技术措施。

公路养护单位在施工过程中,必须坚持贯彻"生产必须安全,不安全绝不生产"的思想,做到不越红线、居安思危、防患于未然、警钟长鸣,特别需要做好以下几个方面:

(1)建立健全各种规章制度,图表上墙,职责分明,把安全摆在首位。

(2)做好安全技术交底工作,培训上岗。

(3)各种机械人员及特种作业人员应持证上岗,绝不可以无证操作;做好各种培训工作,并纳入管理日程。

(4)维护好各种临时设施,做好各种标志。

(5)建立检查制度,做好记录备查。

随着科技发展与时代进步,公路养护单位机械化、电子化、信息化的步伐也在加快,公路养护单位办公场所的机电设施、设备安全技术措施的重要性、科学性、规范性日益突显。以本书编写单位昌吉公路管理局实际管理经验和措施为借鉴,对公路养护单位较为可能涉及的机电设施、场所安全技术措施和方法进行应用举例。

1)不间断电源机房安全管理与技术措施

一般由公路养护单位监控通信部门总体负责单位不间断电源(Uninterruptible Power System,UPS)机房及电源组的日常巡查、除尘、维护,监督有 UPS 机房的所辖各单位(通常以公路收费站居多)UPS 机房设备安全运行管理。UPS 机房使用单位(通常以公路收费站居多)具体负责 UPS 机房及电源组的日常巡查、除尘、维护等工作。

(1)机电维护人员应熟悉 UPS 的工作原理和操作规程。

(2)UPS 每天巡检一次,做好运行记录,对 UPS 工作异常情况做好记录,及时上报,并联系有关单位进行处理。

(3)保持 UPS 机房整洁,机电设备摆放整齐、有序,不存放与工作无关的物品,禁止将 UPS 机房内物品私自带出。

(4) UPS机房内温度保持在18～28℃范围内,湿度保持在30%～75%。

(5) 专人保管UPS机房钥匙,禁止外借。

(6) 当UPS机房发现意外和紧急情况时,应及时报告上级领导;对于重大事故要注意保护现场,果断采取措施制止事态发展,并向上级领导汇报。

(7) 加强UPS机房巡护,定期地对蓄电池组做核对性放电试验,放电额定容量为30%～40%。

2) 发电机房安全管理与技术措施

一般由公路养护单位监控通信部门监督所辖各单位(通常以公路收费站居多)发电机房设备安全运行管理工作,有发电机房的所辖各单位机电维护管理人员具体负责发电机房设备安全运行管理及日常巡查、维护等工作。

(1) 机电维护管理人员应经国家有关部门培训、考核,持证上岗。

(2) 操作人员必须严格按规定管理、使用、维护机房设备,确保机房设备随时处于良好状态。

(3) 操作人员不得随意搬动、改变发电机组的配套装置和设施,确保发电机组的完整性、可靠性。

(4) 机房内应配备消防灭火器材,发生火灾时应立即停止送电,关闭发电机,并用灭火器扑救。

(5) 机房内不得存放杂物及易燃、易爆物品。

(6) 及时清扫,安装挡鼠板,保持机房通风干爽。

(7) 机房钥匙应专人专管,不得外借。

(8) 做好发电机运行工作记录。

(9) 保持发电机油量充足,在条件和当地相关规定允许的情况下,可在储油间储存适量的备用油料,但需要提高相应的风险管控与安全管理等级,保障安全性。

相关工作记录主要体现在收费站发电机运转记录表,其参考样式见表5-1。

收费站发电机运转记录表参考样式　　　　　　　　表5-1

单位:　　　　　　　　　　　　　　　　　　　　　　　　发电机型号:

序　号	日　期	操作内容	运转时段	操作人	备　注
1					
2					
3					

3) 监控大厅、监控室安全管理与技术措施

一般由公路养护单位监控通信部门监督所辖各单位各级信息系统监控大厅、监控室安全管理工作,负责制定单位监控大厅、监控室安全管理制度,并监督指导监控和信息沟通落实工作。有监控大厅、监控室的所辖各单位(通常以公路收费站居多)负责各监控设施/设备的操作、信息报送等各项安全管理、维护具体工作。

(1) 安全管理基本要求。

①监控大厅、监控室内保持安静,严禁吸烟、喧哗。

②监控大厅、监控室应配备温、湿度计,机房温度控制为18～28℃,湿度控制为40%～70%。

③监控大厅、监控室内要注意防火、防盗、防水、防磁、防鼠,确保机房安全。

④各种磁盘、磁带、光盘等存储介质存放在具有防磁屏蔽保护的设施中,严禁将强磁物品带入监控大厅、监控室。

⑤机房内施工要严禁使用UPS,严禁乱接电源线,安装施工工具在人员撤离现场时应关闭电源,严禁使用电焊和气焊;严禁机房设备、线路超负荷运行。

⑥监控大厅、监控室应配备合格的消防器材,做到位置明显,人人会用。消防器材每月检查一次,确保消防器材良好。

⑦监控大厅、监控室内禁止存放易燃、易爆物品,严禁在监控大厅、监控室内大量使用化学溶剂。

⑧非工作人员不得进入监控大厅、监控室,外来人员需填写《监控大厅、监控室出入登记表》,经有关领导审批同意方可进入。

⑨保持监控大厅、监控室门窗防盗性能良好。

⑩定期检查监控大厅、监控室避雷接地状况,确保避雷接地电阻≤10Ω。

(2)值班值守安全管理措施。

①实行24h值班制度,值班员坚守岗位,不得擅离职守,每班对设备巡查不少于2次。

②值班员上岗前必须经过相应的专业培训,合格后方可上岗。

③严格履行岗位职责,不做与工作无关的事情。

④认真执行请示报告制度,落实上级指示和有关规定。

⑤未经领导批准,不得擅自关闭已经运转的设备。

⑥不得擅自拆卸、调试、移动设备,确保系统安全有效运行。

⑦及时、认真、如实地填写值班日志。

(3)交接班安全管理措施。

①交接班人员应在规定时间段内进行交接,不得无故推迟或提前交接,做到交接清楚、责任明确。

②交接班时要查阅"值班日志"是否认真、规范填写,如交班人员正在处理重大故障或未完成例行工作时,由交接班人员做好工作衔接或移交后方可交接班。

③交班前进行卫生打扫,每周进行一次全面卫生清洁,在交接班过程中,应对仪器仪表和工具等设备应进行实物交接,认真查看"值班日志"对应内容,了解设备运行状态是否安全正常。

相关工作记录主要体现在监控中心值班日志、监控中心交接班登记表、监控大厅机电设备安全检查记录表及监控大厅出入人员登记表,其参考样式分别见表5-2～表5-5。

监控中心值班日志参考样式 表5-2

年 月 日 星期		值班员:			天气:	
监控机房温度		监控机房湿度			投影仪	
LED大屏		日常使用计算机			情报板计算机	
报表计算机		视频监控终端			视频矩阵	
通信机房温度		通信机房湿度			程控交换机	
传输设备		设备声音告警			电源设备	
UPS机房温度		UPS机房湿度			蓄电池	
声光告警		LED探照灯				
收费站信息报送表						
单位名称	报送时间	交通量(辆)	收费额(元)	车道开启情况	当日车道临时关闭情况	车辆通行情况
					关闭时间 | 关闭原因	
摄像范围巡视情况						
名称		巡视时间		巡视内容		备注
				治安巡视情况是否正常 是( ) 否( )		
				治安巡视情况是否正常 是( ) 否( )		

注:具体项目、行数可根据实际情况自行增减。

监控中心交接班登记表参考样式

表 5-3

年　月　日

班次		时间		交班人员	
重大事件记录					
文件流转情况					
未完成事件记录					
设备记录	工作站及软件运行情况				
	摄像机图像及情报板显示				
接班情况					
	接班人员				

监控大厅机电设备安全检查记录表参考样式

表 5-4

日期		班次		记录人	
检查内容			检查结果		整改措施及结果
1.机房温度是否在适合、适宜、安全的区间(18~28℃)					
2.机房设备线等是否整齐、运行正常,有无异常、故障或者报警信号					
3.是否有其他安全隐患问题,如明火、冒烟、焦味等现象					

注:具体项目、行数可根据实际情况自行增减。

监控大厅出入人员登记表参考样式

表 5-5

日期	时间	来访人信息		事由	来访时间		来访人签字	当班监控员	备注
		姓名	单位		起	止			

4）配电室安全管理与技术措施

一般由公路养护单位监控通信部门负责所辖范围内供配电系统设备的日常运行维护工作,对有配电室的所辖各单位(通常以公路收费站居多)供配电系统设备日常运行情况和维护工作进行检查指导。有配电室的所辖各单位(通常以公路收费站居多)负责本单位配电室及供电设施、设备的使用与日常管理。

(1)安全基本要求。

①配电室操作人员应经国家有关部门培训、考核,持证上岗。

②配电室必须设置安全警示标志。

③配电室应配备高压绝缘靴、绝缘拉杆、绝缘手套等防护物品,做到定期校验。

④配电室门窗及通风孔应采取防止老鼠等小型动物进入的挡板、纱网等防护措施。

⑤配电室设施、设备应做到经常维护,发现异常情况应及时处置。

⑥配电室内应保持清洁,不得存放无关物品。

⑦严禁无关人员进入配电室,确需临时进入配电室的人员要进行登记,并由配电室维护管理人员带入,进入配电室的人员应听从指挥,服从管理。

⑧配电室工作人员及进入配电室的人员均必须严格遵守规定、规程。

⑨配电室应有相关突发事件处置预案或流程。

(2)配电室日常安全巡视检查。

①管理维护责任人每日应对配电室进行一次巡视检查,在夏季高温季节负荷高峰时段,应对配电室重点部位增加不定期巡视检查次数。

②安全巡视检查主要内容包括如下：

a.仪表、信号装置的指示是否正常。

b.导线、开关、接触器、继电器线圈、接线端子有无过热及打火现象。

c.电气设备噪声有无明显增加或异常响动。

d.按规定填写运行日志。

(3)配电室定期安全检查及维护。

①配电室应每周进行一次维护,主要内容为清洁室内卫生并对电气设备进行全面检查。

②每季度应对配电室停电检修一次,检修时间应放在对生产影响较小时段,检修内容如下：

a.检查开关、接触器触点的烧蚀情况,必要时修复或更换。

b.紧固接线端子、检查导线接头,如过热氧化严重应修复。

c.检查导线,特别是导线出入管口处的绝缘是否完好。

d.检测线路的绝缘电阻及接地装置的接地电阻。

e.进行配电装置的除尘、盘柜表面的清洁,并对室内环境进行彻底清扫。

f.查看有关工作记录填写情况。

(4)其他。

①如遇紧急停电等突发事件,值班员应立即采取应急处置措施,并及时向上级主管部门报告。

②监控通信部门检查配电室设施、设备运行情况时,若发现问题应及时解决；对违反安全管理规定出现事故隐患的,对相关责任人进行处理。

相关工作记录主要体现在配电室巡查记录表,根据昌吉公路管理局实际操作经验,主要包括高压配电柜、变压器、信号直流屏、电容补偿柜、低压负荷运行、室内照明、室内通风、室内环境卫生、安全工作器具、消防器材、供电设备负荷接点可靠性、模拟屏工作状态等。配电室巡查记录表参考样式见表5-6。

5）通信机房安全管理与技术措施

一般由公路养护单位监控通信部门负责对通信机房安全、环境进行管理,对出入通信机房的人员进行身份确认。

配电室巡查记录表参考样式 表5-6

巡查时段		年　月　日　时　分至　日　时　分						
具体时间								
巡查内容	高压配电柜运行是否正常							
	变压器运行是否正常							
	信号直流屏运行是否正常							
	电容补偿柜运行是否正常							
	低压负荷运行是否正常							
	室内照明是否完好							
	室内通风是否正常							
	室内环境卫生情况							
	安全工作器具是否齐备							
	消防器材是否齐备							
	供电设备及各负荷接点可靠性							
	模拟屏是否与实际运行相符							
故障处理								
待办事项								

巡查人：

（1）通信机房安全环境要求。

①机房应建立防尘缓冲带。

②机房窗户必须全密封、遮光，保持室内整洁。

③机房内温度、湿度应符合维护技术指标要求。

④机房照明设施工作正常，机房配有应急照明灯。

⑤机房应做好防水、防火、防爆、防盗、防雷、防冻、防潮等工作。

(2)通信机房安全巡检措施。

①监控值班员每天定时对机房环境进行巡检,并做好安全巡检记录(或在值班日志中对安全巡检情况予以反馈),天气异常时应增加安全巡检频次。

②监控通信部门应定期派维护单位工程师对机房及设施、设备进行巡检,天气异常时应加强巡检力度或组织专项检查,最大限度地保障通信机房内外环境安全性。

③一旦发生隐患、火情、险情,按照机电突发事件应急预案和相关流程进行处置,并立即上报。

(3)通信机房安全技术规定。

①进入通信机房时,需经有关管理人员同意,方可进入。

②在机房内施工或操作的人员,必须严格遵守有关管理制度和操作规范。

③外单位人员进入通信机房时,必须由本单位有关管理人员陪同,无法陪同的,由管理人员向监控通信部门提出申请,并对外单位人员在通信机房的行为负责。

6) 网络信息安全管理与技术措施

一般由公路养护单位监控通信部门负责制定本单位网络信息安全管理办法并督促检查所辖各单位的执行情况。所辖各单位负责本级机构网络系统运行、设备管理、维护工作。

(1)任何部门和个人未经监控通信部门同意,不得擅自安装、拆卸或改变网络连接、网络设备、网络线路、无线路由器,确有需要时应由监控通信部门及信息管理部门进行拆装,严禁私自拆装。

(2)任何单位(部门)和个人不得利用联网计算机设备发布违背国家法律法规、危害国家利益、破坏团结稳定、损坏单位荣誉的言论及相关视频。

(3)除监控通信部门外,其他任何单位(部门)或个人不得以任何方式企图登录进入单位主节点、辅节点、服务器等设备执行修改、设置、删除等操作;不得以任何借口盗窃、破坏网络设施;未经允许,不得对他人的信息和程序进行删改外泄,如有违反将追究当事人相关责任。

(4)在计算机上不得安装和使用计算机游戏软件,严禁利用互联网观看或转载破坏民族团结、影响稳定大局的视频资料,一经查出,将严肃处理。

(5)对接入单位监控通信部门核心机房联网的计算机进行 MAC 地址注册绑定,并建立设备资料档案。以部门为单位,部门负责人作为第一责任人,对需要连接网络的终端设备进行审核确认后方可进行注册绑定。根据互联网管理办法相关规定,设备管理部门对所有接入互联网设备上网的计算机、手机等终端设备进行权限管理,实施权限监控。如果发现发布和转载影响社会稳定大局的网络信息内容,将追究部门负责人及相关人员责任。

(6)为防止计算机病毒攻击和传播造成的办公网络拥塞和中断,使用单位应针对具体情况做好病毒的预防、检测和查杀工作;同时,加强互联网设备密码管理工作,不得泄密。

(7)工程施工不得危害及干扰办公网络的安全和正常运转,凡是有可能危及办公网络安全的施工均须在监控通信部门工作人员在场的情况下进行。

(8)计算机接入办公网络的,须安装正版防病毒软件,使用时须开启防病毒软件,并及时升级软件病毒库,定期对所用计算机进行全盘病毒扫描。

(9)严禁在办公网络内使用来历不明的软件或各种黑客软件。

(10)存有涉密信息的计算机不准接入互联网。

5.3 专项安全操作规程及安全作业规程

公路养护单位应按照作业、操作实际情况的特殊性,制定专门针对和适合本单位某一种(类)特殊作业对象,或者具有特殊管理要求和操作的规定,如振动压路机、铣刨机、沥青摊铺机等具有特殊作业性质的安全操作规程。此外,关键岗位及机电类设施、设备的安全操作规程具有较强的专业性,下文分别应用举例。

1)装载机、振动压路机、自卸汽车、沥青保温车、除雪车安全操作规程流程图组(图 5-1 ~ 图 5-5)

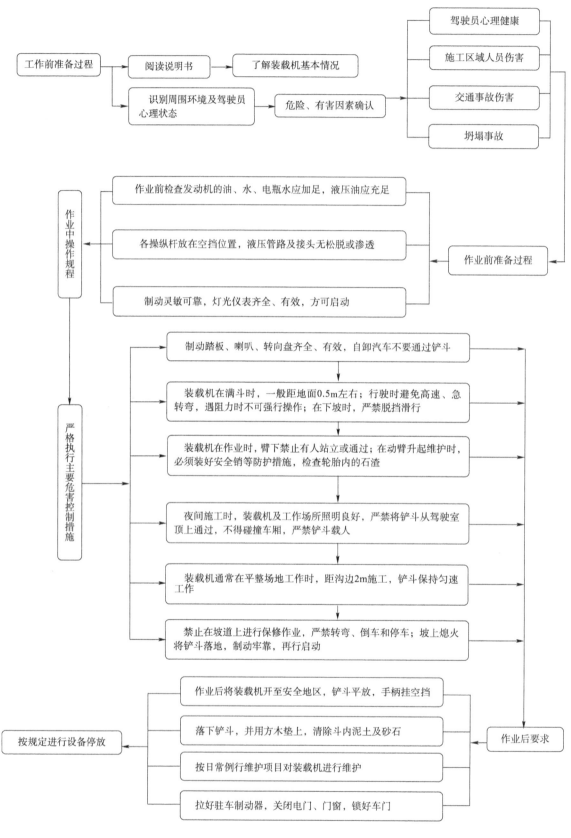

图 5-1 装载机安全操作规程流程图

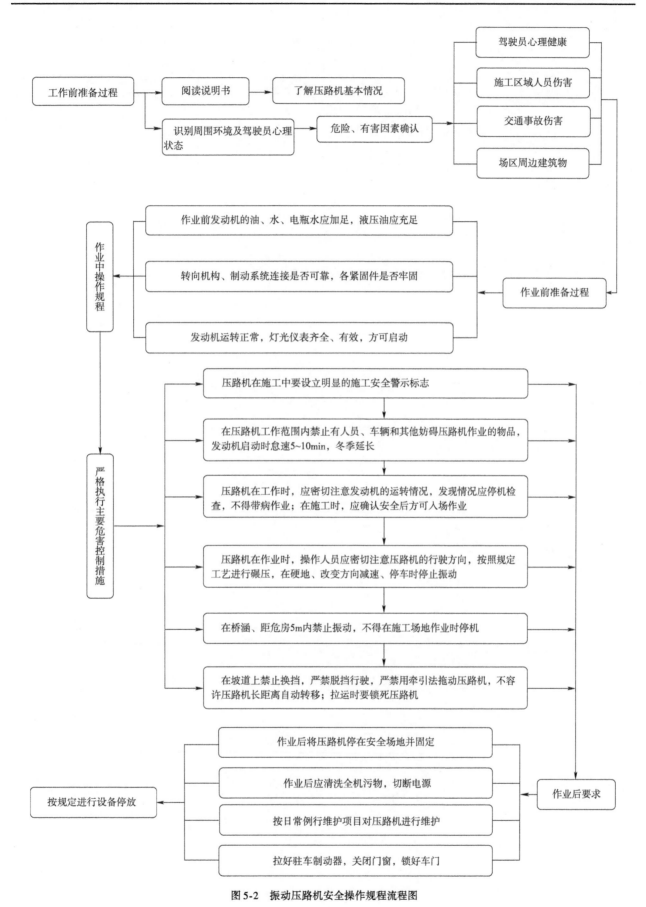

图 5-2 振动压路机安全操作规程流程图

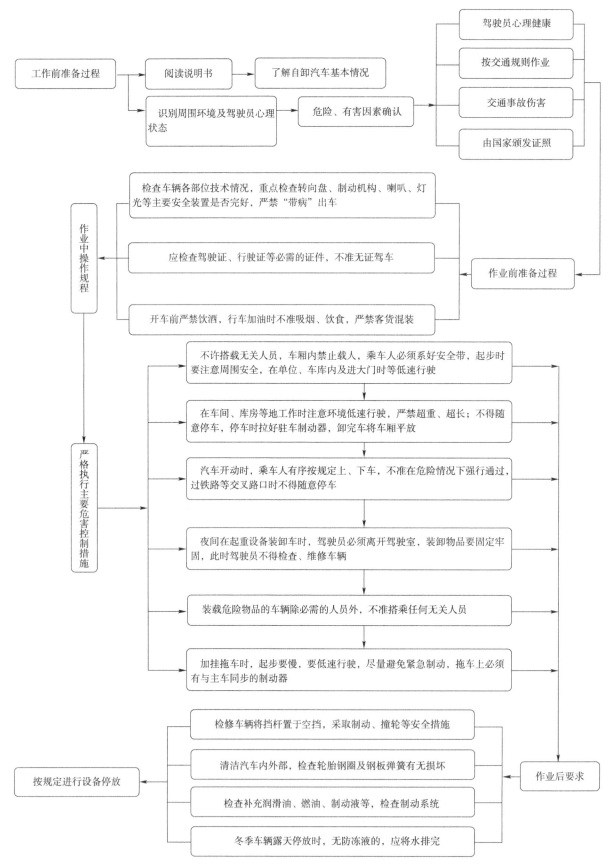

图 5-3 自卸汽车安全操作规程流程图

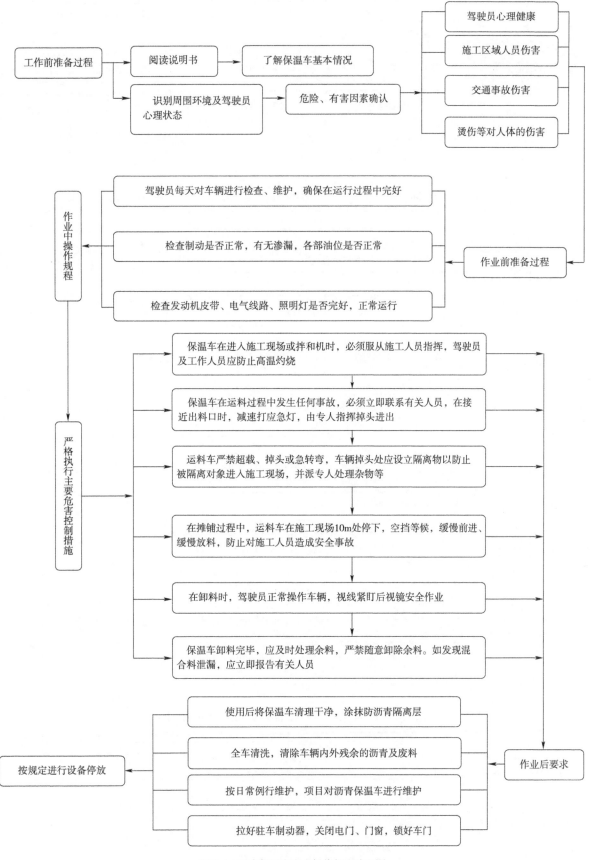

图 5-4 沥青保温车安全操作规程流程图

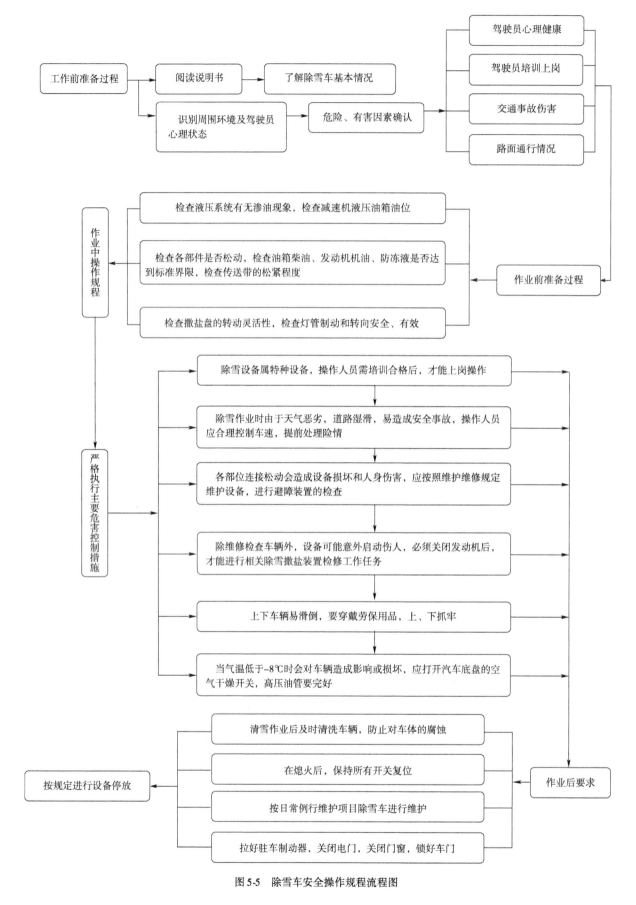

图 5-5 除雪车安全操作规程流程图

2）机电维护人员岗位安全操作规程

(1) 基本要求。

①机电维护人员应严格执行国家有关部门安全操作规范。

②所有绝缘检测工具及防护用品，应定期检测，妥善保管，严禁挪作他用。

③机房应配备必要的消防器材，并由专人管理、定期检查维护，维护人员应掌握消防知识和安全操作方法。

(2) 维修作业。

①维护人员在进行设备安装、调试、检修过程中，必须严格遵守国家有关安全作业规定。

②维护人员对机电系统做内部除尘、更换板卡、设备更换、线路连接时，要确保被操作设备处于断电状态。

③在对收费车道做功能测试时，有条件的站点要关闭相应车道，并使用手动栏杆封闭该车道，避免车辆驶入。维护人员穿越车道时，须再次确认车道通行情况，确认安全后，再行穿越。

④在对外场监控设施做检测、维护或维修时，须注意车辆停放安全，打开警示灯，并在车后设置警示标志。

⑤在主线上操作时，要提出封道申请，请求路政或交警大队予以协助，派员到现场维持交通秩序。

⑥维护人员穿越主线车道时，建议使用车辆穿越通行。对于检测中间护栏内设备等必须穿越主线车道时，必须认真查看后方车辆行驶情况，确认安全再行穿越。

⑦巡检或维修隧道、外场设施及供配电的，需保证2人在场，并穿戴绝缘鞋、手套等安全防护用具。

⑧监控室、UPS机房、配电室、收费车道等严禁乱拉线路，严禁使用非生产用电器。

(3) 高空作业。

①登高作业人员进行高空作业前，须仔细检查登高设备的安全性。

②登高作业人员严禁喝酒，身体不适时严禁登高作业。

③登高作业人员必须穿平底鞋、戴安全帽、系安全带，并有地面人员协助。

④雷雨季节应尽量避免高空作业，确需作业时，应做好防雷、防滑等安全防护工作。

(4) 操作后注意事项。

①清点所带工具，清除现场杂物，恢复现场原状。

②确认机房空调已打开，保证机房设备运行环境良好。

③关闭机房照明设备，并锁好门窗。

3）监控中心值班员岗位安全操作规程

(1) 岗前。

①严格遵守收费站安全管理、岗位安全规定。

②确保设备设施/设备、环境安全后，方可上岗工作。

③机房内不准吸烟、喝酒和吃零食，不准大声喧哗，不做与工作无关的事，值班员不得擅离工作岗位。

(2) 岗中。

①进出监控室应随时关门，严禁非工作人员进出。

②检查所辖范围内的摄像头监控状态，发现情况应及时汇报并做好记录。

③检查监控室消防器材、电器、开关使用情况，发现安全隐患应及时向值班领导汇报并详细记录。

④工作期间做好公路安全监控，尤其是要根据车辆拥堵和突发事件的进展实时转换监控镜头，跟踪录制事件的全过程，并做好相应的记录，确保所辖路段的安全畅通。

⑤工作期间正确操作各类设备。

⑥除配置的电器外，严禁在监控室使用大功率电器。

⑦外单位若需调阅或下载录像，需进行登记并上报值班站长同意后，由指定技术人员操作，确保设备安全。

⑧严守监控资料秘密,不得泄露和私自拷贝。
⑨及时做好工作期间安全信息的上传下达。

(3)交接班。

交接班前认真检查 UPS 等设备工作状态,确保监控设备正常运转后进行工作交接。

4)配电柜送断电操作规程

(1)停送电顺序。

①停电操作。

a. 断开各分支空气断路器。

b. 断开电源空气断路器。

c. 拉开电源。

d. 验电。

e. 设置"禁止合闸"安全提示标志,并安排人员留守。

②送电操作。

a. 检查有无遗漏工作环节,确保开关在断开位置,操作完毕后等待送电指令。

b. 接到送电指令后,合上电源。

c. 合上电源空气断路器。

d. 合上各分支空气断路器。

(2)注意事项。

①检查、维修人员必须是专业电工。操作人员操作时,必须穿戴合格的绝缘靴和绝缘手套等安全防护用具。

②配电设备需检修或临时外接用电时,必须2人在场,严格执行一人操作、一人监护制度。

③装设接地线必须充分验电,确定设备无电后进行。先将接地线一端牢靠接地后,再接导体端,并将各相导体接地短路。拆除接地线时,应先拆连接设备导体一端后,再拆接地一端。

④值班员看到事故信号后,要查找分析原因,并报设备主管部门;当事故原因未查明、未处理时,不准送电;当值班员接到预告信号时,也要查明原因,妥善处理。

⑤在外电停断或恢复时,进行必要的倒闸操作,并做好操作记录。有雷电时,禁止进行倒闸操作。

⑥值班员应每天巡查一次配电柜,观察仪器仪表、指示灯显示情况,认真做好各项记录。

⑦对配电柜进行维修时,必须将其前一级相应的电源开关分闸断电,严禁带电操作。

⑧在配电房范围外检修电气设备时,应将配电房电源总闸标志更换为"严禁合闸",防止人员伤亡事故发生。

⑨配电柜前后门应锁闭,配电柜应由专业电工负责维护管理。

⑩当发生触电、火灾事故时,值班员应立即断开有关设备电源,以便进行抢救;当电器设备发生火灾时,应使用二氧化碳灭火器扑救。变压器起火时,只有在全部停电后才能用灭火器扑救。

5)发电机停电启用操作规程

(1)发电机组启用流程。

①断开配电室内机电系统与市电相连的负载开关。

②做开机前的检查工作。

③发电机中速运转1~2min,其间观察水压、油压是否正常,如不正常应立即停机检查。

④提升油机转速至额定转速(电压:400V,频率:50Hz)。

⑤待油机运行稳定后,合上油机的负载开关。

⑥合上机电系统配电柜中与油机相连的隔离开关。

⑦合上机电系统配电柜中的负载开关。

⑧合上通信配电室内机电系统的负载开关。

(2)发电机运行注意事项。

①发电机运转时,严禁添加燃油。

②燃油管路必须有足够的安全保护措施,不允许渗漏。燃油管路如需固定在发电机上,必须采取适当的隔振加固措施,燃油管路不允许使用铜管,防止连续振动,导致铜管疲劳破裂。

③检修电瓶时,严禁吸烟,防止铅蓄电池在充电时产生氢气,引起爆炸。

④严禁穿着宽松的衣服或金属饰物靠近转动的机件及电气设备。

⑤确保机组通风系统顺畅,防止操作人员因吸入废气而中毒伤亡。

⑥打开电气设备保护盖之前,先关闭电源,并在电气设备周围的金属或钢筋结构的楼板上,放置干燥的木板、垫上橡胶绝缘地垫后方可踩踏。

⑦在发电机组运转时,严禁打开水箱或热交换器压力盖。

⑧发电机组上严禁放置油脂和润滑油,防止发电机组过热、受损,引起火灾。

⑨发电机组应保持干净,四周不得放置杂物。

⑩如发现输出电压与机组额定电压不符,应先检查发动机转速,若转速正常,再检查并调整自动电压调节器(AVR)上的电压调整电位器。

⑪机组稳定运行时,冷却液最高温度不应超过106℃。

⑫为了不损坏启动机,每次使用不要超过30s。

⑬如果在15s内报警灯亮或机油压力表上无机油压力,表示机油压力过低,应立即关闭发电机,以免损坏发动机,并确认油底壳机油油位是否正常。

⑭严禁发电机长时间怠速运转,防止超过10min时长的低怠速损坏发电机。

⑮如果发电机冷却液温度低于60℃,未燃烧的燃油冲刷掉汽缸壁上的润滑油,会使曲轴箱的润滑油稀释。

⑯严禁从旁路滤清器处加注发电机润滑油。

⑰在日常使用过程中,出现以下情况要做详细记录:发电机缺火、有异常振动或噪声、工作温度或工作压力突然变化、排烟过大、功率损失、机油或燃油消耗增大,机油、燃油、冷却液出现渗漏。

⑱在满负荷运行之后和关闭发电机之前,必须先让发电机怠速运转,以使活塞、缸盖、衬套、轴承和涡轮增压器有足够的时间进行冷却。

⑲机油的正常温度范围为82~107℃。在满负荷运行状态下,允许短时达到116℃。

⑳冷却液的正常温度范围为74~91℃。在满负荷运行状态下,允许短时达到93℃。

㉑严禁用密封添加剂来阻止冷却系统泄漏,否则会导致冷却系统阻塞或冷却液流动不畅,使发动机过热。

㉒严禁发电机停机后立即添加冷却液,待发电机冷却到50℃以下时再加注,否则会损坏发电机铸件。

㉓随着滤芯灰尘的增多,机械式进气阻力指示器窗口内的红色标志会逐步上升,更换滤芯后应按下"复位"按钮,绝不能拆卸其上面用来吸潮的毛毡垫圈。

㉔发现满功率时进气阻力或真空度超过635mm水柱时,应更换空滤器芯。但不宜频繁更换,这样会损坏空滤器上的密封圈,导致更多的灰尘进入发电机。

㉕使用发电机供电时,必须待发电机运行平稳后才能向外供电,以减少对工作用电设备的冲击。

(3)关机和关机后的检查。

①关机时,先将输出开关断开,然后降低发电机转速,将油机逐渐降至中速,空转一段时间后,再行停机。

②关机后的检查如下:

a.检查机件及油管、水管接头有无松动。

b.检查燃油、机油和冷却水的消耗情况及电解液液面,不足时应进行补充。发现机油平面增高应查明原因进行处理：

(a)油平面增高且有乳化现象，说明有水进入机油箱。

(b)当油平面增高且变稀，闻起来有股柴油味时，说明高压喷油嘴咬死。

(c)当周围气温低于5℃时，应采取保温防冻措施，加注防冻液，做好下次开机的准备工作。

(d)对发电机组工作运行情况进行记录。

6）机电设备使用操作规程

(1)机电设备操作人员必须经过专业培训合格后，方可上岗。

(2)操作人员禁止饮酒上岗。

(3)操作人员操作设备前应检查电源是否存在隐患，发现隐患及时报告并整改。

(4)启动电源前，应确保栏杆机活动半径内无任何物体，以免发生意外。

(5)操作人员必须严格遵守机电设备维护有关规定，及时做好各级维护。

(6)操作人员严禁违章作业。

(7)操作人员在工作过程中，应注意观察或巡视机电设备运行状况，不得做与工作无关的事，不得擅自离岗。

(8)操作结束后，操作人员应及时将各机电设备分类放置在规定的位置。

(9)操作人员应保持设备间整洁，做到进门戴鞋套，地面清洁，设备无尘，排列正规，布线整齐，仪表、工具齐全，使用方便，资料完整。

(10)操作人员须经常观察机房室内温度、湿度等参数，做好记录，发现异常及时采取相应措施。

(11)在特殊、危险区域应设立明显警示标志。

(12)实施作业时操作人员应按规定穿戴劳动防护用品。

(13)各区域内应配备灭火器、温度计。

(14)对特殊设备应设立防雨设施。

7）UPS安全操作规程

(1)日常使用操作规程。

①放置UPS的场所应避免阳光直射，保持室内通风，禁止在UPS输出端口接带有感性的负载。

②在使用UPS时，操作人员必须遵守产品使用说明书有关规定，保证所接火线、零线、地线符合要求，不得随意改变其相互的顺序。

③操作人员严格按照开机、关机顺序进行操作，避免因负载不稳，造成UPS的电压输出波动，导致UPS无法正常工作。

④禁止频繁地关闭和开启UPS，在关闭UPS后，至少等待6s才能开启电源；否则，UPS可能进入"启动失败"状态。

⑤禁止超负载使用，最大启动负载最好控制在80%以内，一般情况下，绝大多数UPS将其负载控制在30%~60%额定输出功率范围内是最佳工作方式。

⑥在UPS运行期间，操作人员应观察UPS所带负载量和蓄电池后备时间是否有变化，如变化应检查有无增加负载、负载现在的运行情况和负载是否有不明故障。

(2)注意事项。

①操作人员应加强日常巡视、维护，查看设备有无告警、异味、异常响声，检查接头有无松动发热现象、散热扇运转是否正常、设备各种指示是否正常；现场观察确认UPS显示面板各项图形显示单元是否都处于正常运行状态，电源运行参数是否都处于正常值范围内，发现问题及时解决。

②注意UPS输入、输出隔离变压器的响声是否正常，当出现异常"吱吱"声时，可能存在接触不良或匝间绕组绝缘不良；当出现低频的"铍铍"声时，可能变压器有偏磁现象。

③确保机柜上的风扇过滤网没有堵塞物。

④定期地对UPS进行维护：每月测量设备输出电压、电流、功率以及蓄电池内阻和端电压，更换不合

格的蓄电池;对蓄电池做一次核对性放电试验,一般应放出额定容量的30%~40%。

5.4 安全生产专用设施、设备

安全生产专用设施、设备是指专门针对某一种或一类安全生产对象,实现一项或几项安全保障功能的设施、设备。一般常见的设施、设备,如烟雾传感器,用于平时检测周边环境中烟尘浓度,若大于设备限定值将会报警,提醒人们环境存在危险危害,提前做好预防、应对、处置。

公路养护作业中常见的安全生产专项设备(如路况快速检测系统),主要用于道路缺陷及安全隐患检测。正确运用安全生产专用设施、设备能有效地预防生产生活中的危险、有害因素,有助于提升工作环境中的安全保障系数。

6 教育培训与宣传

6.1 安全生产教育培训管理

公路养护单位应当对从业人员进行安全生产教育和培训,保证从业人员具备必要的安全生产知识,熟悉有关的安全生产规章制度和安全操作规程,掌握本岗位的安全操作技能,了解事故应急处理措施,熟知自身在安全生产方面的权利和义务。

公路养护单位安全教育培训工作通常由单位安全生产委员会(简称安委会)负责组织领导,安全生产委员会办公室(简称安委办)负责安全生产教育培训日常管理,并对下属各单位教育培训工作进行监督和指导。公路养护单位各部门、下属各单位负责对本部门、本单位人员的安全生产教育培训。单位干部职工有义务参加单位组织的安全生产教育培训。

公路养护单位应当监督和指导其下属单位组织开展安全培教育管理工作。公路养护单位建议将以下培训内容作为重点培训方向:一是交通强国战略背景下,公路交通安全生产形势分析及对于公路行业的重要性;二是《中华人民共和国安全生产法》《中华人民共和国公路法》《公路安全保护条例》《中华人民共和国突发事件应对法》相关内容的解读;三是解读安全生产"党政同责、一岗双责、齐抓共管、失职追责"责任体系;四是结合公路行业实际,分析近几年发生在身边的事故警示教育案例;五是安全风险管理、安全生产标准化论述;六是公路养护、收费安全管理、应急救援处置注意事项、作业规范;七是电、油、气及消防安全隐患排查辨识。具体来讲,应当结合《中华人民共和国安全生产法》《中华人民共和国公路法》《公路安全保护条例》等安全生产法律法规、公路养护单位安全生产有关规章制度及安全生产工作各项部署、措施、要求为内容,建议通过集中办班培训、专题讲座等形式,利用"宪法、法律宣传月""安全生产月"及"11·9"全国消防安全日等有利节点和契机,对安全生产管理人员、从业人员和特种作业操作人员进行安全教育培训,做到资金落实、职工参与、学时达标、师资到位。

公路养护单位安全教育培训分为"三级",即地州公路养护单位,市、县公路养护单位、收费站、服务区,基层公路养护单位(养护站、班组)。

(1)地州公路养护单位教育培训范围与内容:对于新招录干部职工,在未分配到基层单位之前,必须进行岗前安全生产教育培训。主要内容包括安全生产法律法规、基本知识、形势、特点、概况、事故主要成因、事故警示案例、劳动保护规定等。

(2)市、县公路养护单位、收费站、服务区教育培训范围与内容:对于本单位干部职工进行经常性安全教育(每月集中开展一至两次),并认真做好安全学习记录以备查阅。主要内容包括安全生产法律法规、制度办法,上级安全生产有关会议、文件精神和要求部署,本单位安全管理规章制度、存在的危险场所、安全防范措施、事故警示案例、隐患排查重点区域和部位、从事工种性质、操作规程、安全知识、劳动纪律规定等。

(3)基层公路养护单位(养护站、班组)教育培训范围与内容:由基层公路养护单位负责人组织职工进行安全学习教育(建议每月集中开展一至两次)。主要内容包括安全生产法律法规、制度办法,养护站、收费班组安全生产整体概况、工作性质、职责范围,新职工从事工种性质、操作规程、安全知识,岗位作业环境存在的危险和风险,劳动安全防护用品的正确使用及保管要求,等等。养护站、班组教育可以灵活地采用站长、班组长组织集中学习、个别谈话教育、经验传授等方法。

从实际操作的角度出发,通常需重点做好以下几方面工作:

(1)根据公路养护单位年度整体工作部署及年度安全生产目标任务,制订安全生产教育培训方案,合理做出安全管理、从业人员培训经费及安全资格证复审、更换、新办相关费用等的预算,提交单位管理层讨论。

（2）安全生产教育培训相关费用预算经单位管理层研究审核通过后，安委办协同具有安全培训资质的机构对安全生产管理人员、从业人员进行安全生产培训，并收集整理相关图文、影像资料。

（3）公路养护单位每年对下属公路管理单位、收费站、服务区领导及安全管理人员、从业人员进行安全资质教育培训时，培训课时以具有安全培训资质的机构安排的课时为准。

（4）安委办负责办理安全资格证按期审验、定期更换及增补新办事宜。

（5）在每年"安全生产月"期间，安委办围绕"安全生产月"主题，组织召开活动动员大会，举办安全生产承诺签字仪式，并适时举办相关应急处置实战演练及观摩活动。

（6）公路养护单位各部门、下属各单位分别负责本部门、单位人员安全生产日常教育工作，及时地对安全生产会议精神、要求部署进行学习传达和落实，在组织开展本部门、单位安全生产教育培训的同时，积极参加安委办举办的各类安全生产教育培训。

为确保公路养护单位安全教育培训效果，需从以下方面明确培训纪律和要求：

（1）单位职工自觉地参加安全生产教育培训，认真完成课时学习内容，严格遵守培训纪律，努力提高学习质量。

（2）严格执行培训请、销假制度。公路养护单位各部门、下属单位领导参加安全生产教育培训需要请假时，须经公路养护单位领导同意并办理请销假手续后，方可离开；其他人员参加培训需要请假时，须经安委办负责人同意并办理请销假手续后，方可离开。

（3）公路养护单位"三级"安全生产教育培训均实行人员签到制。

（4）鼓励下属各单位因时、因地、因人制宜，合理优化和共享教育培训资源，增进安全生产教育培训经验交流，取长补短，共同进步。

（5）选树典型，推广经验，积极宣传在安全生产工作中涌现出的先进单位、班组、职工和事迹，发挥榜样示范的引领作用，总结推广教育培训工作的好思路、好模式、好经验、好做法，营造"比、学、赶、帮、超"的良好学习氛围。

6.2 安全生产管理人员教育培训

1）初次培训的主要内容
（1）国家安全生产方针、政策和有关安全生产的法律法规、规章及标准。
（2）安全生产管理、安全生产技术、职业卫生等知识。
（3）伤亡事故统计、报告及职业危害的调查处理方法。
（4）应急管理、应急预案编制以及应急处置的内容和要求。
（5）国内外先进的安全生产管理经验。
（6）典型事故和应急救援案例分析。
（7）其他需要培训的内容。

2）再培训的主要内容
对已经取得上岗资格证书的有关领导，应定期进行再培训。再培训的主要内容包括政策、法规，安全生产相关法律法规、规章、规程、标准等，安全生产新技术、新知识，安全生产管理经验，典型事故案例。

3）培训时间
安全生产管理人员安全生产管理培训时间不得少于32学时，每年再培训不得少于12学时。

6.3 特种作业人员教育培训

1）培训内容
特种作业人员必须经专门的安全技术培训并考核合格，取得特种作业操作证后，方可上岗作业。特种作业人员应当接受与其所从事的特种作业相应的安全技术理论培训和实际操作培训。

从事特种作业人员安全技术培训的机构,应制订相应的培训计划和教学安排,并按照应急管理部门制定的特种作业人员培训大纲进行特种作业人员的安全技术培训。

2)培训时间

特种作业操作证有效期为6年,在全国范围内有效。特种作业操作证由应急管理部统一式样、标准及编号。特种作业操作证每3年复审1次。特种作业人员在特种作业操作证有效期内,连续从事本工种10年以上,严格遵守有关安全生产法律法规的,经原考核发证机关或者从业所在地考核发证机关同意,所持特种作业操作证的复审时间可以延长至每6年1次。

特种作业操作证申请复审或者延期复审前,特种作业人员应当参加必要的安全培训并考试合格。安全培训时间不少于8个学时,主要培训法律法规、标准、事故案例和有关新工艺、新技术、新装备等知识。再复审、延期复审仍不合格或者未按期复审的,特种作业操作证失效。

6.4 其他人员教育培训

生产经营单位其他从业人员是指除主要负责人、安全生产管理人员以外,生产经营单位从事生产经营活动的所有人员(公路养护部门包括技术人员、各岗位职工及临时聘用的人员)。

1)三级安全教育培训

三级安全教育是指公路养护单位、公路养护下属单位、班组。三级安全教育培训的形式、方法以及考核标准各有侧重。

(1)公路养护单位安全教育培训重点包括单位安全风险辨识、安全生产管理目标、规章制度、劳动纪律、安全考核奖惩、从业人员的安全生产权利和义务、有关事故案例等。

(2)公路养护下属单位培训重点包括本岗位工作及作业环境范围内的安全风险辨识、评价和控制措施,典型事故案例,岗位安全职责、操作技能及强制性标准,自救、互救、急救方法,疏散和现场紧急情况的处理,安全设施、个人防护用品的使用和维护。

(3)班组安全教育培训由班组长、安全员负责进行安全教育培训,自我学习是重点,以老带新则是做好班组安全教育培训的一种重要方法。

2)调整工作岗位或离岗后重新上岗安全教育培训

从业人员调整工作岗位后,由于工作岗位的特点、要求不同,应重新进行新岗位安全教育培训,并经考试合格后方可上岗作业。

调整工作岗位和离岗后重新上岗的安全教育培训工作,原则上应由公路养护下属单位组织。

3)劳务派遣人员安全教育培训

公路养护单位使用被派遣劳务者的,应当将被派遣劳动者纳入本单位从业人员统一管理,对被派遣劳动者进行岗位安全操作规程和安全操作技能的教育培训。劳务派遣单位应当对被派遣劳动者进行必要的安全生产教育培训。

6.5 安全宣传

在安全生产的具体实践过程中,公路养护单位不仅可以建立班组安全管理制度,开展警句、格言上墙活动,利用电视、宣传板、LED显示屏等进行安全宣传教育,利用漫画等形式解释安全规程制度,在生产现场曾经发生过生产安全事故的地点设置警示牌,组织事故回顾展览,等等;还可以充分利用班组学习时间进行宣传,重点宣传《中华人民共和国公路法》《中华人民共和国安全生产法》《公路安全保护条例》等安全生产法律法规,公路养护单位安全生产有关规章制度,养护、收费安全管理相关知识,等等。

公路养护单位应以全国"安全生产月"活动、"12·2"交通安全日等为契机,结合生产经营的性质、特点,开展内容丰富、灵活多样、具有针对性的各种安全教育宣传教育培训活动,提升各级人员的安全意识和综合素质。

6.6 安全文化建设

1)公路养护单位安全文化建设的基本内容

(1)安全文化建设的总体要求。公路养护单位在安全文化建设过程中,应充分考虑自身内部的和外部的文化特征,引导全体职工的安全态度和安全行为,实现在法律和政府监管要求基础上的安全自我约束,通过全员参与,实现单位安全生产水平持续提高。本书编写单位昌吉公路管理局倡导的"关注安全,关爱生命,平安你我,幸福大家"的安全文化价值观、"争当平安职工,畅享平安公路"的安全愿景、"安全为天,责任如山,大道为公,保障畅通"的安全使命都是安全文化建设的一种具体呈现。

(2)安全文化建设的基本要素。

①安全承诺。公路养护单位安全承诺侧重于以下九点:一是坚定树立"没有与稳定无关的单位、部门和人员"的思想,坚决按照"党政同责、一岗双责、齐抓共管、失职追责"责任体系有关要求,认真做好职责范围内的维护稳定与安全生产工作;二是认真学习安全生产法律法规,不断提高自身安全法制观念与法治素养,自觉遵守《中华人民共和国安全生产法》《公路安全保护条例》等法律法规及本单位安全管理相关规章制度;三是积极主动地接受各级安全教育和业务技能培训,熟悉岗位安全操作规程,掌握岗位安全技能,努力提高自身安全防范意识与应急处置能力;四是不违章指挥、不违章操作、不违反劳动纪律、不强令从业人员违章冒险作业,进一步强化"我的安全我负责,他人安全我尽责"责任意识,努力做到不伤害自己、不伤害他人、不被他人所伤害、监督他人不被他人所伤害;五是在发生安全生产事故时,保持冷静,及时报告,积极参与事故应急处置与救援工作,做到听从指挥、服从管理;六是加强从业人员对安全知识的自主学习,努力提高其在工作、生活中排查、发现、整改、消除隐患的综合能力,认真做好岗位安全自查,确保安全生产;七是坚决抵制和严厉打击违章违规行为,主动参与"平安交通""平安公路"推进工作,积极助力"交通强国""交通强区"战略实施;八是按要求落实好汛期、冰冻雨雪、寒潮大风等条件下安全应急防范措施,做好重要节点、特殊时段、敏感时期安全生产、值班值守以及应急救援准备工作;九是履行法律法规规定的其他安全生产职责。

②行为规范与程序。公路养护单位行为规范的建立和执行应做到:体现单位的安全承诺;明确各级各岗位人员在安全生产工作中的职责与权限;细化有关安全生产的各项规章制度和操作程序;行为规范的执行者参与规范系统的建立,熟知自己在组织中安全角色和责任;由正式文件予以发布;引导职工理解和接受建立行为规范的必要性,知晓不遵守规范可能引发的潜在不利后果;广泛听取职工意见,建立持续改进机制。

公路养护单位程序的建立和执行应做到:识别并说明主要的风险;程序的使用者参与程序的制定和改进过程;由正式文件予以发布;管理程序执行期内,不能因为各种原因走捷径、做变通或违反程序。

③安全行为激励。公路养护单位应建立安全生产奖惩制度,各岗位如有错失,要以吸取经验教训为目的;在单位树立安全榜样或典范,发挥安全行为和安全态度的示范作用。

④安全信息传播与沟通。公路养护单位将行业有关安全的经验、实践和概念通过各种传播途径和方式传达给各级职工。就安全事项建立良好的沟通,确保各级管理者与职工相互沟通,确认有关安全事项的信息已经发送,并被接受和理解。

⑤自主学习与改进。公路养护单位除了进行必需的安全生产教育培训外,还应鼓励职工对安全问题予以关注,在现有知识、经验和能力的基础上,加以辨识分析,对改进措施提出建议,所属单位可以将可行的改进意见编写到内部宣传教育活动的内容中,使职工广泛知晓。

⑥安全事务参与。公路养护单位全体职工都应认识到自己负有对自身和同事安全做出贡献的重要责任,职工对安全事务的参与是落实这种责任的最佳途径。

公路养护单位可以通过以下途径让职工积极参与安全事务当如召开安全生产会议、开展自查自评活动、警示教育后开展讨论等。

⑦审核与评估。公路养护单位应对自身安全文化建设情况定期、全面地审核。审核内容包括：领导者应定期地组织各级管理者评审单位内部安全文化建设过程的有效性和安全绩效结果；领导者应根据审核结果，把握改进工作的契机，确定落实整改安全管理缺陷、漏洞等各类问题的优先次序。在安全文化建设过程中及审核时，采用有效的安全文化评估方法，关注安全绩效下滑的前兆，给予及时的控制和改进。

⑧推进与保障。首先，制订规划与计划。公路养护单位应充分认识安全文化建设的阶段性、复杂性和持续改进性，由单位主要领导组织制订并推动本单位安全文化建设的长期规划和阶段性计划。规划和计划应在实施过程中不断完善。其次，完善保障条件。公路养护单位应充分提供安全文化建设的保障条件，明确安全文化建设的领导职能，建立领导机制；确定负责推动安全文化建设的组织机构与人员，落实其职能；保证必需的建设资金投入。最后，推动骨干的选拔和培养。公路养护单位宜在管理者和普通职工中选拔和培养一批能够有效推动安全文化发展的骨干。这些骨干扮演着职工团队和各级管理者指导教师的角色，承担辅导和鼓励全体职工向良好的安全态度和安全行为转变的职责。

2）公路养护单位安全文化建设的操作步骤

（1）建立机构。领导机构通常定名为安全文化建设委员会，且由公路养护单位主要负责人亲自担任安全文化建设委员会主任，同时要确定一名副职领导人担任安全文化建设委员会的常务副主任。其他高层领导可以任副主任，有关管理部门负责人任委员。其下必须建立一个安全文化办公室，安全文化办公室可以由生产（经营）、宣传、党群、团委、安全管理等部门的人员组成，负责日常工作。

（2）制订规划。

①对本单位的安全生产观念、状态进行初始评估。

②对本单位的安全文化理念进行定格设计。

③制订科学的时间表及推进计划。

（3）培训骨干。培养骨干可以推动安全文化建设不断更新、发展，是一件非做不可的事情。培训内容包括理论、事例、经验和本单位应该如何实施的方法等。

（4）宣传教育。宣传、教育、激励是传播安全文化，促进精神文明的重要手段。规章制度那些刚性的东西固然必要，但安全文化这种柔性的东西往往能起到制度和纪律起不到的作用。

（5）努力实践。安全文化建设是安全管理中高层次的工作，是实现"零事故"目标的必由之路，是超越传统安全管理并解决安全生产问题的根本途径。安全文化建设要在单位安全工作中真正发挥作用，必须让所倡导的安全文化理念深入职工的头脑里，落实在职工的行动上。

3）公路养护单位安全文化建设评价

安全文化评价是为了解公路养护单位安全文化现状或安全文化建设效果而采取的系统化测评行为，并得出定性或定量的分析结论。

（1）评价指标。

①基础特征：单位状态特征、单位文化特征、单位形象特征、单位职工特征、单位技术特征、监管环境、经营环境、文化环境。

②安全承诺：安全承诺内容、安全承诺表述、安全承诺传播、安全承诺认同。

③安全管理：安全权责、管理机构、制度执行、管理效果。

④安全环境：安全指引、安全防护、环境感受。

⑤安全培训与学习：重要性体现、充分性体现、有效性体现。

⑥安全信息传播：信息资源、信息系统、效能体现。

⑦安全行为激励：激励机制、激励方式、激励效果。

⑧安全事务参与：安全会议与活动、安全报告、安全建议、沟通交流。

⑨决策层行为：公开承诺、责任履行、自我完善。

⑩管理层行为:责任履行、指导下属、自我完善。
⑪员工层行为:安全态度、知识技能、行为习惯、团队合作。
(2)减分指标。
减分指标包括死亡事故、重伤事故、违章记录。
(3)评价程序。

①建立评价组织机构与评价实施机构。在开展安全文化评价工作时,应先成立评价组织机构,并由其确定评价工作的实施机构。在实施评价时,由评价组织机构负责确定评价工作人员并成立评价工作组。必要时可选聘有关咨询专家或咨询专家组。咨询专家(组)的工作任务和工作要求由评价组织机构明确。评价工作人员应具备的基本条件包括:熟悉单位安全文化评价相关业务,有较强的综合分析判断能力与沟通能力;具有较丰富的单位安全文化建设与实施专业知识;坚持原则、秉公办事。评价项目负责人应具有丰富的安全文化建设经验,熟悉评价指标及评价模型。

②制订评价工作实施方案。评价实施机构应制订"评价工作实施方案"。方案中应包括所用评价方法、评价样本、访谈提纲、测评问卷、实施计划等内容,并应报送评价组织机构批准。

③下达评价通知书。在实施评价前,由评价组织机构向选定的样本单位下达评价通知书。评价通知书中应明确评价的目的、用途、要求,应提供的资料及对所提供资料应负的责任,以及其他需要在评价通知书中明确的事项。

④调研、收集与核实基础资料。设计评价的调研问卷,根据"评价工作实施方案"收集整理评价基础数据和基础资料。资料收集可以采取访谈、问卷调查、召开座谈会、专家现场调研、查阅有关资料和档案等形式进行。评价人员要对评价基础数据和基础资料进行认真检查、整理,确保评价基础资料的系统性和完整性。评价工作人员应对接触的资料内容履行保密义务。

⑤数据统计分析。对调研结构和基础数据核实无误后,可借助 Excel、SPSS、SAS 等统计软件进行数据统计,然后建立数学模型并按实际选用调研分析方法,对统计数据进行分析。

⑥撰写评价报告。统计分析完成后,评价工作组应该按照规范的格式,撰写"安全文化建设评价报告",报告评价结果。

⑦反馈单位征求意见。评价报告提出后,应反馈给单位征求意见并做必要的修改。

⑧提交评价报告。评价工作组修改完成评价报告后,经评价项目负责人签字,报送评价组织机构审核确认。

⑨进行评价工作总结。评价项目完成后,评价工作组要进行评价工作总结,将工作背景、实施过程、存在的问题和建议等形成书面报告,报送评价机构,同时建立好评价工作档案。

7 安全生产费用管理

安全生产费用是指单位按照规定标准提取并在成本中列支,专门用于完善和改进内部安全生产条件的资金。单位按照"规范提取、分级监管、确保需要、专款专用"的原则进行管理。公路养护单位通常由财务审计部门负责组织安全生产费用预算的编制,并统计使用情况,安全监督保卫部门负责安全生产费用预算的审核,监督费用的使用情况。

7.1 安全生产费用的提取

公路养护单位安全生产费用投入不得低于相关法律、法规中规定的最低提取标准。例如,公路大中修工程项目落实执行1%的安全保障费用。在符合规定的基础上,根据安全生产工作实际需要,报上级主管部门,经批准后,可适当提高安全生产费用投入。

公路养护单位安全生产费用主要用于以下方面:
(1)购置、维护、完善、改造安全防护设施、设备支出(不含"三同时"要求初期投入的安全设施)。
(2)配备、维护应急救援装备、物资、器材以及开展应急演练支出。
(3)组织重大危险源和事故隐患安全评估、监控检测及整改治理支出。
(4)安全生产督查、检查、自查、评价(不包括新建、改建、扩建项目安全评价)、咨询及标准化建设支出。
(5)配备和更新现场作业人员安全防护用品支出。
(6)安全生产培训、教育、宣传支出。
(7)安全生产适用的新技术、新标准、新工艺、新装备推广应用支出。
(8)安全设施及特种设备测试、检验支出。
(9)安全生产专项奖励支出。
(10)职工职业健康检查及体检费用。
(11)安全生产责任保险及工伤保险费用。
(12)其他与安全生产直接相关的支出。

对于公路养护单位来说,安全生产工作虽然非常重要,但是费用提取必须同样遵守财务工作规定与纪律:
(1)严格执行财务工作保密制度。
(2)安全费用纳入预算管理,当年由安保部门申请下一年度安全费用,待财政预算资金批复后,根据预算批复金额及申报内容使用,不得超预算、超范围使用。
(3)负责安全生产费用的提取,编制安全生产费用提取和使用情况的有关报表,监督安全生产费用按照规定使用。

安全专项财政资金申请流程如图7-1所示。

图7-1 安全专项财政资金申请流程

7.2 安全生产费用的支付

安全生产费用实行预算管理,财政批复安全预算资金后,由负责部门根据预算内容向单位提出申请,通过审批后方可使用。安全预算资金使用流程如图7-2所示。

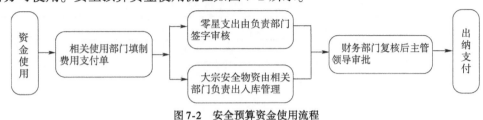

图7-2 安全预算资金使用流程

7.3 安全生产费用的使用

安全生产费用的使用注意事项:

(1)做好预算工作,保证安全生产费用的投入使用。

(2)单位财务人员在办理货币资金业务中,要严格执行货币资金、资金结算等方面的相关规定,确保资金安全,库存现金不得超过最高库存限额,超过库存限额的现金应及时送存开户银行,每天下班后须将保险柜密码打乱,并做好保险柜密码保密工作。

(3)出纳负责对银行开户的财务印鉴妥善保管,使用时取出,下班时应放入保险柜。不得将印鉴放置在桌面上,不得由他人代管,以防止盗盖、盗用;建立印鉴使用登记制度;非银行结算业务使用印鉴必须经领导签字同意,并进行登记;单位法人人名章及银行开户预留法人章与财务印鉴分别管理。

(4)把安全费用管理纳入经济分析范围,为领导提供安全生产方面的各项财务资料。

7.4 安全生产费用台账

(1)准确、充分地识别本岗位的危险源,正确地使用并负责安全运行。

(2)根据软件提供的功能和工作需要设置操作人员操作权限和密码,操作人员必须对自己的操作密码严格保密,不得泄露。

(3)建立安全生产费用台账,对每项安全生产费用的计划、列支、使用情况进行详细登记,并将其纳入财务年度报告。年度安全生产费用投入计划、安全生产费用台账参考样式见表7-1、表7-2。

年度安全生产费用投入计划参考样式　　　　表7-1

序号	类别(项目)	使用细目	计划投入月份	预算费用(元)	备注
		合计			
编制: 日期:		审核: 日期:		审批: 日期:	

安全生产费用台账参考样式

表 7-2

序号	使用单位(部门)	费用内容	金　额	备　注

8 公路养护作业过程的控制

8.1 安全生产控制

安全生产控制是指通过有效的安全管理及现场措施,保障人员、机械、物料、方法、环境等和谐运作处于可控范围内,如图8-1所示。就公路行业而言,公路养护作业是安全生产控制应用的重要内容。

公路养护作业区安全管理基本要求:

(1)公路养护施工作业单位应当按照《中华人民共和国安全生产法》等相关法律法规组建安全生产管理机构,制定公路养护作业管理制度,配备专(兼)职安全管理人员。

(2)公路养护施工作业人员必须接受安全教育培训,遵守养护安全技术操作规程。

(3)公路养护单位、养护施工单位应按照安全生产标准化、规范化、制度化的要求,对公路日常养护作业区进行安全监督检查。

图8-1 安全生产控制

(4)公路养护作业区的安全设施应当定期查验,确保设施完好。

(5)公路养护作业区包括警告区、上游过渡区、缓冲区(纵向缓冲区、横向缓冲区)、工作区、下游过渡区和终止区。在公路养护作业区尚未完全布设完成之前,养护作业人员应当在安全区域等候,不得提前进入公路养护作业区。

(6)进入公路养护作业区的养护作业人员必须规范穿戴安全标志服(帽)及工作鞋等。

(7)在公路养护施工作业未完成前,任何人不得擅自撤除或随意改变安全设施的位置、扩大或缩小作业区的控制范围,确保养护施工的安全。

(8)公路养护施工作业在保证人员、设备安全的前提下,应充分考虑社会车辆的正常、安全、有序地通行。

(9)在公路养护施工作业实施前,应当将养护作业安全作业布设方案报上级公路养护主管部门,对需要封闭公路施工的,还需上报绕行方案,并通过广播、网络媒体等信息发布渠道向社会公布公路通行情况,并在封闭公路前后设置警示标志,提示注意行车安全。

8.2 公路养护作业类型

公路养护作业类型如下:

(1)移动养护作业。公路养护作业人员、设备处于连续移动或短暂停留状态,短暂停留时间不超过30min的养护作业(包含移除作业区的时间)。

(2)临时养护作业。公路固定地点养护作业时长在0.5h~4h范围内的养护作业(包含移除作业区的时间)。

(3)短期养护作业。公路固定地点养护作业时长在4~24h范围内的养护作业(包含移除作业区的时间)。

(4)长期养护作业。公路固定地点养护作业时长在24h以上的养护作业(养护作业前,应当向上级主管部门报告,同时制订养护安全作业应急处置预案;封闭公路前5d通过广播、网络等媒体向社会发布有关信息,并在施工路段前后摆设警示标志,提示注意行车安全)。

(5)封闭车道养护作业。封闭一个或多个行车道的各类养护作业。

(6)封闭路肩养护作业。封闭硬路肩或土路肩的各类养护作业。

8.3 公路养护作业安全方案的编制与实施

公路养护施工单位在进行养护施工作业前,应当根据作业类型、规模等实际情况,编制养护作业安全方案,长期养护作业应当专门编制相应的养护作业安全方案。养护作业安全方案的编制与实施必须符合《道路交通标志和标线 第4部分:作业区》(GB 5768.4—2017)、《公路养护安全作业规程》(JTG H30—2015)有关规定,方案需包含路段信息、工期部署、岗位设定、职责分工、安全措施、应急处置等相关内容。为确保方案的合理性、有效性、可操作性,方案事先应当征求有关单位意见。

安全作业区审批流程如图8-2所示。

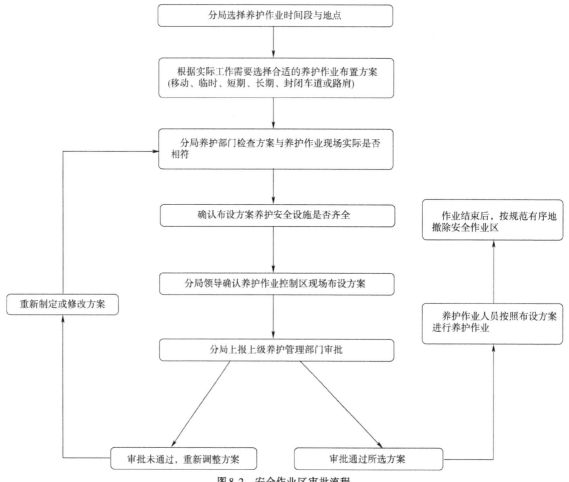

图8-2 安全作业区审批流程

8.4 公路养护作业安全文明管理

安全文明是规范公路养护作业施工现场秩序,强化安全措施,内强素质,外树形象,展示行业文明形象,减少施工事故发生的有效途径。公路养护作业过程应抓好以下几项重点工作:

(1)公路养护作业区初始布设阶段按照警告区、上游过渡区、纵向缓冲区、横向缓冲区、工作区、下游过渡区和终止区的顺序依次进行,确保安全设施规范、完好、醒目、有效。作业结束后,安全设施的移除顺序应当与布设顺序相反,即"顺摆逆收"。

(2)公路养护作业机械、设备、车辆不得占用作业区以外的空间,也不得影响或危及桥梁、隧道等构造物。人员上下车及装卸物料应当在工作区内进行。

(3)公路养护作业区限速标志应当逐级限速,并在警告区内设置完成最终限速(逐级限速中最小的限速值)。根据实际情况,可以选择在上游过渡区或工作区重复设置最低限速标志。

(4)公路养护作业区除必要的安全设施、标志外,还须配备交通安全引导人员。交通安全引导人员须面向来车方向,站在警告区内可视性良好的非行车区域,关注车辆行驶状态,如发现异常应及时启动人员撤离报警装置并采取紧急措施。

(5)高速公路、一级公路临时养护作业时,作业区应当配备交通安全引导人员;交通安全引导人员前方至少100m处,须设置交通安全引导人员警告标志牌。

(6)中央分隔带内的养护及施工作业不宜多人集中,禁止在中央分隔带内休息。

(7)夜间实施公路养护作业时,须按照《道路交通反光膜》(GB/T 18833—2012)规定布设照明设施及警示频闪灯,临时安全设施必须具有反光性能或自发光性能;安全管理人员必须加强现场安全监管。

(8)与公路养护区相邻的机动车道宽度不应小于3m,否则应当封闭该机动车道。

(9)无中央分隔带路段封闭内侧车道的作业区和借用对向车道组织交通的作业区,对向车道须设置作业区交通标志、标线及其他设施(对向车道设置警告区、缓冲区、终止区)。

(10)短期养护作业应当按照《道路交通标志和标线 第4部分:作业区》(GB 5768.4—2017)、《公路养护安全作业规程》(JTG H30—2015)有关规定布设作业区,可采用易于安装和拆除的安全设施。

(11)长期养护作业应当加强交通组织,必要时修建便道,宜采用稳固式安全设施并及时检查维护,注意强化现场安全防范措施。

(12)临时和移动养护作业区的布设,可依据长期和短期养护作业区布设情况,在保障安全的前提下可适当简化。

8.5 安全日志

"志"的本义是记载的文字。安全日志是指记载公路养护作业过程的相关内容。

安全日志主要分为公路巡道日志与养护作业日志,其作用在于如实地记录工作的实际情况,形成第一手资料;同时,对公路巡道中发现的路面病害、安全隐患进行归整、分析、研判及"回头看",以便及时地整改公路安全隐患,及时地纠正养护作业可能出现的"三违"行为,确保每位职工的生命安全,并为基层单位履行安全生产主体责任提供依据。

安全日志的基本要求:

(1)安全日志的内容必须客观、真实,即实事求是。

(2)日志记录起止时间与实际时间相符,体现工作的延续性,既不能提前填写,也不能事后补填。

(3)有人员变动时,应当进行日志记录交接,保持日志记录的连续性、完整性。

(4)日志记录主要填写基本信息(包括时间、地点、天气等情况)、工作内容(包括巡道路段、作业地点、实施单位、项目、班组、人数、进度等情况)、检查内容(包括现场安全管理、安全技术交底、设施设备状况、施工材料、合格证等情况)等有关重要事项。

(5)日志记录填写时不允许涂改,抓住事情的关键点,条理清晰、主次分明,记录既要定性也要定量,不能过于简略,确保日记记录的实用性及可追溯性。

8.6 公路养护作业过程评估与改进

阶段性、周期性及长期公路养护作业完成后,公路养护单位、养护施工作业单位应当对养护作业安全方案的合理性、有效性、可操作性进行评估,吸取好的经验和做法,分析和查找出现问题、隐患的原因,会同参与方,将"策划→实施→检查→改进"循环模式应用到公路养护作业中,防止和避免安全责任事故发生。

9 生产设施、设备的安全管理

9.1 设施、设备选型的安全控制

公路养护单位在选择各类施工设施、设备时,应充分评估其安全标准、水平,使其满足生产安全控制要求。重要生产设施、设备的配置规划和选型购置,必须进行技术经济论证和安全条件论证,分析有关设备的可靠性、安全性、经济性,并提出设施、设备维修等工作要求和标准。

1)机械设备的选购条件

(1)单位机械设备的选购应坚持"技术性能优先、运行可靠稳定、经济效益良好"的原则。

(2)在选购机械设备或附属装备时,安全性能必须符合有关法律法规,达到行业标准规范,禁止购买国家或有关部门列出的淘汰型号或产品。

(3)必须选择合法经营的机械设备供应商,选购质量合格、环保达标、无危害人身健康、无安全设计缺陷的产品。

2)机械设备的验收要求

(1)新购机械设备或附属装备由设备管理部门按规定认真进行验收,详细检查其安全作业性能及技术状况,验收合格后方可交付使用。

(2)新购特种设备经由相关技术监督部门检测验收合格、核发证件齐全后,方可投入运营使用。

公路养护单位就设备选型(包括进口设备)必须备有设备维修技术资料和必要的维修配件。设备到达后,公路养护单位必须认真验收、及时安装、调试和投入使用,若发现问题应及时处理,并在索赔期内提出索赔。

9.2 设备安全操作规程

公路养护单位应当按照各类设备的不同结构、操作设备要求不同,依据制造厂提供的设备说明书为主要依据,编制符合技术规范与安全要求的设备操作规程。设备安全操作规程内容应当充分考虑设备的结构运行特点及安全运行需求,对操作人员在操作全过程中必须遵守的事项、程序及动作等作出规定。

9.3 设施、设备的使用控制

(1)公路养护单位对已拥有设施、设备的使用应按照"谁使用、谁负责、谁管理"的原则,落实责任部门或责任人。使用部门应建立并及时更新设施、设备管理台账及安全操作规程和巡检制度。设施、设备台账应登记其购买使用日期及大修、重要零部件更换情况、完好情况等,以确保设施、设备的基本安全特性符合要求,操作间应建立设备安全装置台账,其中包括安全联锁装置、安全报警装置、职业危害现场通风和现场除尘装置等,并明确管理和检修责任单位或责任人。

(2)公路养护单位机械设备各使用部门应当安排专门人员负责设备安全运行管理,落实安全技术措施,培养和提高设施、设备操作人员的业务水平与安全意识。

(3)机械设备各使用部门应当明确设备安全管理人员与操作人员责任,实行"三定"(定人、定机、定岗),做到"三好"(管好、用好、修好),落实"四会"(会使用、会维护、会检查、会排除故障)。

(4)设施、设备操作人员需经专业培训并取得合格证后方可上岗作业,特种设备操作人员必须取得国家相关部门核发的资质证件,所持资质证件必须与其实际操作类型相符,并在证件有效期限范围内。

（5）设施、设备操作人员必须认真执行设备维护与安全操作规程，作业过程中按规定佩戴必要的劳动防护用品，做到遵章守纪，服从管理，安全生产。

（6）机械设备带有较大危险性的装置和部位必须有相应配套的安全防护设施，如防坠落、防割伤、防坍塌、防触电及防雷、防风等防护设施；作业场所必须设置相关安全警示、提示标志。

9.4 设施、设备的检测、维护、修理过程中的安全控制

（1）公路养护单位各机械设备使用部门负责制订设备维护检修计划，定期做好维护检修，确保其安全技术状况良好。

（2）特种设备必须委托有相应资质的维修单位实施检修，并依据国家规定由技术监督部门定期检测维护，确保符合安全运行要求。

（3）机械设备配套的安全设施不得随意拆除、挪用或弃置不用；因检修确需临时拆除的，应采取临时防护措施，检修完毕后立即复原。

（4）公路养护单位对于设施、设备须定期进行检查、检测、维修和维护，建立相应的档案，对于到达使用年限的设施、设备应当及时报废。

（5）公路养护单位在检（维）修活动前要制订检（维）修计划和检（维）修方案。检（维）修过程中应执行隐患控制措施并进行监督检查。

（6）公路养护单位各类设施、设备在检（维）修活动前必须彻底切断动力系统电源。运行过程中进行检（维）修过程中要做好全面的安全防护措施。

以公路养护单位常见机械、车辆、设施、设备操作规程与安全控制为例，其主要维护工艺流程参考如下。

1）轮胎检查维护工艺流程

轮胎检查维护工艺流程和实操展示如图9-1、图9-2所示。

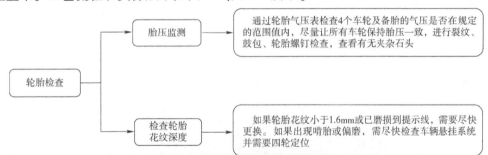

图9-1 轮胎检查维护工艺流程

图9-2 轮胎检查维护实操展示

2）机油检查维护工艺流程

机油检查维护工艺流程和实操展示如图9-3、图9-4所示。

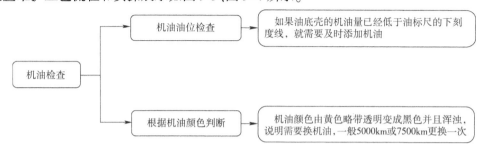

图9-3 机油检查维护工艺流程

图9-4 机油检查维护实操展示

3）灯光检查维护工艺流程

灯光检查维护工艺流程和实操展示如图9-5、图9-6所示。

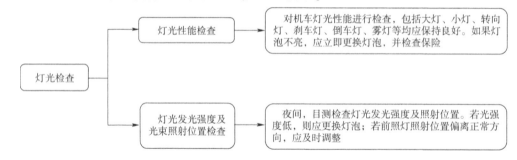

图9-5 灯光检查维护工艺流程

图9-6 灯光检查维护实操展示

4)制动检查维护工艺流程

制动检查维护工艺流程和实操展示如图9-7、图9-8所示。

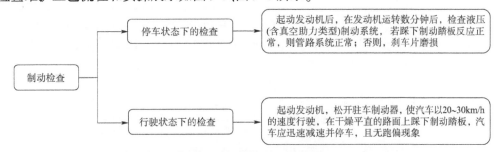

图9-7 制动检查维护工艺流程

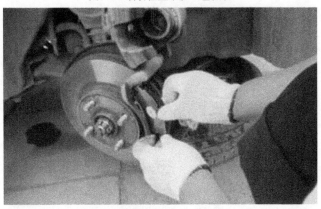

图9-8 制动检查维护实操展示

5)冷却液检查维护工艺流程

冷却液检查维护工艺流程和实操展示如图9-9、图9-10所示。

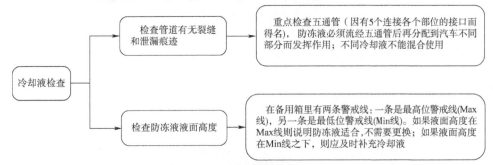

图9-9 冷却液检查维护工艺流程

图9-10 冷却液检查维护实操展示

6）发动机三滤检查维护工艺流程

发动机三滤检查维护工艺流程和实操展示如图9-11、图9-12所示。

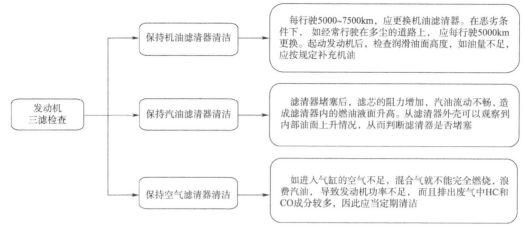

图9-11　发动机三滤检查维护工艺流程

图9-12　发动机三滤检查维护实操展示

7）液压油检查维护工艺流程

液压油检查维护工艺流程和实操展示如图9-13、图9-14所示。

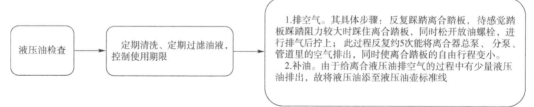

图9-13　液压油检查维护工艺流程

图9-14　液压油检查维护实操展示

8）风扇、发动机皮带检查维护工艺流程

风扇、发动机皮带检查维护工艺流程和实操展示如图9-15、图9-16所示。

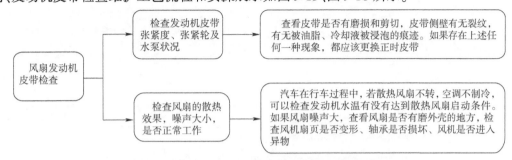

图9-15　风扇、发动机皮带检查维护工艺流程

图9-16　风扇、发动机皮带检查维护实操展示

9）连接部润滑检查维护工艺流程

连接部润滑检查维护工艺流程和实操展示如图9-17、图9-18所示。

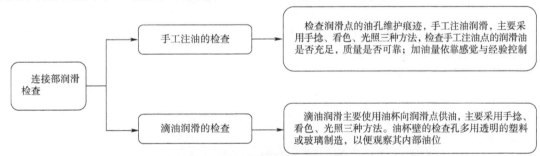

图9-17　连接部润滑检查维护工艺流程

图9-18　连接部润滑检查维护实操展示

10)除雪车除雪装置检查维护工艺流程

除雪车除雪装置检查维护工艺流程和实操展示如图9-19、图9-20所示。

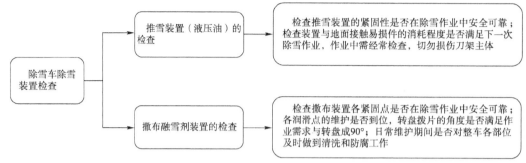

图9-19 除雪车除雪装置检查维护工艺流程

图9-20 除雪车除雪装置检查维护实操展示

9.5 特种设备管理及要求

公路养护单位应当加强对特种设备的安全监督管理力度,严格执行相关规定,明确安全责任主体及主体责任人,最大限度地预防和减少事故的发生。

1)公路养护单位特种设备管理

(1)公路养护单位对特种设备应按规定进行检测、鉴定,并取得检测合格证。

(2)所有特种设备,在使用前,项目施工单位要对其安全设施进行检测、验收,对特种设备检验合格证、特种作业人员资格证进行验证。

(3)公路养护单位应当建立特种设备履历表及设备台账。

2)特种设备安全管理要求

(1)明确本单位的安全生产负责人,安全生产负责人应对本单位特种设备全面负责(安全生产负责人必须是单位主要负责人)。若安全生产主要负责人不是法定代表人,应有加盖单位公章的任命书。

(2)有加盖单位公章的特种设备专职或兼职安全管理人员任命书,单位任命书应注明安全管理人员的主要职责及任期,任命的管理人员应与本单位建立劳动关系(附劳动关系证明资料)。

(3)特种设备管理人员必须经具有资质的部门考核合格并取得国家统一格式的证书后方可上岗管理。

(4)公路养护单位应定期对特种设备管理人员进行安全生产教育培训,对其掌握技能熟练程度进行考核。

9.6 用电安全管理及要求

1)实行用电专管制

(1)电工实行持证上岗,负责单位的用电安全以及规范工作。

(2)所有电源铺设、设施/设备接电及电器安装必须由取得专业证书的电工亲自操作,非专业人员不得作业。

(3)各类设备的用电操作必须经电工进行技术检测交底后方可进行。

(4)电工应严格按规范参与各项安全用电检查及设备安装验收。

2)安全用电检查

(1)电工须定期对各单位(部门)用电情况进行检查,检查用电设备是否符合安全规定。若发现存在隐患要及时整改,严禁违章冒险作业。

(2)单位负责人针对近期用电安全存在的问题和季节性应注意的事项,进行总结改进,提高每位员工的安全用电意识。

3)安全用电管理

(1)公路养护单位各部门负责人为安全用电第一责任人。

(2)各种用电设备的安全装置要经常检查、定期维护。用电设备应专人专管,操作人员要经过严格考核,持证上岗。

(3)特种作业人员(电工)必须持证上岗,未经培训并考试合格,严禁从事特种作业。

4)用电操作

(1)公路养护单位所有从事电器维修和接线的人员必须经技术培训,并取得具有资质机构颁发的电工证才准上岗工作。

(2)用电设备维修时须挂有维修标志,除设备维修者外,其余任何人不得合闸。

(3)当设备漏电、过压、跳闸时,未明确原因时,不得擅自合闸。特殊情况下需合闸时,操作人员手要保持清洁、干燥,必须佩戴绝缘防护工具(绝缘手套、绝缘鞋、绝缘推杆)。

(4)在进行拆装、检修和接线工作时,应断开电源;需带电工作时,必须配齐安全工具,穿戴绝缘鞋、绝缘手套,保持人体各部分干燥、清洁,严禁赤膊从事电气操作。

(5)当发现电气故障、漏电、走火或触电事故时,应立即将电源切断。

(6)因电气故障造成火灾时,在未断电源时,切不可用酸碱泡沫灭火,而应使用沙子、四氯化碳、二氧化碳或水基灭火器。

(7)严禁电气设备在超过其额定电压等级上使用,低压试电笔不准用于测试高电压设备。

(8)熔断丝必须选配得当,不能随意用铝线、铜线、铁线代替。

(9)严禁用木棒或竹竿等操作高压隔离式、开关式、跌落式熔断丝。

(10)设备带负荷时,严禁直接用隔离开关来强制停机。

(11)电线的截面面积必须与负荷容量配合,禁止使用裸线和破损电线。

(12)非操作人员不得乱动配电设备和进入配电房。

10 职业健康管理

10.1 劳动保护

劳动保护是指为保护劳动者在劳动生产过程中的安全健康权益,所采取的立法、组织、技术、预防性措施的总称。其主要目的是为劳动者创造安全、卫生、适宜的工作环境与条件,最大限度地减少和预防劳动生产过程中可能发生的伤亡、中毒、事故、职业病等危害,保障劳动者在社会生产中保持健康良好的状态,不仅维护了劳动者合法权益的需要,还有助于提高社会生产效率。劳动保护包括劳动安全、劳动卫生、女工保护、未成年工保护、工作时间与休假制度等内容。

公路养护单位劳动保护主要从日常管理、特殊工种管理、劳动防护用品管理等方面入手。通常由单位内设劳动保障部门负责劳动保护工作的监督,由公路养护基层单位对职工劳动安全进行管理。

1)日常管理、特殊工种管理

公路养护单位职工劳动保护原则性要点主要包括:

(1)参加社会保险,确保职工在年老退休、患病受伤、工伤(残)、失业、生育等情况下获得帮助和补偿,依法享受社会保险待遇。

(2)依法维护职工的合法权益,对单位遵守劳动法律、法规的情况进行监督并督促其按规定及时分发个人防护用品、防暑降温用品。

(3)劳动防护用品的发放、配备应符合国家、行业标准,能满足工作实际要求,并培训职工学会正确使用安全防护用品。

(4)职工工作场所及设施应符合国家和地方职业健康安全标准及规程。

(5)各种设备的安装、使用和维修应符合国家和地方的安全技术标准,其安全防护装置、附件必须齐全有效。

(6)从事电气、锅炉、机动车驾驶等工种作业人员应接受相关培训,获得有关部门颁发的操作资格证书方可上岗操作。资格证书须按有关规定定期复审。

需要提及的是,特种作业包括公路养护单位较有可能涉及的电工作业、金属焊接、切割作业、起重机械作业、登高架设作业、锅炉作业、压力容器作业等,特种作业人员必须经有关合法机构培训,取得有关部门的上岗资格证,持证上岗。公路养护单位应建立人员花名册和档案,定期对特种作业人员的基本情况进行审核,实行动态管理,其主要登记信息见表10-1。

特种作业人员基本情况登记表 表10-1

序号	姓名	性别	年龄	所在单位(部门)	持证名称	证件号码	发证机关	证件有效期截止时间	备注

公路养护单位安排特种作业岗位人员时,要尽可能选用工作责任心强、组织纪律性好、技术素养好、时刻按照安全技术规范办事的人员。凡是不服从管理、违章蛮干、专业技术较差或造成未遂责任安全事故和已造成安全生产责任事故者,要及时调整工种。凡特种作业人员从事的工作,均应当组织制定相关的安全作业制度或安全操作规程,并进行经常性的安全教育(包括安全知识、规章制度及安全技术操作规程等内容的学习,事故案例分析、经验教训总结等),持续提高其安全意识和操作水平。

(7)确保生产防护设施、设备符合国家、地方、行业标准规定,运行安全可靠,工作环境中的各类危险源得到较好的控制。

(8)重视职工健康检查,建议每两年至少进行一次职工体检。对确诊为职业病的职工,由劳动保障部门按照国家相关规定妥善安排。

公路养护单位职工在劳动保护工作中负有以下职责和权利:

(1)在生产过程中须遵守有关法律、法规、操作规程及劳动纪律、安全卫生的规章制度。

(2)爱护并正确使用劳动防护用品和防护设施。

(3)在生产过程中发现不安全因素或危及健康安全时,及时报告有关负责人。

(4)有权拒绝违章指挥和安全防护措施不到位的冒险作业。

(5)有权对危害职工生命安全和身体健康的行为进行批评并向上级反映。

通常情况下,公路养护单位职工每日工作时间不超过 8h,平均每周工作时间不超过 44h。元旦、春节、清明、劳动节、端午、中秋节、国庆节等法定假日,应当依法安排职工休假。但遇有下列情形之一的,延长工作时间不受以上规定和要求的限制:

(1)发生自然灾害、事故或者因其他原因威胁职工生命健康和财产安全,需要紧急处理的。

(2)生产设备、道路设施等发生故障或损坏,影响生产和公众出行,必须及时抢修的。

(3)省、自治区及当地人民政府有相关规定和特殊安排的。

另外,公路养护单位需要特别重视女职工的特殊保护,女职工生育享受不少于 158 天的产假。女职工在哺乳未满一周岁的婴儿期间不得安排其延长工作时间、夜班劳动和重体力劳动。

2)劳动防护用品管理

公路养护劳动防护用品管理工作通常由内设劳动保障部门负责,劳动防护用品的发放、使用、管理,必须坚持"安全第一"的原则,发放的劳动防护用品应起到保障职工安全和身体健康的目的。

劳动防护用品管理应重点注意以下几方面:

(1)劳动防护用品的发放,必须依据工作性质和劳动条件,对不同工种、不同劳动条件,发放不同的劳动防护用品。公路养护基层单位自行雇佣的季节性临时工,应根据实际工作需要发放必需的劳动防护用品。

(2)劳动防护用品中的服装式样、服装材质,安全标志背心、安全标志帽的式样及颜色等按照上级主管部门统一规定执行,如考虑订制,须对劳动防护用品制作项目进行公开招标。

(3)劳动防护用品采购严格按照标准和规定执行,购买的劳动防护用品必须符合国家和行业标准,不得采购假冒伪劣劳动防护用品和无安全标志的特种劳动防护用品。

(4)不得以任何理由挤占、挪用劳动防护用品经费,从业人员必需的劳动防护用品不得以任何理由不发、停发、少发或延期发放,不得以货币、代金券或其他物品替代应当按规定配备的劳动防护用品。

(5)劳动防护用品的发放必须严格按规定的年限执行,如电工的特种工作服、安全防护鞋到期应交旧领新等。

值得一提的是,本书编写单位昌吉公路管理局地处新疆,四季交替较为明显,夏季炎热,冬季寒冷,且早晚温差较大,发放劳动防护用品的种类可能涉及防寒服、防寒帽、防寒鞋、防寒手套、工作服、安全帽(山区道路和隧道养护)、特种工作服(电工用)、安全防护鞋(电工用)、反光标志背心、防护眼镜、安全标志帽、水壶、线手套、毛巾、洗衣粉、口罩等。昌吉公路管理局劳动防护用品发放种类参考见表 10-2。

昌吉公路管理局劳动防护用品发放种类　　　　表10-2

种类\使用年限\工种	防寒服	防寒帽	防寒鞋	防寒手套	工作服(夏装)	工作服(春秋装)	安全帽	安全防护鞋	反光标志背心	防护眼镜	安全标志帽	水壶	线手套	毛巾	洗衣粉	口罩
	件	顶	双	双	套	套	顶	双	件	个	顶	个	双	条	包	个
公路养护工	5年	3年	3年	2年	半年	2年	1年	—	1年	3年	1年	3年	半月	—	—	—
机械操作工	5年	3年	3年	2年	半年	2年	—	1年	3年	1年	3年	—	1月	3月	3月	1月
电工	—	—	—	—	—	—	—	5年	1年	—	—	—	2月	—	—	—
驾驶员	5年	3年	3年	2年	—	2年	—	—	1年	3年	—	—	1月	3月	3月	—
锅炉工	—	—	—	—	—	—	—	—	—	—	—	—	1月	3月	3月	1月
参考购买价格(元)	800	100	300	50	200	500										

注:数据仅供参考,具体使用年限请以所采购的劳动防护用品说明书为准,参考购买价格请以当地经济物价水平为准。

10.2　职业病防治

职业病是指企业、事业单位和个体经济组织(以下统称用人单位)劳动者在生产工作及职业活动中,因接触粉尘、放射性及其他有毒、有害物质等因素而引起的疾病。

根据《中华人民共和国职业病防治法》职业病防治工作坚持"预防为主、防治结合"基本方针,实行分类管理与综合治理。

公路养护单位主要涉及公路工程职业病管理和公路收费职业病管理。

1)公路工程职业病管理

公路养护单位应将生产性粉尘、沥青混凝土摊铺作业、噪声及高温高湿条件下的作业列为重点防治对象,力争将各种职业危害降到最低程度。

(1)水泥、粉煤灰、石灰及沥青是项目工程施工中用得较多的材料,在运输、装卸、使用过程中处于开放状态,不可避免地产生扬尘、有毒有害气体。人体吸入过多的粉尘、有毒有害气体会引起全身中毒性、局部刺激性、变态反应性、致癌性、尘肺等职业危害,其中以尘肺最为严重。针对上述职业危害,应当注意:

①水泥用量大时,应尽量使用罐装,搅拌进料时应使喷淋装置有效,石灰筛分、粉煤灰拌和过程中应尽量避开大风天气,以减少扬尘量。

②水泥、石灰、粉煤渣存料场(库)选址及沥青拌和作业地点应尽量安排在居民区、生活区、学校等的下风向,防止粉尘、有毒性气体影响人们的正常生活。

③制订并严格遵守安全操作规程,防止发生意外事故。

④对从事与水泥拌和有关作业的职工要进行岗前防尘、防毒知识教育和培训,让他们认识到可能引起的职业病危害,从思想上加以重视。

⑤要配备足够数量的、合格的防尘、防毒口罩等劳动防护用品,教会职工正确使用,并在作业过程中加强监督检查。

⑥项目部要组织与粉尘、混凝土拌和有关作业的职工进行上岗前、在岗期间和离岗时的职业健康检查,并做好记录。对在定期检查中发现与所从事工作相关的健康损害的职工,应调离原工作岗位,并妥善安置。

⑦根据国家制定的一系列卫生标准,定期检测作业环境中粉尘、有毒性气体的浓度,及时发现问题,

及时解决。

(2)噪声是项目工程施工中的另一个危害因素,许多机械设备(如发电机、空压机、风钻、搅拌站、装载机等)在作业过程中,都会产生强噪声。噪声对人体(神经系统、心血管系统及全身其他器官功能)产生不同程度的危害。针对上述职业危害,应当注意:

①根据施工特点,合理组织施工。通常在22时至次日6时不安排作业(野外无人居住的情况除外)。不能避免时,应办理夜间施工许可证,并张贴安民告示。

②空压机、发电机、电锯、风钻等强噪声设备,在施工平面布置时,合理选择位置,采取相应的隔离措施,合理安排作业时间,以减少强噪声的扩散。

③在定期体检中,对处于噪声作业中的人员要重点进行听力检查,对听力下降严重的职工,要调离原工作岗位,妥善安置。

④操作人员应对设备、机械进行定期维护,使其保持良好的工作状态。

⑤对处于噪声作业的人员,单位要配备耳塞等防护用品,教会他们正确使用,并在作业过程中加以监督检查。

⑥改造声源、降低噪声。通过技术革新,把发声物体改造为不发声或发小声的物体是根本措施。

⑦对超过噪声限值的机械设备,应及时申请淘汰。

(3)异常气候条件引起的职业病,被列入国家职业病目录的有以下三种:中暑、减压病(急性减压病发生在潜水作业后)、高原病(高原低氧环境下的一种特发性疾病)。针对上述职业危害,应当注意:

①根据气候特点,合理安排施工时间,做到早开工、晚收工,避开气温最高的正午时间;合理调配人员,严禁长时间连续作业。

②购置防暑降温物品(药品、饮品),及时分发到施工人员手上;不得以现金代替防暑降温物品。

③组织施工人员进行有关高温作业安全知识的学习,掌握基本的急救知识。

④有脱水、中暑等情况发生时,要及时抢救,不得延误。

⑤水下作业要选派身体健康、经验丰富的作业人员,同时安排专人进行监护并保持岸上与水下作业人员的联络。

⑥高原作业须选派身体健康的人员,配备必要的医护人员和设备,并加强定期健康检查。

2)公路收费职业病管理

(1)公路收费员长时间坚守在收费岗亭内,活动空间有限,经常保持规范姿势,工作量大,且年龄普遍偏小(青年阶段),心理不成熟、抗压与自我调适能力有限,交流沟通对象多为司乘人员,工作单一,易造成情绪时有波动。加之个别司乘人员在收费过程中因不满情绪引发的无理诉求,会对收费员身心健康产生不同程度的影响,久而久之,导致收费员心理亚健康。

(2)收费员工作期间长期保持坐姿,致使腰部负荷过重,血供受阻,产生大量乳酸,加之代谢产物得不到及时清除,积聚过多,从而引起炎症、粘连。长此以往,易导致组织变性、增厚及挛缩,刺激相应的神经而引起慢性腰痛、腰肌劳损等。对于这种情况,收费员应当注意:

①适当舒展身躯。收费员在收费工作中保持良好姿势的同时,可根据工作实际状况,适当对身躯进行舒展。

②注意防寒、防潮。根据气候的变化,随时增添衣服,尤其出汗及雨淋后,及时更换湿衣或擦干身体。

③防止过劳。过度劳累会造成身体损伤而出现不适,应注意劳逸结合。

④保持良好睡眠。充足的睡眠可保持收费员身体机能的恢复,增强肌体的免疫力。

⑤加强身体锻炼。收费员利用空余时间,通过做健身操、散步、在健身房锻炼等方式,加强体能锻炼,调节工作压力,强化身心,磨炼意志。

(3)收费员上夜班,人体的生物钟规律会被打乱,长此以往会引起代谢紊乱、思维迟钝、内分泌失调、气血不足等生理疾病。收费员上夜班应当注意:

①注意饮食。日常生活中摄入足够的营养,以供身体机能的运转。

②上夜班前后注意休息。保持充足的睡眠时间和质量,建立自身的休息习惯。

③夜班时长不超过行业规定时长。

(4)收费员每天会吸入大量的汽车尾气,危害人体健康。对于这种情况,收费员应当注意:

①加强活动锻炼。通过做健身操、散步、在健身房锻炼等方式强健体魄。

②注意饮食搭配。日常饮食多食用五谷类、蔬菜水果等食品,戒烟戒酒,补充身体所需的维生素 A、维生素 C 等。

(5)从业人员中暑是较为常见的一种职业突发情况。中暑是指人体在高温或烈日下,引起体温调节功能紊乱、散热机能障碍,致使热能积累所致的以高温、无汗及中枢神经系统症状为主的综合征。

①从防护措施方面来讲,职工夏季出工应早出工、晚收工,合理避开中午高温时段;备好防晒用具,如戴遮阳帽、戴太阳镜,有条件的最好涂抹防晒霜;准备充足的水和饮料;常备防暑降温药品,以防应急之用,如人丹、藿香正气水、风油精等;外出时的衣服尽量选用棉、麻、丝类的织物,应少穿化纤品类服装,以免大量出汗时不能及时散热。

②从应急处置方面来讲,当职工发生中暑时,应采取图 10-1 所示的应急急救方法。

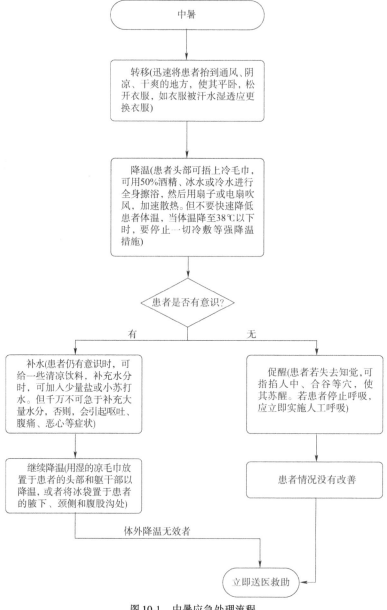

图 10-1　中暑应急处理流程

对于重症中暑患者,必须立即送医院诊治。在搬运患者时,应用担架运送,不可使患者步行,同时运输途中要注意,尽可能地用冰袋敷于患者额头、枕后、胸口、肘窝及大腿根部,积极进行物理降温,以保护大脑、心肺等重要脏器。

3)职业健康锻炼注意事项

公路养护单位职工应注意长期固定或重复工作姿势对身体健康产生的影响,有条件的单位可配备健身器材,使职工在工作之余可进行较为有效的锻炼和放松。如图10-2所示。

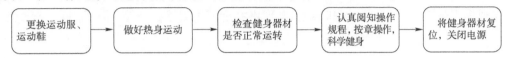

图10-2 锻炼前后需注意事项的流程图

(1)健身前提前更换好合适的运动服和运动鞋,避免因不合适的穿着而造成运动伤害。

(2)健身前要做好热身运动,其主要目的是防止肌肉和关节拉伤,通常包括活动手腕、脚腕,适当拉伸韧带,避免因突然剧烈运动引发身体损伤。

(3)健身前要先对健身器材进行初步检查,认真检查各零部件之间是否牢固,是否存在异常现象,避免因健身器材损坏造成的运动伤害。

(4)健身前要先认真阅读健身器材操作规程,按照要求正确使用健身器材,避免因操作失误造成的运动伤害。

(5)健身结束后,将健身器材归回原处,并关闭电源,自觉遵守秩序,爱护健身器材。

10.3 生活区、办公区、作业现场的卫生防疫控制

1)生活区卫生防疫控制

(1)职工宿舍应做到天天打扫,保持室内窗明几净。

(2)舍内保持清洁卫生,清扫垃圾倒在指定的垃圾点堆放,及时清理。

(3)宿舍管理人员负责每天的卫生工作,禁止其他人员乱扔废纸、废物,不准随地吐痰。

(4)认真遵守和执行国家食品卫生法,自觉地接受卫生部门的监督检查,依法依规向当地卫生部门申请办理卫生许可证。

(5)食堂工作人员必须定期进行身体健康检查和卫生知识培训,持健康证、培训证上岗;食堂工作人员应保持良好的卫生习惯。

(6)加工蔬菜要在大洗菜池里反复漂洗,防止农药中毒,禁止购买变质腐烂的食品,生熟食物要分开,熟菜盆要用纱罩防蝇。存放食品应注意使用期限,一旦发现食品过期或变质,不得食用。

(7)保持食堂内卫生、清洁、炉灶台面清洁、无油渍,做好灭"四害"措施,做到无臭味、无积水、无污物,每天一次大扫除。

(8)积极做好预防和控制食物中毒工作,一旦发生食物中毒应立即向当地卫生防疫站报告,并保留现场,封存可疑食品,以便查清原因。

(9)生活废水应入污水池,做到卫生区内无污水、污物,废水不得乱流。

2)办公区卫生防疫控制

(1)办公室卫生由办公室全体人员轮流值班负责打扫或专职保洁人员进行打扫。

(2)定期及时整理文案,保持窗明几净,必要时设置粘鼠板、驱蚊灯等,确保无蝇、鼠、蟑螂滋生繁殖等。

(3)卫生间做好定期消毒,注意养成和保持自身良好的卫生习惯。

3)作业现场卫生防疫控制

(1)作业现场严禁大小便和倾倒垃圾。

(2)作业现场多余废弃物料和垃圾应随时注意清理,垃圾临时存放应当设置垃圾斗,并及时进行清理。

(3)作业现场的临时厕所不得直接露天,有条件的应当顶、门、窗设置齐全,每日打扫,每周撒白灰或打药1~2次。

(4)作业现场设置保温桶和开水设施,应当设在卫生条件较好的区域,远离厕所、垃圾场所,并配备消毒液、洗洁精、肥皂等相关消毒措施、物品。

(5)作业现场卫生要定期进行检查和巡查,发现不利于卫生健康的问题,及时采取措施改正和防范。

11 安全生产监督检查及纠正预防

11.1 安全生产监督检查

公路养护单位安全生产监督检查工作应当围绕以下重点进行：

(1)单位安全生产责任制落实情况。

(2)单位日常安全管理情况(特别是安全生产规章制度、操作规程的有效执行及安全督查、检查、自查工作)。

(3)公路养护施工作业现场(含相关方)和火、电、油、气及消防重点区域安全巡查、隐患排查及风险防控情况。

(4)《道路交通标志和标线 第4部分:作业区》(GB 5768.4—2017)、《公路养护安全作业规程》(JTG H30—2015)的执行情况。

(5)公路隐患排查计划执行落实情况。

(6)管养公路病害处治、护栏板、防眩板等交通安全设施及公路标志标牌的维护情况。

(7)公路收费站车道安全畅通情况。

(8)公路服务区易燃、易爆、危险品运输车辆分类引导停放工作。

(9)公路服务区基础消防安全设施配备、维护、管理工作。

(10)公路服务区安全疏散通道畅通情况。

(11)相关方安全资质情况。

(12)其他未尽安全生产监督检查重点。

安全生产闭环管理机制同样在公路养护单位安全生产监督检查中起到重要作用,以本手册编写单位为例:

昌吉公路管理局安全生产监督检查工作历来坚持检查有签字、整改有措施、落实有记录、印证有图片,将PDCA(策划→实施→检查→改进)模式应用到安全生产监督管理中。安全督查、检查、自查闭环管理示意图如图11-1所示。

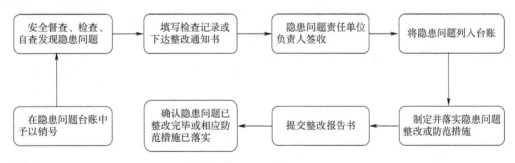

图11-1 安全督查、检查、自查闭环管理示意图

1)安全督查、检查、自查发现隐患问题

昌吉公路管理局安全监督管理部门适时通过"四不两直"("不发通知、不打招呼、不听汇报、不用陪同和接待""直奔基层、直插现场")、"双随机"等方式开展安全督查,局属基层单位定期对单位内部火、点、油、气及消防重点区域开展安全巡查、自查,目的在于发现单位安全管理中的隐患问题与薄弱环节。

2)填写检查记录或下达整改通知书

将隐患问题通过书面形式予以明确告知,既属于安全监督管理中必要的痕迹管理,也便于对照查改。

3）隐患问题责任单位负责人签收

隐患问题责任单位负责人签收是一种监督督促，也是一种责任传递，切实体现了单位负责人同时是安全生产第一责任人，部门负责人同时是安全生产重要责任人的角色定位。

4）将隐患问题列入台账

将隐患问题列入台账记录，便于后续复查整改治理情况和掌握整改工作进度。

5）制定并落实隐患问题整改或防范措施

局属基层单位根据局安全监督管理部门反馈的隐患问题，对提出的整改要求、建议，进行具体执行操作，抓细抓实抓落地。

6）提交整改报告书

局隐患责任单位、部门对整改情况进行反馈，由单位负责人、分管负责人或部门负责人签字确认并加盖单位、部门公章，附上必要的整改图片，也可以起到替代现场复查的作用。

7）确认隐患问题已整改完毕或相应防范措施已落实

这个环节可以通过实地现场复查来进行，也可以通过整改报告书所附的整改印证图片来验证和说明。

8）在隐患问题台账中予以销号

这个环节是闭环管理的最终环节，确认隐患问题已解决，整改效果符合预期。

为更好地指导公路养护单位做好安全生产监督检查，针对公路养护单位可能涉及的区域，我们汇总了安全检查指南（详见附录 A-3），供参考借鉴。

11.2 纠正预防

纠正预防的目的和意义主要在于避免相同或类似的问题重复发生和出现。可以使用的方式方法很多，如现场警告、班组学习、教育培训等，但不同的方法对于不同的人，效果是不一样的。到目前为止，最直接有效、通用性相对较好的就是引入安全生产奖罚机制。例如，遵章守纪受到鼓励、奖励，违规违章受到批评、处罚，其引导指向性非常明确，而且同个人利益直接关联。处罚不是目的，而是属于手段，对于纠正问题，预防再犯可以起到最直观的作用。从安全生产法律法规到普通单位日常安全管理，这也是当前较为普遍且行之有效的纠正预防方法。

此外，充分动员、发挥公路养护单位工会、纪委监察部门的职能，对于规范做好安全生产也有较明显的作用，但需要注意调查和甄别举报信息的真实性。对安全生产问题举报属实的，由公路养护单位按照内部相关管理规定决定是否奖励或使用何种标准奖励。同时，需要特别注意保护举报人的个人信息。对于举报不属实的，给予严肃批评教育或进行相应处罚。

12 安全生产应急管理

12.1 应急组织体系

应急组织体系是应急管理机构的组成,分为领导机构、办事机构、工作机构、地方机构和专家组。

公路养护单位应急组织体系由地州公路养护单位,市、县公路养护单位(收费站及服务区)两级应急管理机构组成。

根据不同性质的应急预案,应急管理机构一般包含应急指挥部、应急指挥领导小组、应急指挥领导小组办公室、应急响应组、专家咨询组、后勤保障组等。

12.2 应急预案

公路养护单位通常应当制订以下应急预案:
(1)高速公路交通突发事件应急总体预案。
(2)高速公路生产安全事故应急救援预案。
(3)高速公路突发公共事件应急预案。
(4)高速公路突发公共卫生事件应急预案。
(5)高速公路冬季防雪保交通应急救援预案。
(6)公路交通突发事件应急总体预案。
(7)生产安全事故应急救援预案。
(8)突发公共事件应急预案。
(9)突发公共卫生事件应急预案。
(10)普通公路冬季防雪保交通应急救援预案。
(11)地震应急预案。
(12)突发安全保卫事件应急救援预案。
(13)办公楼突发事件应急响应预案。
(14)公路收费计重收费突发安全保卫事件应急预案。
(15)机电系统突发故障应急预案。
(16)财务安全管理应急预案。
(17)机械车辆伤害事故应急预案。
相关参考内容见附录D。

12.3 应急队伍、设施和装备、物资管理

应急救援指挥机构指挥人员花名册、应急救援抢险队伍花名册应当包含单位名称以及指挥人员的姓名、性别、民族、出生年月、专业特长、职称或职务、在应急救援队中的职务、联系方式等,表内的单元格可根据所需人数自行调整。根据公路养护单位工作实际内容,提供如下参考样式,见表12-1、表12-2。

应急救援指挥机构指挥人员花名册参考样式 表 12-1

单位：

序号	姓名	性别	民族	出生年月	专业特长	职称或职务	应急救援队中的职务	联系方式		
								办公室电话	住宅电话	手机

填表人：　　　　　　联系方式：　　　　　　审核人：　　　　　　联系方式：

应急救援指抢险队伍花名册参考样式 表 12-2

单位：

序号	姓名	性别	民族	出生年月	专业特长	职称或职务	应急救援队中的职务	联系方式		
								办公室电话	住宅电话	手机

填表人：　　　　　　联系方式：　　　　　　审核人：　　　　　　联系方式：

对于公路养护单位，应急救援物资储备情况主要信息包含单位名称及各类公路抢险物资的种类、数量、合计信息及统计填报日期等，具体项目可根据实际拥有的物资储备种类自行进行合理增减与调整，见表 12-3。

应急救援物资储备情况参考样式 表 12-3

填报单位（盖章）：　　　　　　　　　　　　　　　统计填报日期：　　年　　月　　日

序号	单位	抢险机械车辆（辆）	抢险机械车辆（台）	铅丝笼（个）	编织袋（条）	工业盐（t）	融雪剂（t）	防滑砂（m³）	炉渣（t）	钢架桥（座）	钢架桥（m）	装甲车（辆）	除雪车（辆）	雪犁（台）
1														
2														
3														
合计														

填表人：　　　　　　联系方式：　　　　　　审核人：　　　　　　联系方式：

应急物资储备登记表至少应当包含单位名称、物资名称、数量、单价、总价、储备地点、单位负责人、填表人、填报日期等信息要素，具体项目可根据实际物资储备和行业、单位个性化、特殊应急工作需要予以合理增加或调整，见表 12-4。

应急物资储备登记表参考样式 表 12-4

单位名称（盖章）：

序　号	名　称	单　位	数　量	单　价	总　价	储备地点	备　注
1		台					
2		辆					
3		个					

单位负责人：　　　　　　　　　填表人：　　　　　　　　　填报日期：

12.4 应急演练

应急预案演练的目的和意义主要概括为以下 5 个方面：

(1)检验预案。通过开展应急预案演练，查找应急预案中存在的问题，进而完善应急预案，提高应急预案的实用性和可操作性。

(2)完善准备。通过开展应急预案演练，检查对突发事件所需应急队伍、物资、装备、技术等方面的准备情况，若发现不足应及时予以调整和补充，做好应急准备工作。

(3)锻炼队伍。通过开展应急预案演练，增强演练组织单位、参与单位和人员等对应急预案的熟悉程度，提高其应急处置能力。

(4)磨合机制。通过开展应急预案演练，进一步明确相关单位和人员的职责任务，理顺工作关系，完善应急机制。

(5)科普宣教。通过开展应急预案演练，普及应急知识，提高公众风险防范意识和自救互救等灾害应对能力。

应急演练通常分为以下三个阶段，即准备、实施、总结。

(1)在准备阶段，需向上级主管单位递交申请，经上级单位批准后，方可准备一切所需人力、物资、经费等。

(2)在实施阶段，模拟遭遇突发事件时，各级单位工作人员如何有计划、有步骤、沉稳冷静地面对突发情况。

(3)在总结阶段，对演练过程加以评估，找出不足，给出指导意见，加以修正，完善应急预案。

高速公路应急演练通常模拟的情景有交通突发事件应急救援、生产安全事故应急救援、除雪保交通应急救援、突发安全保卫事件应急救援等。

12.5 应急预案的评审备案

公路养护单位应急预案主要向上级行业主管部门备案，当地人民政府、应急管理部门有要求的，一并向当地人民政府、应急管理部门进行备案。

应急预案评审采取形式评审和要素评审两种方法。形式评审主要用于应急预案备案时的评审，要素评审主要用于生产经营单位组织的应急预案评审工作。应急预案评审采用符合、基本符合、不符合三种意见进行判定。对于基本符合和不符合的项目，应给出具体修改意见或建议。

按照安全生产标准化应急预案管理的规范性要求，公路养护单位应急预案评审系列参考样式见表 12-5～表 12-12。

应急预案备案申请参考样式 表 12-5

单位名称			
应急预案名称			
法定代表人		联系电话	
单位联系人		联系电话	
单位传真		电子信箱	
单位详细地址			
上级主管单位			
根据《××(地区)突发事件应急预案管理办法》，现将我单位编制的《××突发事件应急预案》报上，请予备案。 单位名称(公章) 年 月 日			

应急预案备案登记参考样式 表 12-6

备案编号：

应急预案名称			
预案编制单位名称			
编制单位详细地址			
法定代表人		联系电话	
联系人		联系电话	
单位传真		邮政编码	
你单位上报的《××突发事件应急预案》经审查符合要求，准予备案。 　　　　　　　　　　　　　　　　　　　　　　　　　备案机构名称（公章） 　　　　　　　　　　　　　　　　　　　　　　　　　　　　年　月　日			

注：应急预案备案编号由年份和流水序号组成。

应急预案评审参考样式 表 12-7

单位名称			
单位地址			
单位联系人		联系电话	
评审时间	年　月　日至　年　月　日		
专家组人员：			
专家组评审意见： 　　　　　　　　　　　　　　　　　　　　　　　　　　　　　　组长签名：			

应急预案形式评审式 表 12-8

评审项目	评审内容及要求	评审意见
目录	1. 页码标注准确（预案简单时目录可省略）。 2. 层次清晰，编号和标题编排合理	
正文	1. 文字通顺，语言精练，通俗易懂。 2. 结构层次清晰，内容格式规范。 3. 图表、文字清楚，编排合理（名称、顺序、大小等）。 4. 无错别字，同类文字的字体、字号统一	
附件	1. 附件项目齐全，编排有序合理。 2. 多个附件应标明附件的对应序号。 3. 需要时，附件可以独立装订	

续上表

评审项目	评审内容及要求	评审意见
编制过程	1.全面分析本单位危险因素,确定可能发生的事故类型及危害程度。 2.制订相关专项预案和现场处置方案,建立应急预案体系。 3.充分征求相关部门和单位意见。 4.应急预案经过评审或论证	

综合应急预案要素评审参考样式　　　　　　　　　　　表12-9

评审项目		评审内容及要求	评审意见
总则	编制目的	目的明确,简明扼要	
	编制依据	引用的法规标准合法有效	
	应急预案体系	能够清晰地表述本单位及所属单位应急预案组成和衔接关系	
	应急工作原则	1.符合国家有关规定和要求。 2.结合本单位应急工作实际。 3.结合公路养护单位实际情况,其他需要列入应急工作原则的内容	
适用范围		范围明确,适用的事故类型匹配	
组织机构及职责	应急组织体系	1.能够清晰地表述本单位应急组织体系。 2.明确应急组织日常及应急状态下的工作职责	
	指挥机构及职责	1.能够清晰地表述本单位应急指挥体系。 2.明确应急指挥部门职责。 3.各应急救援小组设置合理,应急工作明确	
预防与预警	预警行动	明确预警信息发布的方式、内容	
	信息报告与处置	1.明确本单位24h应急值守电话。 2.明确本单位内部信息报告的方式、要求	
应急响应	响应分级*	1.分级清晰,且与上级应急预案响应分级衔接。 2.能够体现事故紧急和危害程度	
	响应程序*	1.立足于控制事态发展,减少事故损失。 2.明确扩大应急的基本条件及原则	
	应急结束	1.明确应急救援行动结束的条件。 2.明确发布应急终止命令的组织机构。 3.明确事故应急救援结束后负责工作总结的部门	
后期处置		1.明确事故发生后生产恢复、善后赔偿等内容。 2.明确应急处置能力评估及应急预案的修订等要求	
保障措施*		1.明确相关单位或人员的通信方式,确保应急期间信息通畅。 2.明确应急救援队伍的组织机构以及联系方式	
培训与演练*		1.明确本单位开展应急管理培训的计划。 2.明确应急预案演练的方式、频次、内容、评估、总结等	
附则	应急预案备案	1.明确本预案应报备的上级主管部门。 2.符合关于预案备案的相关要求	
	制订与修订	1.明确负责制订与解释应急预案的部门。 2.明确应急预案修订的具体条件和时限	

注:*代表应急预案的关键要素。

专项应急预案要素评审参考样式 表 12-10

评审项目		评审内容及要求	评审意见
事故类型和危险程度分析*		1. 能够客观地分析本单位存在的危险源及危险程度。 2. 能够客观地分析可能的事故诱因、影响范围及后果	
组织机构及职责*	应急组织体系	1. 能够清晰地表述本单位应急组织体系。 2. 明确应急组织工作职责	
	指挥机构及职责	1. 能够清晰地表述本单位应急指挥体系。 2. 明确应急指挥部门职责。 3. 各应急救援小组设置合理,应急工作明确	
预防与预警	预警行动	明确预警信息发布的方式	
信息报告程序*		1. 明确24h应急值守电话。 2. 明确本单位内部信息报告的方式、要求。 3. 明确事故信息上报的部门、时限	
应急响应*	响应分级	1. 分级清晰合理,且与上级应急预案响应分级衔接。 2. 能够体现事故紧急和危害程度	
	响应程序	1. 明确具体的应急响应程序和保障措施。 2. 明确扩大应急的基本条件及原则	
	处置措施	1. 针对事故种类制定相应的应急处置措施。 2. 符合实际,科学合理。 3. 程序清晰,简单易行	
应急物资与装备保障*		应急物资与装备保障符合单位实际,满足应急要求	

注:*代表应急预案的关键要素。如果专项应急预案作为综合应急预案的附件,综合应急预案已经明确的要素,专项应急预案可省略。

现场处置方案要素评审参考样式 表 12-11

评审项目	评审内容及要求	评审意见
事故特征*	1. 明确可能发生事故的类型和危险程度,清晰地描述作业现场风险。 2. 明确事故判断的基本征兆及条件	
应急组织及职责*	1. 明确现场应急组织形式及人员。 2. 应急职责与工作职责紧密结合	
应急处置*	1. 明确第一发现者事故初步判定的要点及报警时的必要信息。 2. 明确报警、应急措施启动、应急救护人员引导、扩大应急等程序。 3. 针对操作程序、工艺流程、现场处置、事故控制和人员救护等方面制订应急处置措施。 4. 明确报警方式、报告单位、基本内容和有关要求	
注意事项	1. 正确佩戴个人防护器具方面的注意事项。 2. 规范使用抢险救援器材方面的注意事项。 3. 有关救援措施实施方面的注意事项。 4. 现场自救与互救方面的注意事项。 5. 现场应急处置能力确认方面的注意事项。 6. 应急救援结束后续处置方面的注意事项。 7. 其他需要特别警示方面的注意事项	

注:*代表应急预案的关键要素。

应急预案附件要素评审参考样式 表 12-12

评审项目	评审内容及要求	评审意见
应急指挥机构与应急工作机制	检查应急指挥机构、工作机制网络图的衔接性,保证工作流程畅通,不出现工作断点	
应急指挥机构、部门及相关人员的联系方式	1.列出应急工作需要联系的部门、机构或人员至少两种以上的联系方式,保证准确、有效。 2.列出所有参与应急指挥、协调人员姓名、所在部门、职务和联系电话,保证准确、有效	

注:根据公路养护单位应急工作实际需要设置评审项目,部分项目可根据实际情况进行增减或调整。

13 安全生产事故管理

13.1 事故统计、分析

交通运输建设工程生产安全事故统计月报表主要包含填报单位、填表时间、事故发生日期与时间、工程名称、工程分类、工程等级、建设类型、事故发生部位、事故发生作业环节、事故类别、事故简要经过、初步事故原因、事故直接经济损失、死亡人数、死亡人员类型、失踪人数、失踪人员类型、受伤人数、受伤人员类型、事故单位名称、事故性质。

伤亡事故情况应当包括填表单位、单位地址、事发时间、事发地点、登记注册类型、所在行业、行业分类、企业规模、事故原因、事故类别等。

以交通运输部制定的交通运输建设工程生产安全事故统计月报表为参考，该表简明扼要地体现出事故统计的必要和关键要素，见表13-1。

交通运输建设工程生产安全事故统计月报样式　　　　表13-1

表　　号：交安监12表
制定机关：交通运输部
批准机关：国家统计局
批准文号：国统制〔2016〕101号

填报单位：　　　　　　　年　月　　　　　　有效期至：　　年　月

事故发生日期与时间	工程名称	工程分类	工程等级	建设类型	事故发生部位	事故发生作业环节	事故类别	事故简要经过	初步事故原因
01	02	03	04	05	06	07	08	09	10

事故直接经济损失(万元)	死亡人数(人)	死亡人员类型	失踪人数(人)	失踪人员类型	受伤人数(人)	受伤人员类型	事故单位名称	事故性质
11	12	13	14	15	16	17	18	19

单位负责人：　　　　填表人：　　　　联系电话：　　　　报出日期：　年　月　日

注：本表填报范围为全国公路水运工程项目。

公路养护单位安全事故档案台账则至少包含单位、发生时间、事故名称、发生地点、处理情况，见表13-2。

公路养护单位安全事故档案台账参考样式　　　　表13-2

序号	单位	发生时间	事故名称	发生地点	处理情况	备注

单位负责人：　　　　统计人：　　　　联系电话：　　　　统计日期：　年　月　日

13.2 事故快报

事故信息的报告应当及时、准确和完整,信息的处置应当遵循"快速高效、协同配合、分级负责"的原则。当公路养护单位及下属单位或施工作业单位发生事故时,由事发单位、部门负责在规定时间内向上级主管部门及安全生产监督管理部门报告。书面报告、续报无法在规定时间内送达的,启动事故快报程序,随后补报文字报告。当发生社会影响重大的事故时,事态严重确有必要的,可以越级上报。

事发公路养护单位及下属单位或施工作业单位启动事故快报程序后,应当在1h内先用电话快报,后续进行书面情况报告,并随时做好情况续报。

使用电话快报,至少应包括下列内容:
(1)事故发生单位的名称、地址、性质。
(2)事故发生的时间、地点。
(3)事故已经造成或者可能造成的伤亡人数(包括下落不明、涉险的人数)。

13.3 事故调查分析和处理

1)事故调查

事故调查应当遵循的原则是"科学严谨、依法依规、实事求是、注重实效",做到事故原因未查清不放过,事故责任人员未受处理不放过,职工群众未受到警示教育不放过,安全改进和防范措施未落实不放过。

目前特别重大事故由国务院或者国务院授权有关部门组织事故调查组进行调查;重大事故、较大事故、一般事故分别由事故发生地省级人民政府、设区的市级人民政府、县级人民政府负责调查。省级人民政府、设区的市级人民政府、县级人民政府可以直接组织事故调查组进行调查,也可以授权或者委托有关部门组织事故调查组进行调查。未造成人员伤亡的一般事故,县级人民政府也可以委托事故发生单位组织事故调查组进行调查。上级人民政府认为必要时,可以调查由下级人民政府负责调查的事故。

事故调查的主要任务:
(1)及时、准确地查清事故原因。
(2)查明事故性质和责任。
(3)总结事故教训,提出整改措施。
(4)对事故责任者提出处理意见。

事故调查组应当自事故发生之日起60日内提交事故调查报告;特殊情况下,经负责事故调查的人民政府批准,提交事故调查报告的期限可以适当延长,但延长的期限最长不超过60日。若需要技术鉴定的,技术鉴定所需时间不计入该时限,其提交事故调查报告的时限可以顺延。

2)事故分析

对于较大以上事故或复杂的事故,特别是造成重特大伤亡或财产损失的事故,不仅要进行现场分析,而且要进行事故后的深入分析。事故分析方法通常有综合分析法、个别案例技术分析法以及系统安全分析法等。

大多数事故都应在现场分析及所收集材料的基础上进一步去粗取精、去伪存真、由此及彼、由表及里地深入分析,只有这样才有可能找出事故的根本原因,进而有效地采取预防与控制事故的措施。这类事故分析相对于现场分析来说,应更多、更全面地分析相关资料,如聘请一些较高水平但受各种因素限制不能参与现场分析的专家,进行更为深入、全面的分析。

3)事故处理

事故调查组向负责组织事故调查的有关人民政府提出事故调查报告后,事故调查工作即告结束。有关人民政府按照规定期限,及时作出批复并督促有关单位落实批复,包括对生产经营单位的行政处罚,对事故责任人行政责任的追究以及整改措施的落实等。

对重大事故、较大事故、一般事故,负责事故调查的人民政府应当自收到事故调查报告之日起15日内作出批复;对特别重大事故,30日内作出批复,特殊情况下,批复时间可以适当延长,但延长的时间最长不超过30日。

事故发生单位应当按照负责事故调查的人民政府的批复,对本单位负有事故责任的人员进行处理。负有事故责任的人员涉嫌犯罪的,依法追究刑事责任。

事故调查处理的最终目的是预防和减少事故的发生。事故调查组在调查事故中要查清事故经过、查明事故原因和事故性质,总结事故教训,并在事故调查报告中提出防范和整改措施。事故发生单位应当认真吸取事故教训,落实防范和整改措施,防止事故再次发生。

事故处理的情况由负责事故调查的人民政府或者其授权的有关部门、机构向社会公布,依法应当保密的除外。

14 安全生产档案文件管理

公路养护单位安全生产档案是在公路养护作业过程中形成的有关安全生产工作过程、事故、检查等记录。安全生产档案具有工作原始记录性、事故再现性,对安全生产事故纠纷具有凭证的作用。各公路养护单位应当加强记录资料的有效管理,确保安全生产工作形成闭环管理、痕迹管理,做到实事求是,有据可查。

公路养护单位安全生产档案大体分为安全生产事故类档案和安全生产日常工作档案。

14.1 安全生产档案管理职责

(1)安委办应当根据《安全生产事故档案管理办法》配合相关单位收集、整理、归档安全生产事故类档案,同时接受上级主管部门和同级地方档案行政管理部门的监督、指导。

(2)安委办应当负责单位安全生产日常工作档案的收集、整理、归档和保管工作。事故类档案应当于事故发生的次年按有关规定移交本单位档案管理部门。

(3)公路养护单位各部门、下属各单位负责本部门、本单位安全生产日常工作档案的收集、整理、归档和保管工作。

14.2 安全生产档案管理规定

公路养护单位各部门的安全生产档案是对单位安全管理工作的真实反映和记录,目的在于体现贯彻落实安全相关法律法规及规范标准的具体情况,它的完整性、规范性、准确性可以反馈单位安全管理工作的运行现状。

1)安全档案整理

根据内容的不同,公路养护单位各部门日常安全生产档案资料建议分为16大类,具体如下:

(1)安全生产制度建设类。安全生产制度建设类主要包括单位及下属基层单位安全管理规章制度、岗位职责、操作规程等。

这里需要注意的是,规章、制度、职责、规程、预案类重要文件内容发生变更,如进行了修订、修改,需要从规范性角度进行相应的更改记录,便于厘清不同版本文件内容间的递进关系,主要包括的项目参见表14-1。

安全档案变更记录表 表14-1

序号	文件名称	文件编号	页码	条款号	更改通知单号	更改人	更改日期	备注

(2)安全目标机构类。安全目标机构类主要包括安全生产总体目标、控制指标以及阶段性中长期规划,基层单位安全生产年度目标、任务分解,单位及下属基层单位安全生产目标管理责任书,单位及下属基层单位安全生产组织机构、网络图等。

(3)安全会议要点类。安全会议要点类主要包括单位及下属基层单位年度安全生产工作要点以及年度、季度、专题安全会议的议程、讲话、报告、图片、纪要、签到册等。

(4)安全部署总结类。安全部署总结类主要包括安全生产文件、计划、方案、措施及阶段性小结、总结、报表等。

(5)安全主题活动类。安全主题活动类主要包括安全生产月活动方案、措施、总结及演练活动相关资料。

(6)隐患排查治理类。隐患排查治理类主要包括单位安全督查,下属单位风险排查、隐患自查、日常巡查相关基础工作与原始记录,如检查记录单、整改通知书、整改报告书、整改图片、督查通报等。

(7)消防安全管理类。消防安全管理类主要包括单位消防组织机构、检查方案、阶段性小结、总结、报表及消防灭火器台账等。

(8)安全宣教培训类。安全宣教培训类主要包括安全宣传教育培训计划或方案、事故警示教育学习资料、相关方培训图片和记录、安全相关信息稿件等。

(9)打非治违类。打非治违类主要包括打击非法、治理违章工作检查记录、"打非治违"行动方案、措施、阶段性小结、报表、总结及图片等。

(10)报表台账类。报表台账类主要包括安全生产月报表、安全风险管理台账、隐患排查治理台账、安全资金投入台账、安全奖罚台账等。

(11)事故调查处理类。事故调查处理类主要包括生产安全事故有关情况记录,突发事故(事件)快报、续报、终报。

(12)应急救援类。应急救援类主要包括单位及下属基层单位突发事件应急组织机构、应急处置预案、应急保障队伍、应急物资清单、应急演练资料等。

(13)技术创新类。技术创新类主要包括安全生产小革新、小改造、小发明等相关资料。

(14)安全经费类。安全经费类主要包括安全生产费用使用请示、批复及使用记录。

(15)职业健康类。职业健康类主要包括职业病防治、职工体检情况汇总、工伤保险购置等。

(16)评定改进类。评定改进类主要包括安全生产标准化体系运行中安全绩效的评定、改进记录。

2)安全生产档案工作原则

(1)安全台账(资料)是重要的档案资料,各部门、各单位一定要安排专人负责管理,做到系统收集,规范分类,妥善保管,防止遗失。

(2)安全台账(资料)是安全工作的开展过程中的痕迹体现,在安全生产督查、检查中,除对现场进行检查外,安全台账(资料)还将作为考核的内容和依据。

(3)各级安全台账(资料)管理人员应认真负责,随工作进度及时跟进、更新、完善资料,确保其能客观、真实地反映安全管理情况。

3)安全生产档案保存

各级安全台账(资料)管理人员应做好安全档案的收集、整理、归档和保管工作,原则上台账保存时间不少于3年。

安全会议纪要、年度安全生产计划或方案及控制指标、安全目标管理责任书、安全生产分析、研判、总结材料保存时间不得少于3年。

各类安全生产统计、安全生产检查记录单、整改通知书、整改报告书、检查通报、事故调查报告及处理意见等材料保存时间不得少于5年。

事故类档案根据所造成的损失保管期限分别为永久和30年两种。凡是造成人员死亡或重伤,或1000万元以上(含1000万元)直接经济损失的事故档案,列为永久保管。未造成人员死亡或重伤,且直接经济损失在1000万元以下的事故档案,结案通知或处理决定以及事故责任追究落实情况的材料列为永久保管,其他材料列为30年保管。事故档案在保管一定时期后随同其他档案按时向同级国家档案馆移交。

14.3 安全生产信息化系统建设和完善

在当前互联网+、大数据的时代,工作信息化是大势所趋,安全生产工作也不例外。安全生产信息化系统建设可以有效地提升信息沟通交换效率,提升安全生产监管工作质量。利用得当不仅可以起到降低人力、物力成本的作用,而且在与地理信息系统(GIS)、数据库系统(DBS)结合运行时,可以为安全综合监管采集基础数据,为应急处置救援提供决策依据,为专家远程指导提供助力支持。

对公路养护单位实际来讲,安全生产信息化系统建设基础普遍较为有限,有条件的单位可以单独设立安全生产信息化平台,或者接入当地政府、行业主管部门已有的信息化系统平台。条件不允许的单位则可以考虑将安全生产管理信息、机制并入本单位 OA 办公管理软件或其他系统内工作平台,利用其传递安全生产信息。例如,利用安全生产信息化系统提交隐患整改报告书、整改责任人签字(电子签章)及相关印证附件图片等内容,就会更加便利快捷。

安全生产信息化系统虽然有很大的效率优势,但是也存在网络安全风险和一定的不确定因素,仍然有需要持续完善之处。例如,事故类信息是否适宜采用安全生产信息化系统传递;安全生产信息化系统作为与网络安全技术紧密相关的平台,其运行稳定可靠性如何最大限度地满足预期和实际需求;作为安全履职重要信息,如隐患整改报告类数据,如何安全妥善地备份存档?等等。这些都是安全生产信息化系统在应用和推广中必须面对、考虑、权衡与完善的。

15 有效性评价和持续改进

15.1 安全生产考核

安全生产考核的作用,重点在于评判工作质量、效率及其他考核因素的完成水平,同时也具有监督、指导、督促的作用。公路养护单位在制定安全生产考核标准、细则时,需要注意把握考核重点,应将安全生产法定职责、事项以及行业领域中心工作的监督、管理、检查列入重点。考核分值的分配宜采用共性、个性内容相结合的方式,合理体现出不同单位安全生产工作质量的差异性。

通常情况下,由公路养护单位安委办负责领导本单位安全生产考核、奖惩工作,安委办负责具体实施。

(1)安全生产实行"一票否决"制。任何单位、部门及个人在年度内发生安全责任事故,取消当年集体和个人评优选先资格,单位、部门负责人及直接责任人参照执行。

(2)重点考核内容。

①组织领导:安全生产"党政同责、一岗双责、齐抓共管、失职追责"责任体落实情况;安全管理机构、人员配备情况;定期召开安全生产会议及相关会务资料、会议记录等情况。

②责任落实:逐级签订安全生产目标管理责任书,明确责任人,落实责任制;本单位、部门隐患排查、安全自查工作开展情况及隐患问题整改率等;是否做到检查有签字、整改有措施、落实有记录。

③安全管理:内部火、电、油、气及消防安全工作情况;施工作业现场安全管理情况;机械、车辆、设施、设备安全管理情况;职业健康、食品卫生、应急物资、现金、票据、印章、档案等安全管理情况;劳动防护用品发放使用情况;单位安全保卫工作情况;等等。

④宣传教育:按照计划和规定组织开展安全生产宣传教育活动,积极参加安全生产培训,做好相关学习培训记录等。

(3)在安全绩效方面,应当按照当年安全生产目标管理责任书、安全生产目标管理考核评比细则及安全生产日常检查评分标准等内容考核规定执行,并体现出与被考核单位、部门、人员的权、责、利、誉挂钩。

以公路养护单位工作中安全生产相关性较高的机械、车辆、设备方面的安全生产考核为例,完成任务情况、技术状况、使用、维护、安全等各项内容可分项单独进行,也可综合考虑评价,但安全生产必须作为一项必要内容。由于机械、车辆、设备很多业务指标中也包含大量安全性内容,其指标的增减、项目的多少、比例权重的分配均应当结合单位实际需要的标准来进行,以便更好地满足本单位安全生产工作实际管理需求。以红旗机车考核工作为例,红旗机车(机组)月检评分表见表15-1。

红旗机车(机组)月检评分表 表15-1

名称型号		驾驶员或机长		行驶里程			评委签名	
机车号		副驾驶员		工作台班				
自编号		机上人员		工作台时				
检查项目	序号	技术要求			满分	扣分原因	扣分	得分
完成任务 (15分)	1	完成生产任务			5			
	2	燃料、轮胎经常维护维修,消耗不超定额			6			
	3	服务质量态度			4			

续上表

检查项目	序号	技 术 要 求	满分	扣分原因	扣分	得分
技术状况 (50分)	4	发动机启动性	3			
	5	发电机有无异响	2			
	6	发电机排气颜色	2			
	7	发动机三滤	6			
	8	发动机机油油质	2			
	9	离合器工作是否正常	2			
	10	变速器(箱)、变矩器、分动箱等	2			
	11	传动轴	2			
	12	驱动桥	1			
	13	传动系统与液压元件(泵、发动机、阀等)	3			
	14	转向系、换向机构	2			
	15	行驶系	2			
	16	制动系	4			
	17	工作装置、车厢、铲斗、铲刀等	3			
	18	各类开关、计测限位装置	3			
	19	各类仪表、灯光、报警器、喇叭	2			
	20	后视镜、刮水器、除霜器、门锁、门窗玻璃完好	1			
	21	蓄电瓶、发电机维护	2			
	22	机车驾驶室内无油污、无泥土锈蚀	1.5			
	23	有无漏电、漏水、漏油现象	2			
	24	车门标志、牌证号、放大号是否齐全	1			
	25	附车工具、附具齐全	1.5			
使用 (8分)	26	是否定人、定机、定职责,驾驶员是否熟知操作规程	2			
	27	有无超速、超疲劳、超范围等违章操作	3			
	28	路单、派车单、各类证件是否齐全	3			
维护 (17分)	29	各项维护工作是否正常化	6			
	30	是否进行走合,长期停置、转移前换季维护	5			
	31	是否执行机运部门的送修计划	4			
	32	车容、车貌是否清洁、不缺损	2			
安全 (10分)	33	有无驾驶证,有无酒后驾车和将车交付无证人员驾驶	2			
	34	能否按时参加机务、劳资部门的技术与安全教育	2			
	35	有无机车责任事故、人身事故	6			

15.2 有效性评价与持续改进

1)有效性评价

有效性评价可以考虑的维度非常多,可以说,不同的单位会产生不同的管理方式,也会出现不同的有效性评价。公路养护单位安全生产有效性评价建议从如下几方面考虑:

(1)安全生产目标。单位年度安全生产目标的实现程度是安全生产管理有效性的一个宏观体现,如果安全生产目标的实现程度很低,说明安全生产管理的方向、理念、方法、力度等某个方面或某些方面存在问题,必须全面"体检"。

(2)安全任务分工。单位安全生产目标的完全实现是各部门、岗位、人员安全任务分工均保底完成后的整体结果呈现,如果有部分部门、岗位、人员对自身安全任务分工不清楚甚至不了解、不知道,安全生产管理在部门、岗位、人员这几级层面就会出现断层、脱节,其有效性则无法延伸和连贯。

(3)安全管理流程。安全管理流程环节是业务与安全有效运行的路径,如果安全管理流程经常处于阻力、迟滞、推脱状态,任何工作都无法有效推进。

(4)安全执行能力。安全执行能力包括两点:一是执行,二是能力。其核心在于思想意识上如何看待安全生产管理,从"要我安全"到"我要安全",再到"我会安全",最后到"我能安全",就是从被动到主动、由服从到自主的转变提高。处理安全生产工作事务的效率可以作为安全生产管理有效性的一个明显评价标准。

(5)安全绩效反馈。绩效反馈的结果是在某种标准下产生的,如果标准是合理的,那么反馈的结果也是相对可靠、与符合实情的,这种前提下得出的安全绩效可以作为安全生产管理有效性评价的直接参考指标。

2)持续改进

前面已经提到了PDCA(策划→实施→检查→改进)模式,即管理理念中经常提及的PDCA循环,然而,一次循环并不能改进所有的不足,各种变化状态中也可能会产生新的待改进的问题,即曲折式前进、螺旋式上升。但如果在改进的环节不采取相应措施,这样的循环就是原地踏步,甚至会随着周边因素的变化而出现倒退。安全生产管理有效性评价是在综合安全生产工作众多要素的前提下得出的,它往往对于找出改进方向、路线甚至是点都有着很强的指导意义,让原先无效、失效、效果不佳的成分发生变化,使有效成分逐渐增多,最终呈现的质量水平也自然水涨船高。

15.3 奖励和惩处

为认真、有效地执行安全管理规章制度,鼓励先进,鞭策后进,监督、教育、引导单位干部职工及相关方人员履行岗位安全职责,做好安全生产工作,引入奖励和惩处机制是很有必要的。

在纠正预防部分已经提到过安全生产奖罚机制,同样需要与机制相对应的标准。按照很多地区安全生产考核满分1000分的常用分值标准,公路养护单位安全生产奖罚具体操作标准参考建议如下:

(1)经年度(半年、年终、日常检查,贯彻落实上级安全生产工作和上报资料情况)考评,安全生产目标管理考核成绩在950分以上(含950分)的单位,纳入公路养护单位系统安全生产先进单位评选范围,被评为安全生产先进单位的给予表彰奖励。其中,建议30%奖励单位党政主要领导,其余部分奖励安全生产工作突出有关人员。

(2)经考评,安全生产目标管理考核成绩在850分(含850分)至950分的单位为安全生产合格单位,不进行奖罚。

(3)经考评,安全生产目标管理考核成绩在850分以下的单位为安全生产不合格单位,实行"一票否决",并依据有关规定进行处罚。其中,建议责任单位党政领导承担30%,其余部分由党政领导处罚相关责任人员。

具体奖惩幅度由各级公路养护单位根据本单位安全生产实际情况进行合理调整,如奖惩力度过轻,则引导指向作用发挥不明显;如惩处过重,将会造成人员心理负担过重,影响工作积极性,抑或是可能带来其他不可预测的负面影响。

公路养护单位制定合理的奖惩标准,有利于督促安全责任的落实、安全措施的执行、安全习惯的养成。这对于职工本人平安、家庭幸福、单位和谐乃至社会安全发展,具有非常重要的现实意义和长远意义。

附录 A 制度、办法、规程参考范例

附录 A-1 安全生产管理办法

1 目的

为加强安全生产监督管理,最大限度地预防和减少生产安全事故,切实维护和保障职工生命财产安全,促进公路管理工作安全、持续、稳步、健康发展。根据《中华人民共和国安全生产法》《公路安全保护条例》《生产安全事故报告和调查处理条例》及地方各类安全生产管理办法规定等,结合工作实际,制定本办法。

2 适用范围

适用于公路养护单位及下属单位安全生产工作的管理。

3 职责

3.1 安全生产委员会(以下简称安委会)负责本单位安全生产的组织领导工作。

3.2 安全生产委员会办公室(以下简称安委办)负责安全生产日常监管工作。

3.3 单位各部门、下属各单位负责本部门、本单位安全生产管理工作。

3.4 工会依法组织职工参加单位安全生产工作民主监督和管理,维护干部职工安全生产合法权益、权利。

3.5 干部职工有义务服从单位安全监管,因"三违"(违章指挥、违章操作、违反劳动纪律)造成安全生产事故的,依照本办法相关规定处理。

4 管理规定

4.1 安全管理方针、原则

4.1.1 安全生产坚持"安全第一,预防为主,综合治理"方针和"管生产必须管安全,管业务必须管安全,管生产经营必须管安全"的原则,认真落实"党政同责、一岗双责、齐抓共管、失职追责"责任体系,实行党政主要领导负责制。

4.1.2 坚持"以人为本、生命至上、安全发展"理念,狠抓安全生产主体责任与监管责任的落实,认真遵守安全生产规章制度和操作规程,因时制宜、因地制宜、因人制宜,做好安全生产工作,做到强化责任担当,明确职责边界,依法依规监管,严防责任事故,确保安全生产。

4.1.3 对在安全生产工作中贡献突出或有效防范生产安全事故发生以及参加抢险救援等方面取得显著成绩的单位和个人,给予表彰和奖励;对违反安全生产管理制度和操作规程,造成事故的责任单位和人员,严肃追责问责;触犯刑律的,移送司法机关处理。

4.2 安全管理组织机构

4.2.1 安委会负责人由党政第一负责人担任,书记、纪委书记、副职领导任安委会副职领导人,委员由主任工程师、各部门负责人及下属各单位负责人组成。

安委会主要对安全生产有关重大问题进行研究、决策、部署。安委会下设办公室,具体负责单位日常安全监管工作。安委办设在安全监督保卫部门,安全监督保卫部门负责人任安委办负责人,相关部门负责人任安委办副职领导人,相关业务部门人员任办公室成员。

4.2.2 下属各单位成立安全生产工作领导小组,组长由下属各单位负责人担任,成员由生产技术人员、安全管理人员、机械设备管理人员、收费站稽查人员、基层养护单位负责人、值班长、后勤人员等相关业务人员组成。下属各单位安全生产工作领导小组办公室负责人由单位分管领导兼任,办公室成员由基层单位依据职责确定。下属各单位安全生产工作领导小组成员及职责以正式文件报备安委办。

4.3 安全生产管理责任制

4.3.1 各级领导安全生产管理责任范围如下:

(1)单位党政主要领导全面负责安全生产工作。

(2)单位领导班子其他成员负责分管工作范围内安全生产相关工作。

(3)单位各部门依据"一岗双责"原则,全面负责部门范围内安全生产工作。

(4)下属各单位负责人是本单位安全生产第一责任人,负责本单位范围内安全生产工作。

4.3.2 单位各部门、下属各单位依据岗位职责做好业务范围内的安全生产工作。

4.4 安全生产管理目标与工作计划

4.4.1 安全生产工作目标:坚持"违章零迁就、隐患零容忍、安全零懈怠"总基调,认真落实安全生产目标管理责任书各项工作要求和内容,各司其职,各负其责,确保职责范围内不发生生产安全死亡事故。

(1)无生产安全死亡责任事故及重大财产损失责任事故。

(2)无重大公路养护责任事故。

(3)无因主要责任(交通管理部门认定)引发的重大交通事故。

(4)无重大火灾责任事故。

(5)无群体性食物中毒事件。

4.4.2 单位党政主要领导与分管领导,党政主要领导与各部门负责人,党政主要领导与下属单位党政负责人,下属单位领导与业务人员,下属单位领导与基层养护单位、收费班组负责人,基层养护单位、收费班组负责人与职工,须层层签订安全生产目标管理责任书,确保全员安全责任的落实。

4.4.3 安委办依据年度安全生产目标管理工作要求,制订安全生产目标管理责任书、年度安全生产工作要点、年度安全教育培训计划、年度安全检查计划等内容,报安委会批准后印发实施。

4.4.4 安全生产经费纳入单位年度经费支出计划,提供资金支持。

4.5 安全会议

4.5.1 安委会负责组织召开安全生产工作年度、季度会议,由主要领导做安全生产工作报告,对上阶段主要工作进行总结,对下阶段重点任务进行部署,分析、研究、解决安全工作中的突出问题;根据会议安排,听取各部门、下属单位安全有关工作汇报和建议。

4.5.2 在特殊情况下或安委会认为有必要时,可组织召开安全生产工作专题会议。

4.5.3 下属各单位按季度召开安全生产会议,同时,每月召开一次安全生产例会,传达、学习安全生产规章及上级有关文件,对本单位安全自查、隐患整改、风险预防等工作进行安排部署,做到及时排查、认真整改、防患未然、确保安全。

4.5.4 认真做好会议记录,留存工作痕迹印证。

4.6 安全宣传、教育、培训

4.6.1 根据各地安全生产工作要求,结合单位工作实际,组织单位职工认真学习安全生产有关法律法规、规章制度,传达上级有关会议精神,监督、指导下属各单位开展形式多样、内容丰富的安全宣传、教育和培训,持续提高安全责任意识与自我防范能力。

4.6.2 加强对安全生产宣传、教育、培训工作的领导。安全生产第一责任人及宣传教育职能部门应发挥媒介、载体、平台的作用,大力宣传安全生产法律法规、文化理念、科普知识、活动主题等内容,提高干部职工的参与度和受教率。

4.6.3 加强对从业人员的安全宣传、教育、培训,保证其具备基本的安全生产知识,遵守安全生产管理规定,掌握岗位安全生产操作技能;未经岗前安全生产教育以及培训不合格的人员,不得上岗作业。

4.6.4 高风险岗位、特种作业、新上岗、转岗等人员及临时用工人员应作为教育培训的重点对象。

4.6.5 安全管理、从业人员须参加单位组织的安全教育培训,做到持证上岗。

4.7 从业人员权利与义务

4.7.1 从业人员有权了解作业现场和工作岗位中存在的危险因素、防范措施及事故应急措施,有权对本单位安全生产工作提出意见和建议。

4.7.2 从业人员有权对本单位安全生产存在的问题提出批评、检举、控告;有权拒绝违章指挥和强令冒险作业。单位不得因从业人员对安全生产工作提出批评、检举、控告或拒绝违章指挥及强令冒险作业,而降低其工资、福利等待遇或者解除与其签订的劳动合同。

4.7.3 从业人员发现直接危及人身安全的紧急情况时,有权停止作业或者在采取可能的应急措施后立即撤离现场。单位不得因从业人员采取上述紧急避险措施而降低其工资、福利待遇或解除与其签订的劳动合同。

4.7.4 从业人员发现事故隐患或其他不安全因素时,应立即采取应急措施,并向现场安全管理人员或单位主要负责人报告;接到报告的人员必须立即采取处置措施,确保安全生产。

4.7.5 从业人员在作业过程中,有义务严格遵守单位安全生产管理制度和本工种安全操作规程,听从指挥,服从管理,正确佩戴和使用劳动防护用品,保障自身安全。

4.7.6 从业人员有接受安全生产教育培训的权利和义务,掌握本职工作所必需的安全生产、自我保护、应急处置知识,努力提高个人安全防范综合能力,严防各类事故发生。

4.8 安全生产管理防范措施

4.8.1 单位各部门、下属各单位必须严格遵守国家、地方安全生产相关法律法规及行业标准,认真执行安全生产规章制度,持续健全和完善本单位安全生产管理措施,做到标准化、规范化、制度化。

4.8.2 下属各单位根据本单位工作实际和特点,对隐患易发、多发、频发部位以及重点领域、薄弱环节进行巡查和检查,及时排查、发现、整改隐患问题。

4.8.3 下属各单位对易造成人身伤害、人员伤亡、发生事故的管养路段,必须按照公路设计要求,设置安全设施和相关警示提示标志。收费站、服务区对内部易造成人员伤亡、发生事故的区域,必须设置安全设施和相关警示提示标志。安全警示标志应当位置明显,便于识别。

4.8.4 单位及下属各单位电气设备和线路应符合国家有关规定和相应防护等级的安全技术要求,对存在火、电、油、气等危险的场所,必须采取相应有效的防护措施。

4.8.5 单位及下属各单位防雷装置须按照国家规定的检验周期定期进行安全性能检验。

4.8.6 单位各种机械、设备、仪器,使用单位、部门不得使其超负荷作业或带病运行,必须规范操作,正确使用,经常维护,定期检修,确保安全运行。

4.8.7 单位及下属单位办公楼一键式报警器、安全标志、消防设施、器材须经常性维护保养,定期检查,确保在审验有效期内,不得随意拆除、挪用和损坏。

4.8.8 单位机械、车辆,使用单位、部门必须保持其机件和安全性能处于良好的技术状况。机驾人员必须严格遵守交通法规,严禁无证、酒后、超载、超员、超速、证驾不符、疲劳驾驶、不系安全带等违法违章行为,确保行车安全。

4.8.9 电梯等特种设备使用前必须取得劳动安全监察部门颁发的使用合格证。在使用过程中,必须按要求进行操作和维护保养,并按国家规定检验周期定期进行安全性能检验。

4.8.10 不得将下属养护运营场所、机械、设备、仪器等租赁给不具备安全资质条件的单位或个人。

确需租赁时,必须经上级主管领导审核同意,并与承租单位或个人签订安全管理合同或协议,明确划分和约定各自安全管理职责。

4.8.11 施工单位在单位管养范围内从事工程建设等作业时,承办部门或单位负责对施工单位资质条件进行审核把关,严格安全生产许可证、经营许可证、法人、安全员安全生产上岗证的管理,并向施工单位安全生产管理工作提出具体书面要求,签订安全生产责任书,对施工进行安全生产监管。属地管理的下属单位负责对施工单位工程进度、作业环境、安全保障措施提出具体要求并监督落实。施工作业完毕,撤离现场前,由承办部门、施工属地的下属单位以及施工单位共同验收。对存在安全隐患的,有权采取强制性措施责成施工单位予以整改。

4.8.12 单位各部门、下属单位聘用外来人员进入管养路段、场所从事养护、维修等作业时,必须按要求向作业人员进行岗前安全技术交底和详细说明,必要时,安排专人全程做好监督。

4.8.13 管养范围内重要生产工作任务可能影响正常生活或公众安全的,负责实施的单位或部门必须事先召开由各有关方参与的协调会,明确各方安全管理职责,制定安全保障措施,落实有关责任,并做好相关记录。

4.8.14 单位各部门、下属各单位不得安排精神状况或心理状态欠佳的职工从事车辆驾驶、养护施工、高空作业及其他风险较大的工作任务。

4.9 安全检查与整改

4.9.1 安委会(安委办)半年、全年对本单位安全生产工作进行一次全覆盖督导检查,每季度、重要节点对下属单位安全生产工作进行抽检。检查及抽检须填写安全目标管理督导检查记录,并由检查人员和被检单位分别签字确认。其中,检查人员签字处必须由检查组2名以上成员共同签字。

对检查中发现的隐患问题,填写检查整改通知书限期整改,整改责任单位必须在规定时限完成整改,并将整改结果以书面形式(含整改图片)报送安委办。

检查结束后,安委办对整体检查情况进行信息汇总,并根据检查和整改落实情况在本单位范围内进行通报。

4.9.2 单位各部门对分管业务进行检查的同时,必须对分管业务的安全生产工作一并进行检查,认真做好检查记录。

4.9.3 下属各单位安全生产领导小组每月对本单位安全生产至少进行一次检查,安全生产领导小组办公室每月对本单位安全生产自查不得少于4次,主要领导要亲力亲为,监督、检查、指导本单位安全生产工作,做到检查有签字、整改有措施、落实有记录、印证有图片。

4.9.4 隐患限期未整改的,依据本办法相关规定予以处罚,并对单位负责人进行问责。

4.9.5 安委会(安委办)人员依法履行监督检查职权时,被检单位或个人必须予以配合,不得拒绝和阻挠,要为监督检查人员依法履行职责提供便利条件。

4.9.6 被检单位拒绝在检查记录和整改通知单上签字的,监督检查人员应当将情况记录在案,并向安委会领导报告,依据安全生产有关法规严肃追究责任。

4.9.7 单位各部门、下属各单位对于发现的可能引发人员伤亡的重大隐患问题应及时报告安委办,根据安委办整改要求,整改责任部门和单位应将整改情况及防范措施报安委办备案。

4.10 事故报告、调查、处理

4.10.1 事故发生单位必须在事发1h内上报初步情况,情况信息包括时间、地点、人员、场所、事件性质、事态发展、应急措施等,如条件不允许时,可先行电话报告后,再进行书面报告和情况续报。同时,迅速地采取有效措施组织救援,防止事态扩大,减少人员伤亡和财产损失。

4.10.2 发生轻微事故,由事发下属单位负责人组织有关人员进行调查;发生一般事故,由安委会(安委办)成立事故调查小组进行调查;发生重大事故,安委会(安委办)配合上级领导及有关单位、部门进行调查,根据调查认定事实,对事故原因和责任进行分析,并形成书面情况报告。

4.10.3 局事故调查组自事故发生之日起 60 日内提交事故调查报告。特殊情况下,经负责事故调查上级单位和有关部门批准,提交期限可在原先 60 日的期限基础上适当延长,但延长期限最长不得超过 60 日。

4.10.4 按照事故处理"事故原因分析不清不放过、事故责任者和群众没有受到教育不放过、防范措施未落实不放过、责任者没有受到处理不放过"的"四不放过"原则,对责任单位和有关责任人依据安全生产有关法律法规及办法进行处理,触犯刑律的,移交司法机关处理。

4.10.5 承包人事故管理一并纳入公路养护单位事故管理规定。

4.11 考核与奖惩

4.11.1 安全生产考核分为日常、半年、年终考核。依据安全生产目标管理责任书、安全生产目标管理考核评比细则及安全生产日常检查评分标准等内容进行考核,考核分值满分为 1000 分。其中,半年考核占 40%,年终考核分占 60%,日常考核纳入半年、年终考核分值范畴。安全生产目标管理考核分值在 950 分(含)以上的单位有安全生产先进单位评选资格;850 分(含)以上至 950 分以下的单位为安全生产合格单位;850 分以下的单位为安全生产不合格单位,实行安全生产"一票否决"。

根据考核结果,安委办提出奖惩意见,经安委会研究批准后实施。

4.11.2 安委会对在安全生产工作中做出突出贡献的单位、部门和个人给予奖励;对发生安全生产责任事故的单位及个人,取消当年集体和个人评优选先资格。

4.11.3 奖励包括表彰、授予荣誉称号、给予奖金及其他物质奖励。在安全生产工作中具备下列条件的单位或个人,给予表彰奖励:

(1)认真贯彻执行国家、自治区安全生产有关法律法规、行业标准及安全生产规章制度,致力于改善生产条件或有效防止事故发生,且工作成绩显著的。

(2)排除整改事故隐患业绩突出或在应急抢险中使人民生命财产免受或少受损失的。

(3)安全生产教育培训工作开展扎实、成效显著的。

(4)维护单位安全生产秩序方面履职担当,事迹突出的。

(5)安全技术措施、应急救援方案健全完善,操作性强,资金投入到位并有效实施的。

(6)全年无安全生产责任事故,年度安全生产考核综合评分在 950 分以上的。

4.11.4 安全生产工作中有下列情形之一的,给予责任单位 10000 元、单位负责人 2000 元的处罚,实行安全生产"一票否决"。责任单位及人员后续处理依据相关规定执行:

(1)单位负责人强令职工违规冒险作业而导致发生人员伤亡事故的。

(2)职责范围内发生重伤 3 人以上或死亡 1 人及以上安全责任事故的。

(3)发生伤亡事故后,整改防范措施不力,导致年度内再次发生事故的。

(4)因管理不善或不按规定配备消防设施、器材等造成重大火灾事故的。

(5)在救灾抢险中未积极采取有效安全防范措施,造成人员伤亡的。

(6)发生事故瞒报、虚报、迟报、漏报或有意拖延,或伪造、故意破坏事故现场的,甚至阻碍、干涉事故调查工作,拒绝接受调查取证和提供有关情况和资料的。

4.11.5 安全生产工作中有下列情形之一的,依据本条款规定给予相应处罚和处理。

(1)公路养护施工作业现场《道路交通标志和标线 第 4 部分:作业区》(GB 5768.4—2017)、《公路养护安全作业规程》(JTG H30—2015)执行落实不到位,未能规范布设作业区、设置安全警示标志或穿戴安全信号标志服的。

(2)本单位大中修、房建工程监管不力,现场安全管理不到位,存在隐患的。

(3)收费职工未按照安全规范进入或离开岗亭的。

(4)对上级安全生产检查隐患整改通知不重视,未按规定期限整改的。

(5)未在单位存在危险因素的场所及有关设施、设备上设置明显的安全警示标志,造成事故的。

(6)对检查发现的事故隐患不及时采取措施,造成事故的。

(7)特殊工种操作人员未取得相关资质证上岗操作的。

(8)对从业人员违章违规行为熟视无睹,造成事故的。

(9)未向从业人员提供符合国家或行业标准的劳动防护用品及公路安全标志工作服的。

(10)其他安全生产违法违规情形。

4.11.6 被处罚单位和个人接到处罚通知后,在规定期限内向单位工会财务足额缴纳处罚金,处罚金不得用公款报销。安全生产处罚金用于奖励安全生产先进单位。

4.12 问责处罚

4.12.1 对职工个人因违反操作规程引发事故的,对直接责任人、单位第一责任人、分管领导、相关部门负责人予以处罚:

(1)负全部责任(100%)的,直接责任人赔偿直接经济损失的百分之十;对单位第一责任人给予2000元、分管领导1000元、相关部门责任人800元的经济处罚。

(2)负主要责任(70%及以上)的,直接责任人赔偿直接经济损失的百分之八;对单位第一责任人给予1500元、分管领导800元、相关部门责任人400元的经济处罚。

(3)负同等责任(50%)的,直接责任人赔偿直接经济损失的百分之五;对单位第一责任人给予800元、分管领导400元、相关部门责任人300元的经济处罚。

(4)负次要责任(30%及以下)的,直接责任人赔偿直接经济损失的百分之三;对单位第一责任人给予500元、分管领导200元、相关部门责任人200元的经济处罚。

从业人员因酒后上岗发生安全事故的,承担因此引发的全部责任。

4.12.2 有关责任单位和个人对处罚不服的,可在接到处罚决定的次日起15日内向安委会提出申诉或通过法律程序解决。

4.12.3 对弄虚作假骗取安全生产先进单位或合格单位的,一经发现即视为不合格,并通报批评。除已发奖金如数退回外,另按奖金同等数额进行处罚,且次年取消评优选先资格。

附录 A-2　安全风险识别和评价管理规定

1 目的

为加强安全生产风险管理,进一步规范安全风险识别、评估、管控工作,预防和遏制安全生产责任事故发生。依据《中华人民共和国安全生产法》、交通运输部《公路水路行业安全生产风险管理暂行办法》等相关法规制度,制定本管理规定。

2 适用范围

适用于公路养护单位及下属单位安全风险的识别、评估、管控与监督管理工作。

3 职责

3.1 安委会负责安全风险评价管理的组织领导工作。

3.2 安委办负责安全风险的识别、评估、管控工作的监督管理,并对下属各单位相关工作开展情况进行监督和指导。

3.3 单位各部门、下属各单位负责本部门及本单位职责范围内的安全风险的识别、评估、管控工作。

3.3.1 安全监督保卫部门为安委办牵头部门,负责督查、指导各部门、下属单位安全风险的识别、评估、管控工作。

3.3.2 养护管理部门负责公路养护、大中修项目、房建等业务范围内的安全风险识别、评估、管控工作。

3.3.3 收费稽查部门负责收费业务范围内的安全风险识别、评估、管控工作。

3.3.4 监控通信部门负责机电运行、数据平台等业务范围内的安全风险识别、评估、管控工作。

3.3.5 设备管理部门负责机械、车辆、设备、机驾人员管理等业务范围内的安全风险识别、评估、管控工作。

3.3.6 劳动保障部门负责劳动防护用品发放管理、职业健康等业务范围内的安全风险识别、评估、管控工作。

3.3.7 后勤部门负责水、电、暖、食堂、锅炉维护管理等业务范围内的安全风险识别、评估、管控工作。

3.4 单位干部职工有义务参加和配合相关安全风险识别、评估、管控等工作,并认真按照安委会(安委办)要求落实排查、预警、整改、评估、报备等工作。

4 管理规定

4.1 工作总则

4.1.1 安全生产风险评价管理工作坚持"单位负责、行业监管、动态实施、科学管控"的原则。

4.1.2 公路养护单位下属各单位是安全生产风险管理的实施主体,应依法依规建立健全安全生产风险管理工作制度,开展本单位管辖范围内的安全风险识别、评估、管控等工作,落实较大及以上安全风险等级、重大危险源报备和控制责任措施,防止和减少安全生产事故发生。

4.1.3 有条件的单位可委托第三方服务机构协助做好安全风险识别、评估、管控等相关支持工作。

4.2 分类分级

4.2.1 本规定所称风险点,是指本身具有危险性,或者在一定条件下具有危险性,存在着导致人身伤害或财产损失风险的场所、部位、状态和活动等。

4.2.2 风险等级按照可能导致事故的后果和概率,由高到低分为重大、较大、一般和较小四个等级。

(1)重大风险是指一定条件下易导致特别重大事故发生的风险,容易失控,记录符号为 A,用红色标志。

(2)较大风险是指一定条件下易导致重大事故发生的风险,可能失控,记录符号为 B,用橙色标志。

(3)一般风险是指一定条件下易导致较大事故发生的风险,基本可控,记录符号为 C,用黄色标志。

(4)较小风险是指一定条件下易导致一般事故发生的风险,容易控制,记录符号为 D,用蓝色标志。

同时满足以上多个条件的,按照最高等级确定风险等级。

4.3 风险识别

4.3.1 安全风险识别分为全面识别和专项识别。

(1)全面识别是指为有效掌握本单位业务范围内安全风险分布及状况而开展的全面系统的风险识别。

(2)专项识别是指为及时掌握本单位重点业务、重点环节、重点区域和重要管理对象安全风险状况而开展的具有针对性的风险识别。

4.3.2 公路养护单位每年组织开展一次安全风险全面识别工作。在运行机制、环节及其要素发生重大变化,或上级主管单位、部门有特殊要求时,按规定时限完成安全风险专项识别工作。识别工作结束后,形成风险清单或相关台账信息。

4.3.3 安全生产风险识别通常针对影响安全生产事故发生及其危害程度的致险因素进行,一般包含:

(1)从业人员安全意识、安全与应急技能、安全行为或状态。

(2)单位基础设施、交通运输工具、工作生产场所等设施设备的安全可靠性。

(3)影响安全生产外部要素的可知性和应对措施。

(4)安全生产管理机构及工作机制、规章制度、操作规程的合理性和完备性。

4.4 风险评估

4.4.1 公路养护单位对风险清单所列风险进行评估,确定风险等级、主要致险因素、控制范围及措施。

4.4.2 安全风险致险因素发生变化超出控制范围的,由安委会负责牵头,由管理责任下属单位及时按照安委会工作要求组织重新评估并确定登记。

公路养护单位可委托第三方服务机构或成立评估组,对较大及以上安全风险的等级评定、变更和销号进行评估,并出具评估结论。

公路养护单位成立的评估组由单位党政主要领导、安委办主任、安委办成员部门负责人和2名以上安全管理或相关专业领域且具有一定从业经历的技术人员组成。

4.4.3 公路养护单位按照国家相关法律法规,对拟公布的涉及国家安全和社会稳定的风险信息进行涉密评估,未经允许不得公开。

4.5 风险管控

4.5.1 根据安全风险等级、性质等因素,科学制定措施,严格落实责任,从组织、制度、管理、技术、应急方面进行有效管理防范,对存在较大及以上安全风险的场所、区域、设施、岗位等实行重点管理防范。

4.5.2 公路养护单位建立风险动态监控机制,绘制"红、橙、黄、蓝"四色安全风险空间分布图,按要求对识别出的安全风险进行监测、评估和预警,及时掌握风险状况和变化趋势。

4.5.3 公路养护单位负责安全风险管理防范措施必要的经费保障,将风险控制在可接受的范围内。

4.5.4 公路养护单位及下属各单位组织开展本单位管辖范围内安全风险公告工作,在醒目位置、重点区域设置安全风险告知栏,标明主要安全风险及管理防范应急措施、责任人员、报告方式等内容,通过安全生产教育培训、安全风险讲解宣传、岗位安全风险告知卡等多种方式,告知单位职工和进入风险区域的外来人员做好自身安全防范。

4.5.5 下属各单位针对本单位管辖范围内的安全风险及可能导致的生产安全事故,制定完善相应应急措施。当安全风险的致险因素超出控制范围、达到预警条件的,由公路养护单位下属管理责任单位报请安委会后,及时按规定发布预警信息,并最大限度地采取针对性应急防范措施,防范事故发生。已发生事故的,按照生产事故、突发事件有关规定及时处置。

4.5.6 公路养护单位下属管理责任单位对管辖范围内的安全风险识别、评估、登记、管控、应急等情况进行年度总结和分析,针对存在的问题隐患及时采取改进措施。

4.5.7 公路养护单位下属管理责任单位必须如实记录单位内部的安全风险识别、评估、监测、管控等工作,规范管理和妥善保存相关印证档案。

较大及以上安全风险单独建档,依据职责范围,先报请安委会,随后报送属地交通运输管理部门和安全生产监督管理部门。

4.5.8 公路养护单位按照以下要求和标准加强较大及以上安全风险的管理防范:

(1)制订动态监测计划,按照每月不少于一次的频次,定期更新监测数据或状态,单独建档。

(2)单独编制专项应急措施。

(3)每年度组织专业技术人员对风险管理防范措施进行评估改进,通过有效渠道向属地交通运输管理部门进行报告。

4.5.9 公路养护单位下属管理责任单位对进入较大及以上安全风险影响区域内的本单位从业人员进行安全防范、应急处置、避险逃生等方面的培训演练。

4.5.10 公路养护单位下属管理责任单位对本单位存在较大及以上安全风险的场所,必须设置明显的安全警示标志,标明安全风险的危险特性、可能发生的事故后果、安全防范与应急措施等。

4.5.11 公路养护单位下属管理责任单位须将管理范围内较大及以上安全风险的名称、位置、危险特性、影响范围、可能发生的事故及后果、安全防范与应急管理措施等如实告知直接影响范围内的相关单位或人员。

4.6 风险台账

4.6.1 公路养护单位下属管理责任单位对本单位较大及以上安全风险相关信息通过安全生产风险管理信息系统或采取其他方式进行登记,构成重大危险源的,同时按规定向当地安全生产监督管理部门备案。公路养护单位下属管理责任单位对登记信息的及时、准确、真实性负责。

4.6.2 公路养护单位下属管理责任单位较大以上安全风险基本信息、管控信息、预警信息和事故信息按照以下主要内容登记:

(1)基本信息包括较大及以上安全风险的名称、类型、主要致险因素、评估报告,局属管理责任单位名称、联系人及联系方式等。

(2)管控信息包括管理防范措施(含应急措施)和可能发生的安全生产事故及影响范围、后果等。

(3)预警信息包括预警事件类型、级别,可能影响区域范围、持续时间、发布(报送)范围、应对措施等。

(4)事故信息包括较大及以上安全风险管控失效发生的事故名称、类型、级别、时间、造成的人员伤亡和财产损失、应急处置情况、调查处理报告等。

(5)填报单位、人员、时间以及需要的其他信息。预警信息和事故信息在预警或事故发生后登记报备。

4.6.3 公路养护单位及下属管理责任单位较大及以上安全风险的登记分为初次、定期和动态三种方式。

4.6.4 初次登记在评估确定为较大及以上安全风险后5个工作日内填报。

4.6.5 定期登记采取季度登记和年度登记两种方式。其中,季度登记截止时间为每季度结束后次月10日;年度登记时长为一个自然年,截止时间为次年1月30日。

4.6.6 公路养护单位下属管理责任单位发现较大及以上安全风险的致险因素超出管控范围,或出现新的致险因素,导致发生安全生产事故的概率显著增加或预估后果加重时,在5个工作日内对相关异常信息进行动态登记,情况严重的,同时向安委会报告。

4.6.7 较大及以上安全风险经评估确定等级降低或解除的,公路养护单位下属管理责任单位于5个工作日内通过安全生产风险管理信息系统予以销号。

4.6.8 较大及以上安全风险管控失效发生事故的,应急处置和调查处理结束后,公路养护单位下属管理责任单位在15个工作日内对相关工作进行评估总结,明确改进措施。评估总结报送安委会。

4.7 监督管理

4.7.1 安全风险管理工作纳入单位日常监督管理,对较大及以上安全风险的监督抽查列入安全生产监督检查计划范畴,由安委会(安委办)对抽查比例和方式进行明确,督促局属管理单位落实责任。

4.7.2 安委会(安委办)及成员部门按照业务范围,对存在的较大及以上安全风险主要按照以下内容进行监督抽查:

(1)较大及以上安全风险管理制度、岗位责任制建立情况。

(2)较大及以上安全风险登记、监测管理防范措施等落实情况。

(3)较大及以上安全风险应急措施和应急演练情况。

4.7.3 对监督检查中发现较大及以上安全风险识别、登记和管理防范等工作落实不到位的责任单位、人员采取以下处理措施:

(1)对未建立完善较大及以上安全风险管理制度、机制、岗位责任体系和应急措施的,督促整改。

(2)对未按规定开展较大及以上安全风险识别、登记、评估、标识、告知和应急演练等工作的,限期整改。

(3)对较大及以上安全风险未实施有效监测、管理和防范的,列为重大安全生产事故隐患,实行挂牌督办。

(4)对较大及以上安全风险管理防范不力、不能保证生产安全的,依据《中华人民共和国安全生产法》等法律法规予以处理。

4.7.4 公路养护单位对下属管理责任单位的安全风险监督检查有关信息进行规范记录,针对管辖范围内的较大及以上安全风险建立档案,妥善保存相关文件资料。

4.7.5 公路养护单位及下属管理责任单位可以通过购买服务的方式,委托第三方服务机构开展较大及以上安全风险的督查检查工作。

4.7.6 对安全生产风险管理中存在的违法违规行为,单位职工有权向安委会投诉或举报。

4.7.7 公路养护单位及下属管理责任单位委托承担安全风险识别、评估、管控支持和监督检查的第三方服务机构,必须具备对其承担工作合规性、准确性负责的资质。委托第三方服务机构提供安全风险管理相关支持工作的,不改变管理责任单位的风险管理主体责任。

4.7.8 对较大及以上安全风险存在监督管理失职渎职,导致安全生产事故发生的,依法依规追究责任。

4.8 附则

公路养护单位下属管理责任单位是指对本单位职权与管辖范围内安全风险管理相关工作负有主体责任的基层公路养护单位、收费站、服务区。

5 记录

安全风险评估管理台账见附表 A-1。

安全风险评估管理台账　　　　　　　　　　　　　　　　　　　　　　　附表 A-1

填报单位：　　　　　　　　　　　　　　　　　　　　　　　　填报时间：　　年　　月　　日

序号	工作/场所/设施、设备	致险因素名称	安全风险描述	L	E	C	D	风险等级	可控程度	管理防范措施情况	责任单位	备注

单位负责人：　　　　　　审核人：　　　　　　联系方式：　　　　　　填报人：

附录 A-3　安全检查和隐患排查管理制度

1 目的

为建立完善安全监督检查、隐患排查治理常态长效化机制,进一步强化落实安全生产主体和监管责任,最大限度地预防和减少事故发生,切实维护和保障干部职工生命财产安全。根据《中华人民共和国安全生产法》等法律规章,结合公路管理工作实际,制定本制度。

2 适用范围

适用于公路养护单位及下属单位安全检查和隐患排查管理工作。

3 职责

3.1 安全生产委员会(以下简称安委会)负责安全检查和隐患排查组织领导工作。

3.2 安全生产委员会办公室(以下简称安委办)负责安全检查和隐患排查日常业务管理工作,并对下属各单位相关工作开展情况进行监督和指导。

3.3 单位各部门按照"一岗双责"原则负责本部门业务范围内的安全检查和隐患排查工作。

3.3.1 安全监督保卫部门为安委办牵头部门,负责督查、指导各部门、下属单位安全检查和隐患排查工作,对整改责任单位、部门下达限期整改通知书并跟踪落实督办。

3.3.2 养护管理部门负责公路养护、大中修项目、房建等业务范围内的安全检查和隐患排查工作。

3.3.3 收费稽查部门负责收费业务范围内的安全检查和隐患排查工作。

3.3.4 监控通信部门负责机电运行、数据平台等业务范围内的安全检查和隐患排查工作。

3.3.5 设备管理部门负责机械、车辆、设备、机驾人员管理等业务范围内的安全检查和隐患排查工作。

3.3.6 劳动保障部门负责劳动防护用品发放管理、职业健康等业务范围内的安全检查和隐患排查工作。

3.3.7 后勤服务部门负责水、电、暖、食堂、锅炉维护管理等业务范围内的安全检查和隐患排查工作。

3.4 下属各单位按照安全主体责任要求,负责管辖范围内的安全检查和隐患排查工作。

3.5 单位干部职工有义务参加并配合安全检查和隐患排查工作,认真按照安委会(安委办)要求落实整改工作。

4 管理规定

4.1 隐患概述

隐患是指单位范围内或外部相关生产经营单位及其管理或从业人员违反安全生产法律法规、规章制度、行业标准等,或者因其他因素产生的可能导致事故发生的物的不安全状态、人的不安全行为以及管理上的缺陷。

4.2 隐患分级

4.2.1 一般隐患指危害性和整改难度较小,发现后能够及时整改排除的隐患。

4.2.2 重大隐患指危害性和整改难度较大,经一定时间整改治理方能排除的隐患,或者因外部及客观因素制约和影响,在自身能力范围内难以排除的隐患。

4.3 安全检查和隐患排查主要内容

(1)本单位各级领导及干部职工履行岗位安全生产职责,贯彻落实安全生产责任制情况。

(2)安全生产相关规章制度、操作规程执行情况。

(3)下属各单位安全生产例会的召开、部署、落实情况。

(4)管养公路、桥梁、涵洞、隧道及沿线附属设施安全技术状况。

(5)养护、施工、维修、作业等各类生产现场安全管理情况。

(6)各类机械、车辆、设备、器材设施(如安全防护装置、消防器材、机电设备等)的规范管理、维护保养、安全运行情况。

(7)建(构)筑物及房建工程安全状况。

(8)办公楼、职工宿舍、食堂、发电机房、UPS机房、锅炉房、水泵房、配电室、储油间等隐患易发或多发场所区域的火、电、油、气及消防安全管理情况。

(9)劳动防护用品发放管理和正确佩戴使用情况。

(10)安全生产"三级"教育培训落实情况,安全管理、从业及特种设备、特种作业人员持证上岗情况。
(11)重大危险源管控情况。
(12)已排查发现隐患的整改落实情况。
(13)事故信息报告和事故处理"四不放过"原则落实情况。
(14)其他安全相关内容。

4.4 安全检查和隐患排查方式计划

4.4.1 根据上级行业主管部门安全检查和隐患排查相关工作要求,结合本单位安全检查、隐患排查、专项督查有关方案部署,主要分为日常安全检查和隐患排查、季度安全检查和隐患排查、特殊时段安全检查和隐患排查、专项安全检查和隐患排查、重点安全检查和隐患排查等方式。

(1)日常安全检查和隐患排查。安委会(安委办)结合近期安全生产工作形势,采取"双随机"(随机选择抽检单位、随机抽调检查人员)的方式对下属单位安全生产日常工作开展情况进行督导检查。

(2)季度安全检查和隐患排查。安委会(安委办)每季度对下属单位进行一次安全生产随机抽查督导检查,督促责任单位从严从实,彻查彻改,实行跟踪督办,闭环管理。

(3)特殊时段安全检查和隐患排查。安委会(安委办)适时采取"四不两直"(不发通知、不打招呼、不听汇报、不用陪同接待;直奔基层、直插现场)的方式对下属各单位重大节假日、重要时期、重点时段期间安全生产目标任务落实及隐患自查自纠情况进行随机抽查。

养护管理部门根据季节气候变化,按照事故发生规律,组织开展有针对性和重点性的季节性检查。如进行防洪、防汛、防冻、防滑、防雾等为重点的季节性路况调查和安全巡查。

(4)专项安全检查和隐患排查。安委会(安委办)根据某一时期、某一阶段安全生产工作形势要求,对下属单位火、电、油、气及消防安全管理某一类普遍性问题进行专项督查。

(5)重点安全检查和隐患排查。安委会(安委办)对个别相同和类似隐患问题不断重复出现,安全生产工作任务落实不力、安全自查自纠不到位、隐患整改不及时的下属单位实行重点跟踪督办和督查问责。

(6)安委会(安委办)半年、年终对下属各单位进行安全生产综合性督导检查。

4.4.2 下属各单位安全检查和隐患排查工作由单位安全生产领导小组负责牵头,由安全生产领导小组办公室成员负责落实,每月开展安全自查累计不得少于4次,对本单位各类隐患问题进行全面、细致的排查治理。同时,认真查找、分析、解决本单位安全生产工作中存在的薄弱环节和突出问题,做到检查有签字、整改有措施、落实有记录、印证有图片。

4.4.3 当法律法规、标准规范发生变更,或者工作性质、机构、环境发生重大改变,工程项目相关方进入、撤出或改变,或者对事故、事件及其他信息产生新的理解认知时,单位各部门、下属各单位依据各自职责,组织开展业务范围内的安全检查和隐患排查工作。

4.5 安全检查和隐患排查工作流程

4.5.1 安委会(安委办)检查人员通常由单位党政主要领导、部门负责人、安委办成员等组成。

4.5.2 安委会(安委办)根据安全检查和隐患排查所采用的方式,可提前通过会议或文件明确有关方案或部署("四不两直"方式的检查除外),并准备好检查所需的材料。

4.5.3 安全检查和隐患排查工作通常流程如下:
(1)现场检查、实地核查、查阅资料。
(2)检查组成员汇总信息,反馈问题。
(3)填写安全检查和隐患排查相关记录(整改通知书),明确检查时间、地点、存在问题、整改时限及要求。
(4)对反馈问题核实确认无误后,检查人员和被检单位双方签字确认。
(5)被检单位(整改责任单位)安排人员进行整改落实,整改完成后,在限期内向安委办提交安全生产隐患整改报告书,并附整改印证图片。

4.5.4 安委会(安委办)从履行监管责任的角度开展安全检查和隐患排查工作,填写安全目标管理督导检查记录。

4.5.5 下属各单位从落实主体责任的角度开展安全自查和隐患排查工作,填写《基层单位安全生产大检查记录》。

4.6 隐患治理

4.6.1 一般隐患治理。

(1)现场排查出的一般隐患,由隐患责任单位、部门立即组织整改,并做好相关记录。

(2)现场排查出的整改难度较大或需一定经费投入的一般隐患,由隐患责任单位、部门制订整改方案,报上级公路养护单位批准后实施;整改完成后,由隐患责任单位分管领导负责监督检查和整改验收;验收合格报主管领导审核签字后,报请上级公路养护单位相关业务部门和安委办进行复查,实行闭环管理。

4.6.2 重大隐患治理。

(1)下属各单位发现重大隐患,不能及时排除和有效解决的,立即书面报送相关业务部门及安委会(安委办)。报告主要内容包括报告单位、隐患名称、隐患内容、隐患现状、现阶段隐患责任部门和责任人员、已采取的监控防范措施及应急方案、隐患有关检查检测材料、隐患处理建议等。

(2)对排查发现的重大隐患,由安委会(安委办)责成相关业务部门组织制订隐患治理方案,落实隐患整改责任、措施、时限、资金及预案,并报上级主管部门。重大隐患治理方案包括治理目标和任务、治理责任机构和人员、采取方法和措施、经费和物资落实情况、治理时限和要求、安全防范措施及相关应急预案等。

(3)短期内难以解决或技术、经费上有困难的重大隐患问题,制订专项计划或列入预算支出计划,由相关业务部门报上级主管部门批准。

(4)加强对自然灾害的预防,对于因自然灾害可能导致事故灾难的隐患,按照安全生产、应急管理有关法律法规和公路行业标准要求,制订防汛、防风雪保交通等应急预案。接到有关自然灾害预报时,及时按照规定发布预警信息,做好预案启动工作,及时进行公路隐患处置。

4.6.3 挂牌督办。

安委会(安委办)主要对以下隐患类型实行挂牌督办:

(1)随时可能引发人员伤亡的事故隐患。

(2)上级主管部门、本级人民政府责成挂牌督办的隐患问题。

(3)公众举报或新闻媒体报道并经查实的隐患问题。

(4)安委会(安委办)安全检查和隐患排查中发现认为有必要挂牌督办的隐患问题。

4.6.4 核销程序。

(1)被挂牌督办责任单位必须高度重视,严格按照隐患治理工作要求,组织开展整改落实工作,安委会(安委办)负责对其进行督促、指导。

(2)被挂牌督办责任单位完成整改后,向安委会(安委办)提交挂牌督办隐患专题整改报告,内容包括目标和任务、责任机构和人员、采取方法和措施、经费和物资落实情况、整改时限和要求、安全防范措施及相关应急预案。

(3)安委会(安委办)对被挂牌督办责任单位整改情况进行核实,并根据核实情况决定是否予以核销挂牌督办隐患事项,对不予以核销的,应当说明理由,并责成继续整改。

(4)被挂牌督办责任单位由于非自身原因导致不能按期完成整改的,必须以正式书面形式向安委会(安委办)说明原因情况,同时,详细安全防范措施和相关应急预案一并进行报备。

5 记录

5.1 安全目标管理督导检查记录见附表 A-2。

5.2 基层单位安全生产大检查记录表见附表 A-3。

安全目标管理督导检查记录

附表 A-2

（可适用重大节假日、例行、平时、抽查、定期、不定期、明察暗访）

被检单位：　　　　　　　　　　　　　　　　　　　　检查时间：　　年　　月　　日

检查地点：
检查内容：1.安全生产；2.综治维稳；3.应急管理；4.消防安全
好的方面：
存在的问题：
检查组责令整改要求及时限：

检查组（签字）：　　　　　　　　　　　　　　　　　被检单位（签字）：

基层单位安全生产大检查记录表

附表 A-3

时间	年　月　日	地点	
检查人		记录人	
检查内容			
发现问题			
整改措施			
整改效果			

单位领导（检查组签字）：　　　　　　　　　　　　　整改责任人（签字）：

附录 A-4　消防管理制度

1　目的
进一步加强消防能力建设,增强干部职工火灾防范意识,做好火灾防控,预防和减少各类火灾事故。

2　适用范围
适用于公路养护机构范围内消防安全工作的管理。

3　职责
3.1　安委会负责消防安全组织领导工作。
3.2　安委办负责建立和完善消防安全规章制度并监督实施。
3.3　单位各部门负责落实本部门消防安全工作,强化消防"四个能力"建设,确保各项消防措施落实到位。
3.4　下属各单位负责制定本单位消防安全制度,强化消防"四个能力"建设,确保各项消防措施落实到位。
3.5　单位干部职工有义务参加并配合单位消防安全检查和火灾隐患排查工作,认真按照安委会(安委办)要求落实整改工作。

4　管理规定

4.1　消防管理组织
4.1.1　安全生产工作领导小组领导负责监督、指导单位消防安全工作。
4.1.2　下属各单位负责人对本单位消防安全负责。下属各单位安全员兼义务消防员。

4.2　重点防火部位
重点防火部位主要包括办公楼、收费亭、配电室、发电机房、库房、财务室、票证室、监控室、档案室、食堂、职工宿舍、服务区超市等。

4.3　消防器材和设施的配置与管理
4.3.1　下属各单位应掌握本单位消防器材和设施的配置情况,配备的消防器材应符合国家消防安全有关标准,并填写消防器材登记表。
4.3.2　下属各单位对消防器材及设施的检查维护应责任到人,定期对管辖区域内消防装置、灭火器具等进行逐个检查,并做好检查记录。

4.4　火灾预案
4.4.1　下属各单位要编制本单位消防预案。
4.4.2　下属各单位应定期组织火灾扑救有关预案的演练,每年不少于一次。演练结束或火灾事故处理后,应对消防预案进行评价,必要时予以修订完善。

4.5　消防培训
下属各单位在组织安全教育学习中,应将消防安全知识纳入学习内容,每年邀请专职消防人员至少组织开展一次火灾预防扑救、火场逃生等相关专业知识的培训,使干部职工掌握消防安全基本知识和技能,进一步强化火灾防范意识。

4.6 防火措施

4.6.1 单位职工做好上岗前后的消防安全检查,保持安全通道畅通,爱护消防器材。

4.6.2 在配电室、发电机房、库房、监控室、档案室、票据室等场所严禁吸烟及携带引火物品,并张贴禁烟、禁火标志。

4.6.3 办公区做到人走关机、关灯、关电源,保证安全出口疏散楼梯的畅通。

4.6.4 重点防火场所、设施周围严禁堆放可燃物、易燃易爆物品,严禁烟火。

4.6.5 仓库内应保持通风,物品与房顶、灯具距离不小于0.5m,不准使用家电设备。易燃易爆物品需单独存放,并设置必要的警示标志。

4.6.6 食堂在使用炉灶时必须保证有人看守,不得擅自离开。

4.6.7 收费站应避免运送易燃易爆物品车辆、故障车辆在通道内停留时间过长,发生险情及时上报。

4.6.8 设备维修人员应及时清理工作场所油污及泄漏的油料。动用明火时,应查看附近有无易燃物品,使用易燃物品的人员需经严格培训。

4.6.9 机电维护人员应定期检查供电线路,防止电线老化引起火灾。工作人员要对所用车辆、机械、电气设备进行检查,防止因漏油、漏电、短路引起的火灾。

4.6.10 严禁公共场所及办公区吸烟,不使用电炉取暖、做饭,不用油类物品引火、助火。

4.7 消防检查

4.7.1 安委办每年对单位及下属各单位消防安全进行检查,检查不少于两次。

4.7.2 下属各单位每年要结合工作实际,制订消防安全排查整治工作方案,每季度至少开展一次消防隐患排查,做好检查记录,检查内容包括:

(1)消防设施设备(灭火器、消防栓、沙池、烟感温感报警装置)配备是否符合规范要求,是否在有效期。

(2)各类消防安全警示标志是否齐全。

(3)应急照明,疏散逃生标志是否完好,安全出口、疏散通道是否畅通。

(4)服务区停车场危化品停车区域是否配备灭火器材。

(5)消防池储水量是否充足。

(6)是否存在用电、用火、用气违章操作行为。

(7)发电机房与储油间是否隔离,并设置防火门,房内不得存放杂物。

(8)其他。

4.7.3 公路隧道管理单位每季度对隧道进行不少于一次的消防安全专项检查,并做好检查记录,记录包括以下内容。

(1)消防系统。灭火器的数量、种类是否齐全;压力表是否完好、有效,泡沫喷射软管是否破损,手动火灾报警按钮是否有效。

(2)通信系统。报警电话是否与监控中心有效连接,音量是否合适;应急广播是否满足需要,隧道监控系统是否完好。

(3)应急逃生(车通、人通)系统。安全出口标志、疏散指示标志是否完好、醒目;通道内是否有杂物;应急照明是否良好。

(4)通风系统。风机是否运转良好、是否可通过远程控制。

(5)其他。隧道内有无堆放易燃物品现象;标志标牌是否齐全、醒目。

4.7.4 各单位要在火灾多发季节、重大节日、重大活动前或者期间,部署开展消防安全专项检查;针对消防工作中存在的突出问题和薄弱环节,组织并开展有针对性的消防安全专项整治,并纳入年度安全生产目标管理。

4.7.5 各单位要建立并落实消防安全"网格化"检查工作机制,将基层养护单位(养护站、班组)纳入"网格化"监管范围,每季度开展一次检查;对消防栓、消防车道等公共消防设施,要开展经常性检查。

4.8 火灾隐患整改

4.8.1 对存在的火灾隐患,责任单位应立即整改;在隐患整改之前,应落实防范措施,保障消防安全。

4.8.2 火灾隐患整改完毕,责任单位应当将有单位负责人签字的整改报告单报安委办,并做好相关资料存档工作。

4.8.3 建立火灾隐患联合整治和常态化隐患整治信息通报制度,对消防管理部门、上级主管单位督查发现的火灾隐患,按照整改要求及时整改并上报;对单位自查发现的火灾隐患,要提出整改方案,立即整改;对可能引发火灾的重大隐患,要确定整改期限和防范措施;对本单位无力进行整改的火灾隐患,要及时提出整改方案并向上级主管部门报告。

4.9 责任追究

按照"党政同责、一岗双责、齐抓共管、失职追责"责任体系的要求,建立消防安全工作考核机制,加强消防安全日常检查和专项检查,并将消防安全工作纳入安全生产目标考核,对考核优秀的单位和个人给予表彰,对考核不合格的单位和个人,按照《安全生产管理办法》有关规定,进行处理。

附录 A-5 设施、设备安全管理制度

1 目的

为做好机械设备安全管理,使其处于良好的技术状态,确保可靠稳定运行,最大限度地保障职工群众生命财产安全,制定本制度。

2 适用范围

适用于公路养护单位所属机械设备的安全管理。

3 职责

3.1 安委办负责单位所属机械设备的安全监督工作。

3.2 设备管理部门负责单位所属机械设备的选购、使用、保养、维修、技术升级改造直至报废的全过程的安全管理工作。

3.3 下属各单位负责各自所属机械设备的日常安全使用及管控工作。

4 管理规定

4.1 机械设备选购

4.1.1 机械设备的选购坚持"技术性能优先、运行可靠稳定、经济效益良好"的原则。

4.1.2 选购机械设备或附属装备时,其安全性能必须符合有关法律法规,达到行业标准规范,禁止购买国家或有关部门规定的淘汰型号或产品。

4.1.3 必须选择合法经营的机械设备供应商,选购质量合格、环保达标、无危害人身健康、无安全设计缺陷的产品。

4.2 机械设备验收

4.2.1 新购机械设备或附属装备由设备管理部门按规定认真进行验收,详细检查安全作业性能及

技术状况,验收合格后方可交付使用。

4.2.2 新购特种设备经由相关技术监督部门检测验收合格,核发证件齐全后,方可投入运营使用。

4.3 机械设备使用

4.3.1 单位各职能部门及下属各单位组织制定本部门、本单位所属机械设备的使用、维修、保养等管理制度及安全操作规程。

4.3.2 机械设备各使用部门或单位安排专门人员负责设备安全运行管理,落实安全技术措施,培养和提高设备操作人员的业务水平与安全意识。

4.3.3 机械设备各使用部门或单位明确设备安全管理人员与操作人员责任,实行"三定"(定人、定机、定岗),做到"三好"(管好、用好、修好),落实"四会"(会使用、会维护、会检查、会排除故障)。

4.3.4 机械设备管理人员定期检查设备的安全运行情况,及时制止和纠正"三违"行为,严防事故发生。

4.3.5 机械设备操作人员需经专业培训合格后方可上岗作业,特种设备操作人员必须取得国家相关部门核发的资质证件,所持资质证件必须与其实际操作类型相符。

4.3.6 机械设备操作人员必须认真执行设备维护保养与安全操作规程,作业过程中按规定佩戴必要的劳动防护用品,做到遵章守纪,服从管理,安全生产。

4.3.7 机械设备带有较大危险性的装置和部位必须有相应配套的安全防护设施,如防坠落、防割伤、防坍塌、防触电及防雷、防风等防护设施;作业场所必须设置相关安全警示、提示标志。

4.4 机械设备维护检修

4.4.1 机械设备各使用部门或单位负责制订设备维护检修计划,定期做好维护检修,确保其安全技术状况良好。

4.4.2 特种设备必须委托有相应资质的维修单位实施检修,并依据国家规定由技术监督部门定期检测,确保符合安全运行要求。

4.4.3 机械设备配套的安全设施不得随意拆除、挪用或弃置不用;因检修确需临时拆除的,应采取临时防护措施,检修完毕后立即复原。

4.5 机械设备升级改造

机械设备升级改造必须经过安全技术论证,采用新技术、新工艺、新方法、新材料,提高机械设备安全技术水平。

4.6 机械设备停置、拆除和报废

需停置、拆除、报废的机械设备按照规定进行处置,涉及危险物品的,必须由申请报废部门或单位提前制订相应危险物品处置方案与应急措施,并严格组织实施。

附录 A-6 建设项目安全设施"三同时"制度

1 目的

为加强建设项目安全管理,预防和减少生产安全事故,保证新建、改建、扩建工程项目(以下简称建设项目)在编制方案、组织设计、施工作业、竣工验收时,安全设施与主体工程同时设计、同时施工、同时投入生产和使用,提高事故防控能力与安全保障系数。

2 适用范围

适用于公路养护单位所有建设项目。

3 职责

3.1 项目执行办公室对建设项目安全设施"三同时"实施综合监督管理。

3.2 项目执行办公室定期对局建设项目安全实行督查、检查。

3.3 养护管理部门、项目执行办公室负责建设项目设计的审核,组织专家或委托专业技术服务机构开展安全设施技术论证。

4 管理规定

本制度所称的建设项目安全设施,是指在单位运营、生产经营中用于预防生产安全事故的设备、设施、装置、构(建)筑物以及其他技术措施的总称。

4.1 安全设施设计审查

4.1.1 建设项目设计应当委托具有相应资质的设计单位对建设项目安全设施同步进行设计,编制相配套的安全设施设计。

4.1.2 安全设施设计必须严格执行国家有关安全、卫生、环保、消防等设计规范及标准,采用新工艺、新设备、新材料、新产品时,必须有鉴定报告。

4.1.3 建设项目设计部门根据建设项目可能产生的环境污染、职业健康危害和安全方面的隐患问题及采取的具体措施,准备和提供如下相关资料,报备项目管理部门。

(1)建设项目名称、工艺流程图、工程选址位置平面图和可能产生环境污染程度、职业健康危害及安全相关问题的说明书。

(2)建设和技术改造工程任务书或建议书。

(3)采取的预防措施及可行性技术论证报告。

4.1.4 对建设项目的报审资料审核后,组织召开"三同时"评审会。建设项目设计部门、执行单位、施工单位同时参加。

4.1.5 在评审会上,由建设项目设计部门向参加评审的各业务主管部门介绍建设项目可能产生的环境污染情况、职业健康危害和安全问题及采取的具体措施。

4.1.6 执行单位与部门分别就安全、环保、设备等方面作出评审意见。只有全部通过,方可进入项目建设。

4.2 安全设施施工和竣工验收

4.2.1 建设项目安全设施的施工应当由取得相应资质的施工单位进行,并与建设项目主体工程同时施工。

4.2.2 施工单位在施工组织设计中编制安全技术措施和施工现场临时用电方案,对危险性较大的分部分项工程依法编制相应专项施工方案,并附具安全验算结果,经由施工单位技术负责人、总监理工程师签字后方可实施。

4.2.3 在施工过程中,项目执行部门对安全、卫生、环保、消防设施的施工进行监督检查,及时纠正施工缺陷。

4.2.4 施工组织部门在竣工后通知相关验收单位、部门进行现场检查,主要验收标准如下:

(1)项目安全、环保及职业健康有关设施是否与主体工程同时设计、同时施工、同时投入生产和使用。

(2)与建设项目相配套的安全、环保及职业健康有关设施是否符合国家法规与技术标准。

(3)建设项目与运行管理状况是否安全、正常、可靠。

(4)未经"三同时"验收或验收不合格的建设项目,不得投入使用。

4.2.5 建设项目竣工后,根据规定需要试运行的,应当在正式投入生产或使用前进行试运行。

4.2.6 按照档案管理规定,建立建设项目安全设施"三同时"文件资料档案并妥善保存。

4.3 新产品开发、试制

4.3.1 需要进行试验的项目,由制订试验方案的单位在试验大纲中同时制定相应安全措施及环保措施并且认真贯彻落实。

4.3.2 在新工艺、新设备、新材料、新产品试制前,必须充分了解其安全性能、技术状况等指标。在评审会上,由建设项目设计部门向参加评审的各业务主管部门介绍产品基本情况及所用原料的物理化学性质,采取妥善、有效的防范措施,预先制定相关的应急处置措施,配备相应防护器具及急救用品。

4.3.3 项目移交设计生产时,必须同时提供安全、环保及劳动保护、职业健康相关内容,做到同步设计。

4.3.4 新工艺、新设备、新材料、新产品付诸实践之前,其工艺、图纸、方案等必须经有关负责部门、人员进行论证,由试制、设计、选型负责人详细介绍工艺情况、设计依据、选型理由,论证修改后,经局领导批准方可实施。

4.3.5 凡引进先进工艺装置和技术,必须同时引进相应的安全、卫生、环保、消防设施和技术或在我国配套相应的设施和技术。

附录 A-7　相关方安全生产监督管理制度

1　目的

加强相关方安全监督管理,严格执行相关方的选择程序,规范相关方安全行为,厘清相关方的安全主体责任,最大限度地预防和减少事故发生。

2　适用范围

适用于公路养护单位工程服务承包单位、材料设备供应单位及其他第三方提供服务的单位、个人的安全监督管理。

3　职责

3.1 合同或招标管理部门负责相关方的准入、选择及审查工作。

3.2 单位各部门、下属各单位负责各自职责范围内相关方的日常安全监督管理。

3.3 遵守"管行业必须管安全,管业务必须管安全,管生产经营必须管安全"的原则,牵头与相关方签订合同的部门或单位以及相关方作业过程所在部门或单位是相关方安全的归口管理部门。

4　管理规定

在与相关方合作过程中,合同或招标管理部门应认真履行安全生产监管职责,将对相关方的安全监管纳入本单位安全管理体系,确保安全生产,平稳有序。

4.1 施工单位管理

4.1.1 安全资质的准入及审查

应当坚持"公开、公正、透明"的原则选择施工单位,在拟发包工程项目或签订项目合同时,除符合有关规定和条件外,还应对施工单位安全生产条件、安全资质进行审查,不得将工程承包给不具备相关资质的相关方。

承担公路养护、机电维修、设施更换等任务的施工单位应配备相关专业技术人员和相应的施工技术装备,并将有关资料交合同管理部门存档备案。在选定相关方时,施工单位必须同时满足下列安全生产条件,并提供相关资质证明材料:

(1)除具备国家有关法律法规所规定的安全生产条件外,国家实行安全生产许可的行业,相关方还需提供安全生产许可证原件。

(2)承担公路养护、机电维修、设施更换等的施工单位必须具备相应工程施工资质等级。

(3)施工单位主要负责人必须具备国家规定的相应资质,具有安全生产管理能力,并提供相关资格证明原件。

(4)施工单位建立健全的安全生产责任制、安全生产规章制度及操作规程。

4.1.2 具备上述安全生产条件和资质并承担公路养护、机电维修、设施更换的施工单位,委托其项目部实施承包工程施工活动时,还必须同时具备以下安全生产条件,并提供相关资质证明材料:

(1)法定代表人对项目负责人的授权委托书原件。

(2)项目负责人具备国家规定的相应资质,具有安全生产管理能力,并提供相关资格证明原件。

(3)安全生产管理机构设置及安全生产管理人员配备情况材料(机构设置及安全管理人员配备需提供相关文件原件,专/兼职安全管理人员可根据实际需要配备)。

(4)提供由自治区级交通或建设主管部门颁发的"三类人员"(指企业负责人、项目负责人、专兼职安全生产管理人员)安全生产考核合格证书原件,由安全监督管理部门颁发的特种作业人员操作资格证书原件。

(5)相关审查内容见施工单位安全资质审查表。

4.1.3 除与施工单位签订有关承包合同外,还应当与施工单位签订专门的安全生产管理协议,明确约定双方的安全生产职责。

发包方的安全生产管理职责:

(1)向施工单位提供工程设计文件及公路养护单位安全生产管理制度和有关规定。

(2)负责对施工单位安全生产工作进行统一协调与监督管理,督促施工单位限期整改隐患问题,逾期未整改责令停工停产整顿,施工单位承担一切损失。

(3)发包方组织施工单位进行安全技术交底,参与并指导施工单位对作业人员开展安全培训教育。

(4)出现两个以上施工单位在同一作业区域内进行工程施工活动或交叉作业、可能危及对方生产安全的情况,发包方负责监督施工单位之间签订安全生产管理协议,并督促落实安全防范措施,严防事故发生。

(5)施工单位安全生产条件不具备国家规定的基本安全生产条件或资质证件失效时,发包方立即停止其工程施工活动,终止合同,由相关方承担一切损失。

(6)当施工单位发生生产安全事故时,全力为抢险及抢救人员提供必要的支持条件,在做好事故上报工作的同时,督促相关方及时、如实地向地方政府负有安全生产监督管理职责的部门及其主管单位一并上报。

施工单位的安全生产职责:

(1)对承包工程施工项目中工程施工活动及其从业人员安全负有全部主体责任。

(2)严格遵守国家、自治区安全生产相关法律法规及当地政府、安全生产监督管理部门有关规定,认真执行发包方安全生产管理规章制度,自觉接受发包方的安全生产监督管理。

(3)当施工单位安全生产资质条件发生变化时,有及时向发包方报告的义务。

(4)定期对工程施工项目、场所、设备进行安全检查,并将发现的问题及整改情况报告发包方。

(5)制定工程施工安全技术措施或作业规程,并报发包方备案。

(6)按照安全生产相关法律、法规及标准对从业人员进行安全教育培训,保证从业人员掌握必备的安全生产知识、岗位操作技能及应急救援方法。

（7）定期向发包方报告安全生产情况；当工程施工项目中发现或出现重大隐患问题，或者存在有可能危及发包方生产安全的其他情形时，应当立即采取安全防范措施，并及时通知发包方。

（8）一旦发生事故，应当迅速采取应急措施组织抢救，并且注意保护现场，防止事态扩大或发生二次事故灾害。

（9）按照国家有关规定向当地政府、负有安全生产监督管理职责的部门及发包方如实报告事故情况。

4.1.4 发包方与施工单位签订的相关合同中必须包括以下强制性条款：

（1）明确施工单位工程负责人是安全生产第一责任人，工程安全生产负责人是现场安全生产直接责任人。

（2）明确施工单位对发包方相关重要技术资料承担安全保密责任。

（3）执行安全风险抵押金制度。承担公路养护的施工单位在合同签订以后、施工开始之前，以承揽工程额度 3% 为基准，向发包方交纳安全风险抵押金（履约保证金）；承揽其他项目的相关方，可根据实际情况确定其安全风险抵押金缴纳比例和金额。

（4）有下列情况之一的，发包方有权无条件地解除与施工单位签订的合同并追究由此造成的损失：

①施工单位年度内发生一次死亡 3 人及以上生产安全事故的。

②全年累计发生死亡责任事故或累计死亡 3 人及以上，或连续 3 年发生生产安全责任事故的。

③执行国家安全生产法律法规、方针政策不到位，不服从发包方安全生产监督管理的。

④泄露发包方重要技术资料、生产技术秘密的。

⑤施工单位将承包工程违规分包、转包给不具有相应资质施工单位的。

⑥对安全检查中发现指出的隐患问题拒不整改的。

⑦借用、冒用其他单位资质或挂靠有资质施工单位的。

4.2 材料与设备供应单位管理

4.2.1 采购部门或单位必须选用质量、安全性能符合国家规定的材料与设备。

4.2.2 最终确定材料、设备供应相关方前，必须先查验其相关证照是否齐全有效，并复印留存，将其安全业绩作为比选报告的重要内容。不符合条件的，不得作为比选考虑对象。

4.2.3 对符合条件的相关方，由采购部门或单位与相关方签订合同、承诺、协议等，明确双方责任与安全事项，并建立相关方档案。

4.2.4 材料与设备到场后，由采购部门或单位会同使用部门或单位对其安全技术性能进行验收，需由国家质检、安检、卫生等行业管理单位专门检验的，必须经检验合格后方可验收。对手续不齐全、质量不合格的严禁使用，连续出现不达标、不合格情况的，应解除合同并重新选择其他相关方。

4.2.5 验收合格后，及时将合格手续、质保证件、使用说明等相关资料存档备案，再交付使用。

4.2.6 采购部门或单位会同使用部门或单位对材料、设备供应相关方进行评价，将其安全业绩、质量诚信作为今后是否续签合同的重要依据。

4.3 服务承包相关方安全管理

4.3.1 因工作需要对外发包工程、服务建设项目、聘用劳务人员时，单位主管部门或单位须对承包单位的合法性、技术服务水平及安全资质进行严格审核把关，查验其相关证照是否齐全有效，并复印留存，将其安全业绩作为比选报告的重要内容。不符合条件的，不得作为比选考虑对象。

4.3.2 对符合条件的相关方，由单位主管部门或单位与服务单位签订合同、承诺、协议等，明确双方责任与安全事项，并建立相关方档案。

4.3.3 严禁违规对服务项目进行转包、分包，一经发现，应立即终止合同，重新选择其他相关方。

4.3.4 服务所在部门或单位依据国家相关法律法规、合同、承诺、协议内容及单位安全管理工作要求，对提供服务的相关方人员、设备及作业过程进行监督、检查，对不符合要求的依据相关法律法规、合同、承诺、协议内容及单位安全管理规章制度有关条款进行处置。

4.3.5　服务所在部门或单位应对作业人员进行进场前的安全教育培训,告知其作业过程、环境中可能存在的致险因素与安全须知,并妥善留存相关印证资料。

4.3.6　由单位主管部门或单位对承包服务单位进行评价,将其安全业绩、质量诚信作为今后是否续签合同的重要依据。

4.4　相关方日常监督管理

4.4.1　发包方负责对施工和服务项目负责人、安全生产负责人、安全管理人员及其他管理人员等进行进场或开工前安全教育,主要内容包括单位安全管理规章制度、组织机构、工作要求、危险危害因素、防范处置措施及应急救援预案等。记录内容要坚持实事求是,并要求被教育人员签字确认。

4.4.2　发包方对相关方有关情况进行建档备案。主要内容包括相关方基本情况、营业执照复印件、施工资质证书复印件、安全生产许可证复印件、工程承包合同复印件、安全生产管理协议复印件、相关方安全资格证复印件、工程负责人履历表、法人委托书原件、安全资格证书复印件、项目经理证复印件、安全生产管理人员安全资格证书复印件、主要专业技术人员职称复印件、特种作业人员操作资格证书复印件、特种设备定期检测检验证书复印件等。

4.4.3　相关方必须遵守国家安全生产法律法规及局安全管理有关规定,建立安全生产责任制、安全管理规章制度、施工作业操作规程及事故应急救援预案等。

4.4.4　相关方定期向发包方提供从业人员名单和有关变动情况;相关方工程负责人、安全生产负责人及主要技术人员的使用或变动情况要事先告知发包方。

4.4.5　相关方工程负责人列席参加发包方相关工程项目安委会会议及日常安全生产例会,负责执行落实会议有关决议、安全防范措施;发包方定期对相关方安全生产情况进行监督检查,对发现的隐患问题,及时通知和责成相关方进行整改。

4.4.6　相关方发生事故,必须及时通知发包方,并立即启动生产安全事故应急处置或救援预案,坚持"先救人、后救物"的原则,防止事态扩大,最大限度地减少人员伤亡、降低财产损失,同时注意防范二次事故灾害发生。

4.4.7　发包方接到相关方事故报告后,尽全力主动协助当地政府部门进行事故抢险救援,配合事故调查组进行事故调查、原因分析及善后处理。

4.5　相关方安全提示

4.5.1　公路施工作业路段必须设置安全警示标志,规范布设作业区,符合《道路交通标志标线　第4部分:作业区》(GB 5768.4—2017)、《公路养护安全作业规程》(JTG H30—2015),确保作业人员自身安全与司乘人员行车安全。

4.5.2　相关方应在作业现场张贴安全注意事项。

4.5.3　及时告知外来人员相关方现场安全规定、可能接触到的危害及应急防范知识。

4.6　其他

4.6.1　本制度规定与国家或行业主管部门有关规定不一致时,按国家或行业主管部门有关规定执行。

4.6.2　本制度规定由本级公路养护单位负责解释并适时修订。

5　记录

5.1　相关方登记表见附表 A-4。
5.2　相关方表现评价表见附表 A-5。
5.3　施工单位安全资质审查表见附表 A-6。

相关方登记表

附表 A-4

相关方名称	联系人			主要服务内容	起止时间	备注
	姓名	职务	电话			

相关方表现评价表

部门(单位)：_____

附表 A-5

相关方名称：			
评审内容		表现评价	
		可接受	不可接受
危险控制	1. 现场管理秩序		
	2. 设备、人员防护		
	3. 风险管控能力		
	4. 作业许可资质		
	5. 个人防护用品		
火灾控制和环境卫生	1. 化学品危害控制防范		
	2. 易燃和易爆物品、材料管控		
	3. 火灾预防与消防管理		
	4. 废物垃圾收集与处理		
安全计划	1. 安全生产教育培训		
	2. 安全会议部署执行		
	3. 安全生产检查落实		
	4. 应急处置救援预案(演练)		
	5. 事故调查和报告		

续上表

评审内容		表现评价	
		可接受	不可接受
安全表现	1. 伤亡责任事故情况		
	2. 安全质量诚信情况		
	3. 违规违章行为情况		
	4. 其他安全业绩情况		
	5. 整体综合评价情况		
评审部门（单位）			
		年　月　日	

施工单位安全资质审查表　　　　　　　　　　　　附表 A-6

项目承包单位		（单位盖章）	
外来承包、承租单位	名称		
	地址		
	组织机构代码		邮政编码
	专/兼职安管员数量		从业人员数量
	主要负责人		经济类型
	联系人		联系方式
单位工程项目部	名称		
	地址		
	项目部负责人		邮政编码
	联系人		联系方式
安全生产条件审查	安全生产资质条件	证书编号或材料证明	审查情况是否符合
	安全生产许可证		是□　否□
	主要负责人安全资质条件		是□　否□
	现场专职安全员资格证书		是□　否□
	安全生产风险抵押金材料		是□　否□
	安全生产责任制及规章制度		是□　否□
	法人授权委托书		是□　否□
	项目部负责人安全资质条件		是□　否□
	管理机构设置及人员配备		是□　否□

续上表

	安全生产资质条件	证书编号或材料证明	审查情况是否符合
安全生产条件审查	特种作业人员资格证书		是 □ 否 □
	特种设备检验检测证明		是 □ 否 □
	工作人员社保记录（工伤）		是 □ 否 □
	工程一切险及第三方责任险		是 □ 否 □
	项目部备案资料真实性承诺书		是 □ 否 □
审查意见	审查人（签字） （盖章） 年　月　日		

附录 A-8　安全生产标准化评价管理制度

1　目的

为确保安全生产标准化工作质量，验证各项安全生产制度及措施的科学性、适宜性、有效性和可操作性，更好、更高效地指导安全目标与指标的完成，并为安全生产标准化工作的持续改进与提升提供依据，特制定本制度。

2　适用范围

适用于公路养护单位安全生产标准化工作的评价与管理。

3　职责

3.1　单位成立安全生产标准化评价管理工作领导小组（以下简称领导小组），组长由分管安全生产的副职领导担任，负责全盘指导安全生产标准化评价管理工作，安全生产委员会办公室负责具体承办：
（1）制订安全生产标准化评价工作计划。
（2）编制安全生产标准化评价工作报告。
（3）负责安全生产标准化评价工作。
（4）提出不符合项报告，对不符合项纠正措施进行跟踪和验证。
（5）及时向单位领导汇报安全生产标准化评价管理工作结果。
3.2　单位其他部门有义务配合安全生产标准化评价管理工作并提供相关支持和帮助。

4　管理规定

4.1　工作时限

安全生产标准化实施后，每年至少应组织一次安全生产标准化工作评价。当出现下列情形之一时，领导小组及时组织安全生产标准化评价：
(1)组织机构、管理机制、工作过程发生重大变化。
(2)出现重大事故。
(3)法律、法规及其他外部要求的重大变更。
(4)接受外部评审认定之前。

4.2 人员要求

领导小组及参与安全生产标准化评价管理工作的成员必须积极参加相应培训和考核，具备以下能力：
(1)熟悉相关的安全与健康法律、法规、标准。
(2)接受过安全生产标准化规范评价技术培训。
(3)具备与评审对象相关的技术知识和技能。
(4)具备操作安全生产标准化评价工作过程的能力。
(5)具备辨别危险源和评估风险的能力。
(6)具备安全标准化评价工作所需的语言表达、沟通及合理的判断能力。

4.3 安全生产标准化评价依据

国家有关安全生产法律、法规、标准、规范和安全生产标准化管理文件等。

4.4 安全生产标准化评价范围

单位各部门、下属各单位全部工作过程。

4.5 安全生产标准化评价前的准备

(1)安委办在评价前先向单位领导提交安全生产标准化评价工作计划，经批准后施行。
(2)安全生产标准化评价计划编制要兼顾严肃性及灵活性，其内容主要包括目的、范围、方法、依据及工作部署安排。
(3)领导小组根据安全生产标准化评价计划收集审阅有关文件，编制安全生产标准化评价检查表，检查表要列出评定项目、依据、方法，确保无遗漏，使评定能顺利进行。
(4)各单位、部门接到安全生产标准化评价计划后，应提前做好相关准备。

4.6 安全生产标准化评价的实施

4.6.1 在首次会议时，应做好以下工作。

(1)由领导小组组长主持，单位领导、各单位、部门负责人及工作人员参加，做好会议记录。
(2)领导小组组长介绍安全生产标准化评价计划安排，包括目的、范围、依据、评定方法、工作程序等。

4.6.2 在现场评价时，应做好以下工作。

(1)首次会议结束后，进入现场评价。领导小组根据安全生产标准化评价检查表采用观察、交谈、询问、查阅有关文件等方法实施现场评价，并做好客观证据的记录。对发现的不符合项，应由受评价部门的人员确认。
(2)在评价过程中，由领导小组召开安全生产标准化评价内部会议，讨论现场评价中的有关问题，确定不符合项及纠正、改进措施要求。

4.6.3 在末次会议时，应做好以下工作。

(1)由领导小组组长主持，单位领导、各单位、部门负责人参加，做好会议记录。
(2)领导小组组长报告安全生产标准化评价结果，宣读不符合项及纠正、改进措施要求，并宣布本次安全生产标准化评价结论。
(3)单位领导总结本次安全生产标准化评价的整体情况，并对纠正、改进措施提出整改期限要求。
(4)末次会议结束后，责任单位、部门负责人签字并领取整改通知书。

4.6.4 在纠正措施及验证时,应做好以下工作。

(1)责任单位、部门在接到不符合项后,应针对不符合项进行原因分析,制定切实可行的纠正、改进措施,按照期限组织落实。

(2)领导小组负责对责任单位、部门的纠正、改进措施完成情况进行跟踪和验证。

4.7 安全生产标准化评价报告

安全生产标准化评价工作结束后,领导小组根据安全生产标准化评价结果编写评价报告,经单位领导审批后分发到各单位、部门。安全生产标准化评价报告的内容包括如下:

(1)安全生产标准化评价的目的、范围、依据。

(2)本次安全生产标准化评价过程总结。

(3)各项安全生产制度、措施的科学性、适宜性、有效性和可操作性。

(4)安全生产工作目标、指标完成情况。

(5)存在的问题及改进要求、意见、建议等。

4.8 评价资料管理

4.8.1 对于实施纠正、改进措施所取得的实效及引起文件变更,按照安全生产标准化管理有关规定执行。

4.8.2 安全生产标准化评价过程记录由安全生产委员会办公室保管。

5 记录

5.1 安全生产标准化评价计划见附表 A-7。

5.2 安全生产标准化评价检查记录见附表 A-8。

5.3 安全生产标准化评价整改通知书见附表 A-9。

5.4 安全生产标准化评价报告见附表 A-10。

安全生产标准化评价计划　　　　　　　　　　　　　　　　　　　　附表 A-7

评价目的	
评价范围	
评价准则	
评价方法	
评价时间安排	
评价组组成	
评价内容	

编制:	审核:	审批:
日期:	日期:	日期:

安全生产标准化评价检查记录

附表 A-8

受评价部门		评价人员	
面谈人员及职务		评价日期	
序号/检查事项/标准条款/客观记录/是否合格			

安全生产标准化评价整改通知书

附表 A-9

受评价部门		评价日期	

不合格事实：

不符合：

检查人员：   年 月 日

不合格原因分析：

责任部门负责人：   年 月 日

采取的纠正、改进措施：

责任部门负责人：   年 月 日

验证情况：

验证人：   年 月 日

批示：

管理者代表：   年 月 日

安全生产标准化评价报告

附表 A-10

评价目的	
评价范围	
评价准则	
评价日期	
评价人员	

评价概述：

不符合项统计和分布：

评价结论：

纠正、改进措施要求：

报告分发对象：

编制： 日期：	审核： 日期：	审批： 日期：

附录 A-9　办公楼安全管理制度

办公楼安全管理制度的内容包括如下：
(1) 办公楼内禁止吸烟，防止引发火灾事故。
(2) 下班或长期外出办公室人员要断电、关窗，防止发生漏电事故或盗窃事件。
(3) 办公室个人物品（如手机、钱包等）勿随意放置，尽量随身携带或放进办公柜。下班后个人贵重物品不得放在办公室内，以防被盗。办公抽屉及办公室门钥匙应随身携带，不得随意转交他人。
(4) 保持办公室门窗完好，通风、照明良好，电器设备工作正常。如有破损或异常要及时通知更换、修理，防止事故发生。
(5) 下班离开时，必须关锁门窗，注意查看各办公室电灯、计算机、打印机、空调、饮水机等用电用水设施是否关闭、电源是否拔掉。查看办公室印章、文件、贵重物品存放是否安全可靠，烟头是否熄灭，确认无误后离开。
(6) 发现隐患问题或可疑人员、物品及其他异常情况及时报告。
(7) 办公楼内严禁存放易燃易爆物品。
(8) 办公楼内消防设施定期检修、更换，全员熟练使用。

附录 A-10　财务安全管理制度

1　财务工作安全管理制度

1.1　单位财务人员在办理货币资金业务时，要严格执行货币资金、资金结算等方面的相关规定，确保资金安全。库存现金不得超过最高库存限额，超过库存限额的现金应及时送存开户银行。每天下班后须将保险柜密码打乱，并做好保险柜密码保密工作。

1.2　申请付款及授权支付不能由同一人操作。电子钥匙密码应由财务部门负责人、会计、出纳分别掌握并严格保密。

1.3　空白财务票据应由出纳管理、妥善保管，防止发生票据丢失现象。加强结算票据的管理，空白结算票据不得预先加盖预留印鉴，防止空白票据的遗失和被盗用。妥善保管票据，做到"三专"（专人、专室、专柜）、"六防"（防火、防盗、防霉、防蛀、防鼠咬、防丢失）。

1.4　出纳负责对银行开户的财务印鉴妥善保管，使用时取出，下班时应放入保险柜。不得将印鉴放置在桌面上，不得由他人代管，以防止盗盖、盗用。建立印鉴使用登记制度。非银行结算业务使用印鉴必须经领导签字同意，并进行登记。单位财务公章及法人名章分别管理。

2　财务软件安全管理制度

2.1　树立网络安全意识，正确使用财务网络系统，上机操作的每个行为都要考虑到财务系统的安全，避免发生因操作不当损坏财务数据库，造成整个财务网络系统瘫痪。

2.2　应使用固定财务专用机进行电算化系统的操作，不得与公用机混用。连接财务电算化系统的计算机应做到专人专机，每台计算机均应设置账务系统登录密码和屏保密码。操作人员离开工作位要退出账务系统，长时间离开办公室或下班前一定要关闭电脑。不允许使用财务专用计算机访问电算化网络以外的网络，也不允许使用公用机访问财务网络，避免账务电算化网络系统受到破坏。

2.3　所有财务专用机不得随意使用外来存储介质，避免感染计算机病毒，威胁财务管理网络系统及财务数据。确有需要，则必须先杀除存储介质病毒（不论有无病毒），然后再使用。

2.4 发现计算机操作异常,如反复启动、死机、启动过程太慢等,应及时关机停止使用并与系统管理员联系、处理。

2.5 凡具有数据库及数据表管理权限的人员应定时、定期将财务数据、文档等重要文件在不同磁盘(物理盘)上建立备份(每月月底备份)。

2.6 应根据软件提供的功能和工作需要设置操作人员操作权限和密码,操作人员必须对自己的操作密码应严格保密,不得泄露。

2.7 对正在使用的会计核算软件进行修改、升版和计算机硬件设备进行更换时,要履行一定的审批手续。在软件修改、版本更新和硬件更换过程中,要保证会计数据的连续性和完整性,并由软件方人员进行审查。

2.8 计算机和打印机应每周全面检查一次,并定期进行清洗。

2.9 财务系统上的所有文件、数据为单位所有,未经授权,任何人不得随意复制、打印、传播。其他外来人员需要复制的,必须经财务负责人同意。

3 财务工作场所安全管理制度

3.1 财务工作人员不得带领与工作无关的人员进入财务部门。

3.2 财务审计部门办公室必须安装有效的防盗门、防盗窗,配置保险柜、防火设施等,以确保现金、印章、发票、银行票据、会计资料等档案的安全、完整。

3.3 严禁在财务工作场所使用大功率、超负荷的电器设备,财务室禁止吸烟。

3.4 工作人员在下班前应检查办公室水、电器设备及窗户是否关好,离开时将门锁好。

附录 A-11　养护作业安全管理制度

1 目的

为加强公路养护工程作业安全生产管理力度,规范养护工程安全作业程序,保障公路养护人员和养护设备的安全,促进公路养护事业的发展,根据《公路养护技术规范》(JTG H10—2009)和《公路养护安全作业规程》(JTG H30—2015),结合单位实际情况,制定本制度。

2 适用范围

适用于公路养护管理及施工单位养护作业的安全管理。

3 职责

3.1 地州公路养护单位负责对养护工程进行安全管理及监督。

3.2 所属市、县公路养护单位负责日常公路养护作业安全管理及第三方施工安全生产监管工作。

4 管理规定

4.1 养护作业管理分为长期养护作业、短期养护作业、临时养护作业、移动养护作业。

4.1.1 长期养护作业是指定点作业时间大于24h的各类养护作业。

4.1.2 短期养护作业是指定点作业时间大于4h且小于或等于24h的各类养护作业。

4.1.3 临时养护作业是指定点作业时间大于30min且小于或等于4h的各类养护作业。

4.1.4 移动养护作业是指连续移动或停留时间不超过30min的动态养护作业,分为机械移动养护作业和人工移动养护作业。

4.2 地州公路养护单位养护管理部门需对所属市、县公路养护单位或第三方在长期养护作业实施前的安全生产实施方案进行审核、批准。

4.3 所属市、县公路养护单位或第三方在长期养护作业实施准备阶段应征询当地交管部门及路政部门意见,必要时可向交警或路政提出协助交通管控申请。

4.4 所属市、县公路养护单位或第三方对长期养护作业需封闭交通的,开工前5日,需在电台、报纸、网络等媒体发布工程施工公告,同时报地州公路养护单位主管部门申请正式开工。

4.5 地州公路养护单位批准开工的养护工程,在开工前养护管理部门及所属市、县公路养护单位、养护工程参与方就施工及安全有关事项进行交底并做好相关记录。

4.6 所属市、县公路养护单位或第三方养护施工单位安全作业区的布设、撤除由市、县公路养护单位负责监督管理,所属市、县公路养护管理单位还应做好管辖路段养护作业区安全设施的巡查、扶正、矫正、补充、更新等工作。

4.7 所属市、县公路养护单位或第三方在养护作业区布设阶段应对养护作业区段内的安全设施进行检查,对安全设施不具备警示作用的应及时更换,对作业区布设不规范的及时调整。

4.8 所属市、县公路养护单位或第三方在养护作业开工前由市、县公路养护单位对养护作业人员(含机械、车辆驾驶人员)进行岗前安全教育、警示,并做好安全交底记录。

附录 A-12 养护工程安全管理制度

1 目的

为加强公路养护工程质量、工期和工程费用的管理和控制,提高公路投资效益及工程管理水平,确保养护工程管理规范、质量安全可靠、使用耐久,达到降低养护成本、提高公路使用寿命的目的,特制定本办法。

2 适用范围

适用于公路养护单位养护工程的管理。

3 职责

公路养护单位公路养护工程领导小组负责养护工程的组织实施、监管、计量支付及工程验收工作。

4 管理规定

4.1 报批、招标及合同安全管理

4.1.1 养护管理部门上报上级主管部门下一年度公路养护的项目。

4.1.2 较小的养护工程项目由公路养护单位养护部门负责招标,通过公开招标确定施工单位,全程由纪检监督。为了保证项目在最有利季节安排施工,所有养护工程宜在第二季完成招标工作,以保证年度计划的完成。

4.1.3 公路路基类养护工程项目中除特殊路基处理等较大的路基维修工程宜要求投标人具有公路路基专业承包一级资质外,其他防护、排水等养护工程项目宜要求投标人具有公路二级总承包资质;公路路面类养护工程项目宜要求投标人具备公路路面专业承包一级资质;桥梁养护工程项目宜要求投标人具备公路桥梁专业承包一级资质或公路总承包二级资质;交通安全设施类养护工程项目宜要求投标人具备交通工程专业承包交通安全设施分项资质;绿化类养护工程项目宜要求投标人具有二级以上城市园林绿化工程资质;其他房建类养护工程按国家有关规定执行。

4.1.4 公开招标的养护工程实行合同管理制度。与施工、监理单位必须签订相应合同协议书,明确各方职责,同时签订廉政、安全生产合同协议书。

4.2 养护工程管理机构

4.2.1 养护工程实行养护工程项目管理制度,严格按照上级主管部门批复的工程完成时间和费用实施。成立公路养护工程领导小组,由单位主要领导任组长,分管副职领导任副组长,养护管理部门负责协调实施,项目工程师具体负责项目的质量、进度、支付等管理工作;所属市、县公路养护单位对其实施的养护工程全权负责。

4.3 公路养护工程,实行工程质量和安全生产监理和监督制度

4.4 养护工程实施管理

4.4.1 在实施前应做好以下准备工作。

(1)养护工程实施前,养护管理部门应要求承包人按路政、交警有关规定办理公路养护施工相关手续。

(2)养护工程施工单位在开工前必须按照《道路交通标志和标线 第4部分:作业区》(GB 5768.4—2017)标准,并结合《公路养护安全作业规程》(JTG H30—2015)制订养护作业区布设方案及应急处置方案,对较大规模的路面养护施工及桥梁养护施工必须有完善的应急处置预案。

(3)养护工程领导小组有关人员对承包人提交的开工报告进行审查,对现场人员、设备(包括试验设备)、材料到场及施工组织设计等进行检查,确认合格后方可开工。

4.4.2 在施工过程中应做好以下管理工作。

(1)监理人员管理。

①工程开工后,监理人员督促施工单位严格遵守合同各项条款,按国家规范及合同规定的质量标准施工,对不符合施工要求的,责令施工单位停工整改,合格后方可继续施工。

②组织施工单位先做试验段,验收合格后再全面实施,并监督施工单位按监理规范和招标文件要求填写施工记录、检测记录和试验记录。

③监理人员应每日检查施工质量,填写施工检查记录,及时处理质量问题。

④监理人员对进场的工程材料技术指标(包括规格型号、杂质含量等)进行监督检查,对钢筋、水泥、沥青等主要材料,除检查出厂合格证外,还须做好第三方抽样检测并出具检测报告。

(2)公路养护工程领导小组管理。

①检查工程进度情况,当工程未能按原计划进行时,及时向施工单位下达整改指令,提出整改要求和措施。

②加强协调工作,通过会议、文件、现场协调等方式,及时处理工程施工中出现的技术、质量、工程进度等问题,并做好工程相关的文件、资料的安全管理。

③在施工期间,监督施工单位严格按照安全作业区布设要求摆放标志,严格遵守交警、路政部门有关规定,确保施工路段公路的安全畅通。

④要求施工单位加强养护施工现场管理,落实养护施工安全责任,做好现场施工内容、施工单位名称、业主单位负责人、路政协调负责人、施工期限等相关信息的公示。

⑤加强养护工程履约管理,对施工单位的质量、进度、安全、廉政建设、承诺人及监理单位的廉政建设、承诺人作为履约管理的重点,严格按照合同文件进行定期检查,做到有检查、有记录。

(3)对施工、监理单位未经批准降低合同标准或随意更换人员、设备的,除严格按照合同文件规定进行处罚外,还将进行通报;情节严重的,上报上级管理单位,列入信用管理黑名单。

(4)对于施工技术复杂及重要的养护工程项目,根据上级主管部门的要求,将委托有资质的试验检测机构对实体工程和原材料质量进行抽检。

(5)养护工程施工期间,要严格落实公路养护工程安全畅通责任制,加强对施工现场的安全管理,保证公路安全畅通,严禁因养护施工管理不到位引发的安全生产责任事故。

(6)遇有特殊情况需撤出施工现场的,应按照交警或路政的要求,将施工设备撤出并清理施工现场。

4.5 工程变更管理

工程变更应由公路养护工程领导小组办公室、设计代表、监理、施工单位共同察看现场,拟定变更方案及费用。

4.5.1 工程范围和规模未发生变化,且变更金额不超过20万元的,由养护工程领导小组办公室审批,并报上级主管部门。

4.5.2 工程范围和规模发生变化,或变更金额超过20万元的,上报上级主管部门审批。

4.5.3 变更时限。

(1)变更提出后,由养护工程领导小组办公室、设计代表、监理、施工单位在一周内完成现场核定。

(2)现场核定两周内将变更手续上报上级主管部门。

4.5.4 变更审批程序。

(1)承包人提出的变更审批程序:

申请人提出变更申请,陈述变更原因→设计单位提交变更图纸和预算以及增减金额计算报告→总监办核查→公路养护工程领导小组审核→上报上级主管部门审批。

(2)设计部门提出的变更程序:

书面申请→上级主管部门批准→设计单位设计→上级主管部门审批→监理工程师下达变更指令→承包人执行。

(3)建设单位提出的变更程序:

书面通知→设计单位设计→上级主管部门审批→监理工程师下达变更指令→承包人执行。

4.6 计量支付程序管理

养护工程实施单位根据合同文件的约定,编制计量报表,经监理审核后上报养护工程领导小组,经养护工程领导小组审核后上报上级主管部门,按照相关规定进行支付。

4.7 工程验收管理

公路养护工程完工后必须进行质量鉴定和工程验收,质量鉴定和验收工作严格执行部颁《公路工程(交)工验收办法与实施细则》(交通部2004年第3号令、交公路发〔2010〕165号)。

4.8 养护工程档案资料管理

养护工程档案严格按单位档案管理要求归档。

4.9 质量保证金管理

公路养护工程实行质量保证金制度,自工程完工交付使用之日起,缺陷责任期为1年;对于特殊类养护工程,自工程完工交付使用之日起,缺陷责任期为2年。

5 相关文件

5.1 《道路交通标志和标线 第4部分:作业区》(GB 5768.4—2017)。

5.2 《公路工程竣(交)工验收办法与实施细则》(交通部2004年第3号令、交公路发〔2010〕65号)。

5.3 《公路工程建设项目招标投标管理办法》(交通运输部令2015年第24号)。

5.4 《公路养护工程管理办法》(交公路发〔2018〕3号)。

5.5 《公路养护安全作业规程》(JTG H30—2015)。

5.6 《新疆维吾尔自治区公路管理局公路养护大中修工程管理办法》(新公管总工〔2016〕271号)。

附录 A-13　养护安全检查操作规程

(1)熟悉国省干线公路安全作业规范、标准。

(2)上路作业前,检查作业人员穿着标志服情况,确保进入公路现场作业人员穿着标志服、戴安全帽,并对上路作业人员进行岗前安全交底;严禁养护作业人员酒后上岗。

(3)检查需占用行车道或需长时间占用应急车道时,应提前安排养护单位按规范设置作业控制区。

(4)车辆在巡查时必须开启警示灯具,车速控制在40~50km/h,原则上应在应急车道内行驶,否则应在第二车道内行驶,与前车保持不小于100m的安全距离。在夜间、恶劣天气时应打开警示灯具及车辆示宽灯,并与前车距离保持在200m以上,以确保安全;在遇雨、雾、雪及能见度小于200m等恶劣天气时,应停止公路人工巡查。

(5)行车中车内人员须系好安全带,应提前告知驾驶员停车位置,以便驾驶员能提前减速、变换车道,避免紧急制动导致交通事故。

(6)车辆临时停靠在紧急停车道或港湾式停靠带内时,检查人员应从右侧下车检查,车辆与检查地点保持30m距离,并开启危险警报灯(双跳灯);进入封闭车道,应提前要求养护单位在下游过渡区内打开开口,车辆顺行至下游过渡区后,倒车进入。

(7)检查人员应在施工隔离区域内活动,不得横穿公路,随时关注控制区外的车辆通行情况及周围地形,选定自己最恰当的紧急避险位置;横穿公路时,应观察视线范围内车辆行驶状态,确认安全后快速通过。

(8)检查公路边坡时,检查人员要时刻注意脚底情况,避免摔跤;检查涵洞、小桥时要佩戴安全帽并携带手电筒等设备。

(9)除紧急情况外,检查结束后,检查人员应立即上车,不得长时间原地滞留,避免车辆在某一地点长时间停留。

(10)在进入专项工程工地检查时,车辆应停放在专用停车区,人员应佩戴安全防护用品,按安全警示引导标志,由工地专用便道或通道进入施工现场;在检查房建设施、桥梁构造物时,应防范坠落或坠落物打击,人员必须系安全带、戴安全帽;在邻崖邻水山区公路检查时,应有地面人员协助观察可能出现的危险,避免对检查人员造成伤害;当检查人员身体不适时,严禁登高作业检查。

(11)在检查过程中,如遇事故,应及时上报,并做好人员救助及人员疏散,避免引发二次事故。

(12)检查中发现路面抛洒物及行人等安全隐患,应立即报告有关部门处置,及时消除公路安全隐患。

(13)路面安全检查时,检查人员应面向来车方向,即逆车向检查,观察车辆行驶状态,随时进行紧急避险。

附录 A-14　路面保洁安全操作规程

(1)作业前,必须对作业人员进行安全提示和技术交底,内容包括路面保洁作业的危险性、自身安全防范的必要性及其他需要注意的安全事项,作业人员必须穿戴有明显反光标志的工作服。

(2)清扫路段时,应按照《道路交通标志和标线　第4部分:作业区》(GB 5768.4—2017)、《公路养护安全作业规程》(JTG H30—2015)要求进行保洁作业。

(3)进行路面保洁作业时,应选择交通量较小的时段沿路肩清扫,作业人员清扫时应面向来车方向,即逆车向清扫。

(4)严禁作业期间扎堆聊天、追逐打闹、戏耍或坐在作业区停放的车内；在作业过程中需休息时，作业人员不得在路肩、护栏边上休息，必须在距路肩20m以外的安全区域内休息。

(5)在大雪、雨雾、冰冻等恶劣天气状况下，作业人员不宜在路面上进行保洁作业。

附录 A-15 收费广场安全管理制度

1 目的

为加强收费安全生产管理，保障职工人身安全和单位财产安全，特制定本规定。

2 适用范围

适用于收费站收费广场的安全管理。

3 职责

收费稽查部门负责收费广场安全管理制度的制定，所辖收费站负责执行。

4 管理规定

4.1 收费广场必须安装监控、照明设施，收费设施应设置合理，各类交通标志应规范设置。夜间广场(车道)照明应能满足安全行车、收费操作和录像监控的需要。

4.2 遇冰、雪、雾等恶劣天气时必须开启车道雾灯；当收费广场(车道)出现结冰、积雪、积水、交通事故时，应及时除冰、排水、洒融雪剂、铺草垫、清障，做好交通疏导，确保行车安全。

4.3 收费广场工作人员应关注广场周边情况，遇有闲杂人员及车辆逗留时，及时劝离，发现异常情况应及时上报。

4.4 工作人员进入收费广场时必须着反光背心，一定要做到"一停、二看、三通过"；在处理特殊情况时，应选择安全的地点，监控员应利用摄像头全程跟踪。

4.5 工作人员检查绿色通道时，应两人或两人以上同时检查，在关闭信号灯、放置反光锥桶、关闭车道手动栏杆，确认后方无车的情况下，方可查验。

4.6 工作人员清扫收费广场时，应身着反光马甲，面朝来车方向，清扫车道时应关闭相关信号灯、放置反光锥桶、关闭车道手动栏杆。

4.7 关闭不用车道手动栏杆和信号灯。

附录 A-16 收费站(车道广场)安全管理规范及安全设施摆放标准

1 管理规范

1.1 坚持"安全第一，预防为主，综合治理"的方针，加强安全生产的组织领导，建立以收费站党政主要领导为第一责任人的安全网络，做到职责分明，层层落实。

1.2 抓好安全生产宣传和教育，组织开展安全生产学习培训，不断增强职工的安全责任意识，做到警钟长鸣，常抓不懈。

1.3 按照规定发放和正确使用防护用品，不准擅自变更制式、不按规定穿戴，对设备防护装置，不得擅自转移和拆除，严禁操作人员无证上岗。

1.4 将安全生产纳入绩效考核,定期进行安全检查,发现和整改事故隐患,做到奖罚严明。

1.5 建立和完善设备安全操作规程,积极开展岗位练兵,及时推广安全生产先进经验,提高职工实操能力。

1.6 每月召开一次安全生产例会,分析安全生产阶段性工作,查找不足,提出整改意见。

2 收费站通勤班车安全乘车规范

2.1 收费站委派专人对通勤班车运营情况进行核查,了解和掌握车辆运行基本情况。

2.2 职工乘坐车辆时,由安全员监督、提示、确认职工系安全带情况。

2.3 车内禁止吸烟,禁止携带易燃、易爆及危险化学品上车。

2.4 收费站对班车驾驶员行车安全进行监督,对驾驶员疲劳驾驶、超速行驶、行车接打电话、抽烟、聊天等不安全行为劝阻未果的,可要求予以调换。

2.5 对不听劝阻,酒后上岗或有酒驾嫌疑的驾驶员,报公安交警部门处理。

3 收费站执勤人员安全规范

3.1 执勤人员按规定列队参加岗前安全提示。

3.2 执勤人员上岗时间内按规定穿安全标志服、持对讲机、佩戴头盔。

3.3 执勤人员晚班时间须佩戴肩灯等夜间安全警示标志。

3.4 执勤人员严格履行交接班制度,做好值班与接班记录。

3.5 车道发生故障或突发事件时,设备维护员、执勤人员、安全员需第一时间到场,按照要求摆放安全警示标志,同时上报主管领导。

3.6 车道发生故障或突发事件时,执勤人员应及时做好车辆疏导工作,保障车辆安全有序通行。

3.7 对工作区域内发生事故的车辆,执勤人员应设置安全警示标志,保护现场并报交警处理。

3.8 执勤人员应每2h对收费广场、车道等巡视一次,对监控发现的广场异常情况要及时处理,发现重大问题及时向主管领导报告。

4 收费员上下岗安全管理规范

4.1 上岗前,值班长对班组人员进行安全提示,在有地下通道的收费站,收费员必须从地下通道进出收费岗亭;无地下通道的收费站,收费员必须着安全标志服,按照"一停、二看、三通过"的原则,由安全员引领进出收费岗亭。

4.2 收费员进出收费岗亭前,应注意观察车辆行驶状态,发现险情迅速采取紧急避险措施。

4.3 检查绿色通道车辆时,收费员必须穿着安全标志服,绕外围走到车后,严禁走车辆内侧,以防溜车受到伤害。

5 收费车道及广场安全设施摆放标准

5.1 ETC 车道安全维护

关闭故障车道,在距离收费岛头50m处布设警告区并设安全警示标志,提示车辆减速。在距离收费岛头13m处设上游过渡区,布设闪光箭头警示灯;在距离收费岛头15m处设缓冲区并布设安全锥桶。ETC车道安全维护示意图如附图A-1所示。

5.2 超宽车道安全维护

关闭超宽故障车道,在距离收费岛头50m处布设警告区并设置安全警示标志,提示车辆减速。在距离收费岛头13m处设上游过渡区,布设禁止长时间停车标志;在距离收费岛头15m处设缓冲区并布设安全锥桶。超宽车道安全维护示意图如附图A-2所示。

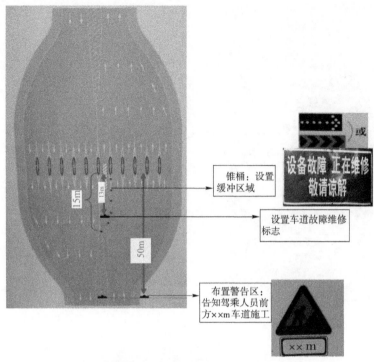

附图 A-1 ETC 车道安全维护示意图

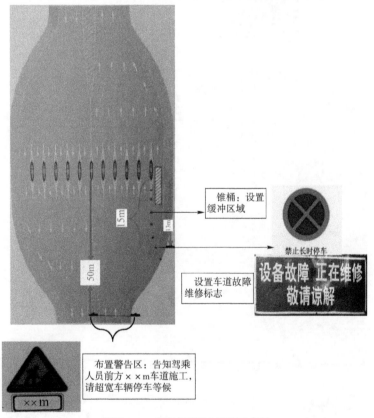

附图 A-2 超宽车道安全维护示意图

5.3 中间车道安全维护

关闭中间故障车道,在距离收费岛头 50m 处布置警告区设安全警示标志,提示车辆减速。在距离收费岛头 13m 处设上游过渡区,布设两侧绕行警示标志;在距离收费岛头 15m 处设缓冲区,布设锥桶。中间车道安全维护示意图如附图 A-3 所示。

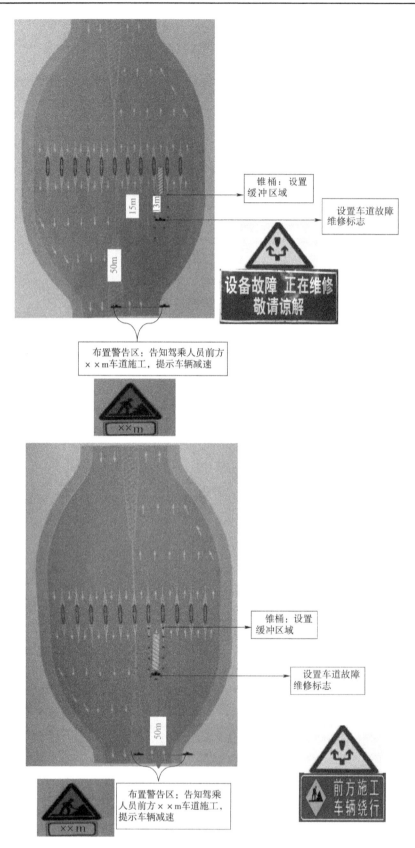

附图 A-3　中间车道安全维护示意图

5.4　收费广场施工控制区布置

关闭受施工作业影响的收费车道,布置养护作业控制区,摆放锥桶设置缓冲区域,摆放车道故障维修标志。在距离作业区 50m 处布置警告区设安全警示标志,提示车辆减速绕行。

附录 A-17　收费岗亭安全管理制度

1　目的

为加强收费安全生产管理,保障职工人身安全和单位财产安全,特制定本制度。

2　适用范围

适用于公路养护管理单位所辖收费站、收费岗亭安全管理。

3　职责

收费稽查部门负责收费岗亭安全管理制度的制定,所辖收费站负责执行。

4　管理规定

4.1　收费岗亭应安装监控、报警和消防等安全设施。

4.2　收费员必须严格遵守收费设施使用、维护、操作规范,不得违规操作;严禁随意拆卸收费设施、设备。当设备有损坏时应立即上报监控室。

4.3　当班人员不得随意离岗、脱岗,无关人员不得进入收费岗亭。

4.4　控制收费岗亭内温度,保证通信、机电、安全设备正常运转。

4.5　定期对收费岗亭安全设施进行检查,检查防盗门、消防设施是否完好,收费岗亭内监控设施、报警装置是否工作正常,发现隐患及时整改。

4.6　收费岗亭桌面应保持干净、整洁,严禁将装有液体的物品放在操作台面上,造成安全隐患。

4.7　遇雷雨天气时,应及时关闭闲置车道机电设备电源,避免设备损坏。

5　记录

收费岗亭交接手册。

附录 A-18　服务区安全监督管理制度

1　目的

为加强服务区营运服务安全生产管理,保障职工人身安全和单位财产安全,特制定本制度。

2　适用范围

适用于公路养护管理单位所辖服务区运营服务安全管理。

3　职责

收费稽查部门负责服务区营运安全制度的制定,所辖服务区负责执行。

4　管理规定

4.1　收费稽查部门对所辖服务区营运服务安全生产工作每月进行一次全面检查,发现隐患,责令限期整改,收费稽查部门对整改情况进行抽查。

4.2 服务区每月安全生产检查不少于4次,现场管理人员每日对服务区运营服务安全管理工作检查不少于1次。

4.3 服务区应设立机电设备台账。现场管理人员每日对配电室、发电机房、锅炉房等机电设备检查时,按台账要求检查设备的安全运行情况,确保设备运行正常,性能完好。

4.4 服务区现场管理人员每日对监控设施及照明设施进行一次巡检,确保设备运行正常,如遇故障负责上报检修。

4.5 定期检查服务区消防安全,确保消防器材及设施完好,工作人员能熟练使用消防器材,危险化学品车辆进入服务区必须停靠在指定安全区域。

4.6 做好对服务区加油、加气站及商户的消防安全督导检查工作。

附录 B 公路养护单位典型危险源辨识参考清单

附表 B-1

序号	工作活动/场所/设施、设备	危险源名称	可能导致的事故和危害	备注
1	养护管理	工程项目组织不严密,监管不到位	公路项目现场管理混乱,安全措施不到位,工程质量与安全存在先天不足	较大风险
2	养护管理	涉及质量、安全、进度等重大问题研究不及时,制定措施有效性不到位	公路项目现场管理混乱,安全措施不到位,工程质量与安全存在先天不足	较大风险
3	养护管理	未按要求对项目进行现场监督,监督检查不认真,督促整改落实不到位	公路项目现场管理混乱,安全措施不到位,工程质量与安全存在先天不足	较大风险
4	养护管理	未组织培训,培训针对性、有效性不强	养护施工人员不熟悉工作环境中风险要素、防范措施,导致发生事故的概率增加	较大风险
5	养护管理	检查不及时,危桥处置不及时或未及时上报上级部门	未及时检查、处置造成危桥技术状况下降,对行车安全产生影响	较大风险
6	养护管理	专项应急预案不完善,突发事件应急处置不及时	发生公路突发事件时应急指挥混乱,效率低下,造成事态恶化或损失扩大	
7	养护管理	巡查不及时,应发现未发现,记录不准确	巡查发现影响行车安全或桥梁病害,未及时上报并做好处置工作	较大风险
8	养护管理	现场处置不及时、不规范,报告不及时	养护路段发生桥涵损坏、水毁、雪灾等影响安全的事件,第一时间现场应急处置,并向上级报告情况	较大风险
9	养护管理	未建立安全隐患台账,数据不更新,隐患治理督促不力	公路养护单位管理人员不熟悉工作中的风险隐患现状,监督检查滞后,造成工作环境中的不安全因素增加	
10	公路养护作业现场	生产工具(或小型机具)和材料领取或装载的种类、数量和性能不能满足工作需要	影响工作效能和工作质量,或者不能完成工作任务	
11	公路养护作业现场	生产工具(或小型机具)和材料装卸时,人员配合不当或操作失误	造成人员手、脚、腿等部位受到伤害	
12	公路养护作业现场	未领取劳动工具,或未穿戴防护用品	造成养护作业人员伤害或死亡	
13	公路养护作业现场	安全标志、标牌存在面板、支架、底座损坏	安全标志、标牌摆放不稳定,易倾斜、跌倒,机驾人员看不清,无法有效地提醒和引导车辆通过作业区,导致车辆驶入安全作业区,碰撞安全设施	较大风险
14	公路养护作业现场	安全标志、标牌等设施存在字迹不清、反光膜脱落等缺陷	安全标志、标牌字迹不清或,机驾人员看不清警告内容和信号,不能正确发挥作用,无法有效地提醒和引导车辆通过作业区,导致车辆驶入安全作业区,碰撞安全设施	

续上表

序号	工作活动/场所/设施、设备	危险源名称	可能导致的事故和危害	备注
15	公路养护作业现场	安全标志、标牌及锥桶的种类和数量不能满足养护作业布设规定的要求	养护作业区布设不符合规范要求,不能给通过车辆清晰、明显地提醒和警告,严重的可造成车辆碰撞事故、设施损坏及人员伤亡	较大风险
16	公路养护作业现场	开槽时未穿戴防护措施	开槽时,切割片带出的碎石土打入眼睛,造成伤害	
17	公路养护作业现场	灌封机接头不严密,沥青胶漏出	沥青胶温度较高,造成烫伤	
18	公路养护作业现场	工作中,人员背向来车方向,超出工作区	不能及时掌握来车方向,造成人员伤亡	
19	公路养护作业现场	作业过程中交通指挥人员脱岗或精力不集中	不能及时疏导过往车辆,使部分车辆误入作业区,造成人员伤亡	
20	公路养护作业现场	不按操作规程使用沥青车辆	引发沥青起火、人员烫伤等事故,造成人员伤亡	
21	公路养护作业现场	雨、雪、冰、雾等恶劣天气	恶劣天气造成公路通行状况变差,使发生意外事故的风险增加	
22	公路养护作业现场	路面上的抛洒物未及时清理	路面抛洒物对后续车辆行车安全构成影响	
23	公路养护作业现场	边坡、路基突发性地质灾害	山体塌方、滑坡、泥石流造成公路阻断、人员受困或发生人员伤亡	
24	公路养护作业现场	路面病害未及时处理	影响公路行车安全,可能引发交通事故	
25	公路养护作业现场	巡道过程出现交通意外	造成人员伤亡	
26	公路养护作业现场	山区公路、陡坡、临崖、视距不良路段	驾驶不慎导致发生交通伤亡事故	
27	公路养护作业现场	波形梁护栏丢失、损坏	车辆失控冲下路基,造成人员伤亡的风险增高	
28	公路养护作业现场	防眩板大量丢失、损坏	给对向行车造成不利影响,驾驶员干扰因素增多,可能发生交通事故	
29	公路养护作业现场	未安装警示爆闪灯	被车辆追尾,或发生其他交通事故,造成人员伤亡	
30	公路养护作业现场	车道冰雪未及时清理	造成车辆打滑追尾或人员滑倒受伤	
31	公路养护作业现场	养护作业中高温酷暑阳光直射	发生人员中暑、晕倒以及突发急症等意外情况	
32	公路养护作业现场	车辆误闯撞(伤)人	车辆闯入作业区对养护职工造成人员伤亡	
33	公路养护作业现场	未设置警示标志及安全员	因安全警示提示不到位发生交通或意外事故	
34	公路养护作业现场	不按操作规程使用沥青车辆	引发沥青起火、人员烫伤等事故,造成人员伤亡	

附录 B　公路养护单位典型危险源辨识参考清单

续上表

序号	工作活动/场所/设施、设备	危险源名称	可能导致的事故和危害	备注
35	公路养护作业现场	路面切割机切片断裂、弹出	因机械故障或操作不当,切片断裂弹出,造成人员伤亡	
36	管养公路、桥梁、隧道	事故救援不及时	导致突发事件事态扩大,财产损失、人员伤亡加重	
37	管养公路桥梁	大长连续下坡路段	车辆制动失控引发交通事故	
38	管养公路桥梁	桥梁承受能力不达标	不符合技术标准和规定,桥梁质量不达标,发生塌陷、断裂,造成人员伤亡	
39	管养公路桥梁	团雾	能见度低,易引发交通事故,造成人员伤亡	
40	公路养护工程车	安全反光标志缺失	被车辆追尾,或发生其他交通事故,造成人员伤亡	
41	公路养护工程车	未安装警示爆闪灯	被车辆追尾,或发生其他交通事故,造成人员伤亡	
42	收费过程	来往车辆超速或发生失控	发生交通事故,造成人员伤亡	
43	收费过程	穿越车道未注意过往车辆	受到刮擦、碰撞或碾压等,造成人员伤亡	
44	收费过程	过往车辆撞击岗亭	发生交通事故,造成人员伤亡	
45	收费过程	暴力袭击	遭遇抢劫等暴力行为,造成财物损失、人员伤亡事故	
46	收费过程	超宽、超限车辆强行驶入车道	造成收费设施损坏,人员遭受碰撞、刮擦、挤压而受伤	
47	收费过程	登高作业时坠落	"绿色通道"车辆检查等登高作业时不慎跌落	
48	收费过程	接受检查车辆未停稳或未拉驻车制动器	发生溜车、挤压,对车道工作人员造成人员伤亡	
49	收费过程	收费设施、设备线路老化、漏电	人员发生触电事故	
50	收费过程	消防器材配备不到位	发生火灾无法第一时间扑救,造成财产损失、人员伤亡	
51	收费过程	未配置现场安全执勤员	容易出现秩序混乱,发生意外事故的可能性增加	
52	收费过程	货物运输车辆坠落物	附近人员被坠落物砸伤,造成人员伤亡	
53	收费过程	驾乘人员无理取闹	发生肢体冲突等,造成人员伤亡	
54	收费过程	路面、车辆产生的扬尘污染	长期处于空气污染环境,易导致职业病,影响人员身体健康	
55	收费过程	车道执勤、交通疏导未穿戴安全标志服	警示提示作用不明显,易发生交通事故	

续上表

序号	工作活动/场所/设施、设备	危险源名称	可能导致的事故和危害	备注
56	收费过程	车道有尖锐物体	对工作人员或司乘人员造成伤害	
57	收费过程	车道冰雪未及时清理	造成车辆打滑追尾或人员滑倒受伤	
58	收费过程	高温酷暑,阳光直射	发生人员中暑、晕倒以及突发急症等意外情况	
59	收费过程	票据搬运	摔倒、滑落、砸伤,造成人身伤害	
60	收费过程	危险化学品车辆发生泄漏	危险物质泄漏,造成职工中毒、伤残、伤亡	
61	收费通道	行走不慎	踩空跌落造成人员伤亡	
62	办公场所	缺少消防设施	发生火灾无法有效应对,造成财产损失、人员伤亡	
63	办公场所	安防、监控、报警设施等损坏或配备不到位	发生突发情况无法有效应对,造成财产损失、人员伤亡	
64	办公场所	配电箱、插线板、源控开关损坏漏电	操作不当引发触电事故	
65	办公场所	地面、楼梯湿滑	行走不慎容易摔倒受伤	
66	办公场所	工具材料乱放	高处坠落、操作失误造成人员伤亡	
67	办公场所	安全标志缺失或脱落	易导致不熟悉情况的人员误碰触、误操作发生意外或事故	
68	办公场所	超负荷用电	电源插座长期过载,发生漏电,引发触电、火灾	
69	办公场所	歹徒冲击	造成突发事件,导致财产损失与人员伤亡	
70	办公场所	自然灾害(如地震)	造成建筑受损、财产损失、人员伤亡等	
71	办公场所	非法闹访	造成秩序混乱、发生拥挤踩踏、肢体冲突事件	
72	办公场所	长时间连续工作	诱发职业病或发生过劳猝死	
73	办公区家属区	人为因素(如情绪激动)	遇到情绪过激人员可能相互造成肢体冲突	
74	办公区家属区	办公、家电设备使用不当	线路容易加速老化,造成短路、漏电危险,易引发触电伤亡及火灾	
75	车辆、机械使用	出车前车况检查不到位或不检查	造成交通事故	
76	车辆使用	超速、疲劳及酒后驾驶	引发交通责任事故,造成人员伤亡	
77	车辆使用	雨、雪、雾等特殊天气	发生交通事故造成人员伤亡和财产损失	
78	车辆使用	未经批准擅自出车	发生交通或意外事故	
79	车辆使用	突发性机械故障	车辆行驶中出现突发性故障而导致事故,造成人员伤亡	

附录 B 公路养护单位典型危险源辨识参考清单

续上表

序号	工作活动/场所/设施、设备	危险源名称	可能导致的事故和危害	备注
80	车辆使用	遭到歹徒劫持	遭受人身攻击	
81	车辆使用	车辆行驶中应急处置失误、不当	造成车辆事故,导致人员伤亡	
82	车辆使用	不系安全带	发生交通或意外事故时被甩出车内发生人员伤亡	
83	车辆使用	操作不当	车辆维修、拿取物品过程中受到碰撞、挤压等伤害	
84	交通班车	携带危险品上车	发生公共安全事件,造成人员伤亡	
85	交通班车	中途拉乘身份不明人员	发生意外情况、突发事件的风险增加	
86	交通班车	证驾不符	因驾驶技术、经验、资质问题,更易发生交通事故	
87	通行车辆	危险化学品泄漏,发生火灾、爆炸	造成一定范围内的人员伤亡	
88	除雪拖拉机	不按机械操作规程使用	发生机械操作事故,造成人员伤亡	
89	除雪拖拉机	皮带防护罩缺失	发生绞伤、割伤等事故,造成人员伤亡	
90	除雪拖拉机	未经许可批准,擅自违规作业	引发交通事故,造成人员伤亡	
91	铣刨机	刀具配件维护、更换不当及违章操作	发生机械事故,导致人员伤亡	
92	铣刨机	噪声污染	长期处于噪声环境对操作人员身体健康造成影响	
93	铣刨机	现场粉尘污染	粉尘灰尘对操作人员身体健康造成影响	
94	食堂餐饮	饮用水不达标、食品变质	食物安全管理不善,发生食物中毒等事件	
95	食堂餐饮	灭火器缺失	发生火灾事故时,无法在第一时间扑救	
96	食堂餐饮	厨师无健康证或证件过期	无法充分保证食品卫生,导致疾病传播	
97	食堂餐饮	食材生熟混放	导致食品不卫生	
98	食堂餐饮	燃气、炉灶管线老化	易燃气体泄漏,引发火灾爆炸等事故	
99	食堂餐饮	卫生不达标	容易滋生细菌,导致疾病传染,影响身体健康	
100	食堂餐饮	致病危险源传播生化污染	导致传染性疾病,造成人员感染或死亡	
101	食堂餐饮	酗酒闹事	肢体冲突造成人员伤亡等情况	
102	食堂餐饮	人为破坏,监管不到位(投毒)	造成集体中毒,出现人员伤亡	
103	食堂餐饮	违规使用非加热容器烧水	发生意外、烫伤事故的风险增高	
104	食堂餐饮	违规点火	违规使用打火机等点火,造成人员烫伤、烧伤	
105	食堂设施	电气、厨具摆放杂乱	发生潮湿漏电、被刀具误伤的风险增高	

续上表

序号	工作活动/场所/设施、设备	危险源名称	可能导致的事故和危害	备注
106	职工食堂	气罐、燃气管线未与明火火源有效隔离	引发起火爆炸、爆燃	
107	职工食堂	气罐、管线安全质量不达标	发生气体泄漏、爆燃事故,造成人员伤亡	
108	职工食堂	烟道油污未清理	烟道废油积累过多,容易起火,发生火灾	
109	职工宿舍	擅自违章使用大功率电器	因操作失误、使用不当以及超载运行引发触电、火灾	
110	职工宿舍	门、窗等防护设施损坏	发生财务失窃或遭不法分子人身侵害,出现伤亡	
111	职工宿舍	室内吸烟	引发室内火灾,造成人员伤亡	
112	职工宿舍	消防通道堵塞	发生火灾事故,突发情况时,影响人员及时疏散,易发生人员伤亡	
113	职工宿舍	日常生活中发生激烈矛盾冲突	引发打架斗殴、人身伤害事件	
114	职工浴室	环境潮湿,设备漏电	潮湿环境发生短路、漏电风险增高,存在触电危险	
115	职工浴室	湿手碰触电源电器	发生触电伤亡事故	
116	职工浴室	地板湿滑	不慎滑倒受伤	
117	职工浴室	室内有锋利尖锐物品	不慎划伤自己或他人,或发生意外伤害、伤亡	
118	职工浴室	空气流通不畅	温度较高环境下,人员易出现窒息、缺氧	
119	职工浴室	水温过高	发生皮肤烫伤	
120	配电室	电箱、高压电柜、源控开关损坏或使用不当	因线路漏电或错误操作引发触电事故	
121	配电室	带电操作未按规定使用绝缘防护手套	因操作防范不到位发生触电伤亡事故	
122	配电室	无电工资质人员擅自操作	因操作防范不到位发生触电伤亡事故	
123	配电室	电箱、线路绝缘防护措施不到位	造成触电伤亡事故	
124	配电室	静电电压	静电压差导致人体受到电流伤害、甚至伤亡	
125	配电室	外界连通处未安装防鼠板	老鼠啃食电缆,绝缘皮破损漏电,造成触电危险	
126	储油间	油桶、易燃物	保管处理不当引起火灾爆炸事故	
127	储油间	闲杂人员进入	出现意外和事故	
128	储油间	油桶未与暖气热源保持安全距离	发生火灾事故	
129	储油间	油桶使用后未加盖封闭	密闭空间油气浓度过高,遇明火、电火花引发爆炸	

附录 B　公路养护单位典型危险源辨识参考清单

续上表

序号	工作活动/场所/设施、设备	危险源名称	可能导致的事故和危害	备注
130	储油间	违规使用明火、吸烟等行为	引发火灾、爆炸事故	
131	储油间	夏季高温,阳光直射	导致密闭空间温度过高,发生火灾	
132	水泵房	水泵线路不规范	环境相对潮湿,线路绝缘防护不到位,发生漏电或造成人员触电	
133	水泵房	高处坠落	攀爬不慎跌落,发生伤亡	
134	水泵房	不慎碰撞到金属物或滑倒	造成碰伤、擦伤	
135	水泵房	电源操作不规范或出现失误	发生触电、伤亡事故	
136	水泵房	失足落入水箱	发生溺亡事故	
137	水泵房	水循环遭受污染	对人体健康产生影响,或引发过敏、中毒等情况	
138	水泵房	购置安装劣质水泵	因自身质量安全而引发漏电、短路,造成人员伤亡	
139	库房	违规存放危险物品	保管不当,发生自燃起火、泄漏爆炸等事故	
140	库房	梯子、铁杆等易倾倒物品竖直摆放	造成砸伤	
141	锅炉房	煤炭、煤烟	通风不畅导致煤烟中毒	
142	锅炉房	司炉人员未经培训上岗或证件过期	锅炉运行中发生意外或事故	
143	锅炉房	露天存煤管理不善	长期风化、阳光直射,发生自燃	
144	锅炉房	明火火源失控	引燃存煤或其他可燃物,发生火灾事故	
145	锅炉房	锅炉质量不达标	因质量不达标造成水箱开裂、烟道损坏等意外情况或造成人员伤亡	
146	锅炉房	睡岗、脱岗以及酒后上岗行为	引发锅炉运行事故	
147	锅炉房	门口结冰	导致人员滑倒受伤	
148	锅炉房	机械故障,人员疏忽未及时处理	停电或机械故障,导致锅炉干烧内压增大,发生炸裂,造成人员伤亡	
149	发电机房	电瓶使用维护不当	操作不慎发生触电	
150	发电机房	未配备绝缘防护手套或已过审验期	发生触电事故	
151	发电机房	违规存油	被不法分子利用或引发火灾	
152	发电机房	电缆线损坏或短路	发生用电事故,造成设备损坏、人员伤亡	
153	发电机房	空间油气浓度达到临界值	遇明火、电火花发生燃爆	
154	发电机房	使用质量不合格的发电机	易发生短路、漏电,造成触电伤害、伤亡事故	
155	通信机房	机柜倾斜	造成人员伤亡	

续上表

序号	工作活动/场所/设施、设备	危险源名称	可能导致的事故和危害	备注
156	通信机房	机房电源管理不当	停电,影响通信系统	
157	通信机房	机房温度过高	设备无法正常运行	
158	通信机房	计算机安装系统发生严重错误	资料丢失	
159	通信机房	消防设施未定期查看	灭火器过期	
160	UPS机房	线路绝缘皮破损	易造成触电	
161	UPS机房	机房温度过高	设备无法正常运行	
162	UPS机房	设备漏电	供电时长缩短	
163	UPS机房	二氧化碳灭火器操作不正确	易冻伤	
164	UPS机房	空调不制冷	易产生UPS机房内高温	
165	监控室、厨房、配电间、库房、办公场所等处	使用明火不慎	引燃可燃物,导致发生火灾事故,造成财产损失、人员伤亡	
166	监控室、厨房、配电间、库房、办公场所等处	电器使用、维护不当	引发电路起火,导致发生触电事故,造成财产损失、人员伤亡	
167	压面机、和面机	未按照使用说明规范操作	造成人身伤害、工伤事故	
168	压面机、和面机	质量不合格或使用劣质配件	造成人身伤害、工伤事故	
169	压面机、和面机	转轮防护罩缺失或脱落	造成人身伤害、工伤事故	
170	蒸饭车	质量不符合标准	质量原因导致烫伤、触电等人员伤亡事故	
171	蒸饭车	高温蒸汽	因违规操作被高温蒸汽烫伤	
172	蒸饭车	长期不用未断电	发生线路老化,漏电起火或意外烫伤事件	
173	蒸饭车	转移过程中发生碰撞	撞伤其他人员	
174	气罐	将气罐放倒使用等违规操作行为	造成罐内倒流,产生气压,造成爆炸	
175	气罐	操作不当发生剧烈碰撞	引发罐体炸裂,发生人员伤亡事故	
176	割草机	本身质量不达标	因质量问题,发生漏电、刀片脱落、甩出等情况,造成人员伤亡	
177	割草机	长期不进行维护	不及时维护,线路老化,出现漏电情况,造成人员伤亡	
178	割草机	未按使用说明操作	发生机械故障事故,造成人员伤亡	
179	割草机	添加燃油过程中违反安全规定	加入燃油不按安全规定操作,带火作业,燃油燃爆,造成人员伤亡	
180	割草机	保管不慎被不法人员利用	发生人员伤亡	
181	氧焊切割	未按照氧焊切割流程规范操作	引发泄漏、爆炸等事故,造成人员伤亡	
182	氧焊切割	无资质人员擅自违规作业	引发泄漏、爆炸事故,造成人员伤亡	
183	乙炔瓶、氧气瓶	运输过程中发生碰撞	运输过程中摩擦碰撞,引发瓶体炸裂,造成人员伤亡	
184	乙炔瓶、氧气瓶	使用中未保持安全距离	在氧焊切割作业中,乙炔、氧气泄漏混合引发爆炸,造成人员伤亡	

附录B 公路养护单位典型危险源辨识参考清单

续上表

序号	工作活动/场所/设施、设备	危险源名称	可能导致的事故和危害	备注
185	乙炔瓶、氧气瓶	瓶口密封不达标或开关未拧紧	发生气体泄漏,可能造成人员伤亡	
186	乙炔瓶、氧气瓶	瓶体质量不合格	发生气体泄漏,可能造成人员伤亡	
187	乙炔瓶、氧气瓶	疏于日常维护管理	瓶体锈蚀严重,泄漏风险增高,易造成人员伤亡	
188	电焊机	使用劣质产品或配件	质量问题引发触电、工伤等事故,造成人员伤亡	
189	电焊机	放置、保管不当	丢失、被盗后用于实施不法行为,引发伤害事故、案件	
190	电焊机	操作中防护措施不到位	对人员健康造成损害,或出现意外伤害、伤亡	
191	电焊机	无操作资质人员违章使用	因不具备相应专业知识,导致发生人员伤亡事故	
192	防雷设施	未进行检测或检测不达标	发生雷击意外事故,造成人员伤亡	
193	防雷设施	疏于管理	功能失效,无法起到应有防护作用,可能造成雷击火灾等事故	
194	电暖气	质量缺陷问题	高温、短路引发火灾事故	
195	电暖气	电线未与热源分开	高温导致电线漏电、起火,发生触电或火灾事故	
196	电暖气	用后忘记关闭电源	造成自己或他人被烫伤	
197	外出途中	突发意外因素等	有一定可能发生人身伤害及意外事故	
198	出差检查	住宿餐饮选择不当	发生意外、食物中毒以及疾病感染	
199	出差检查	违规违章驾驶	发生交通或意外事故	
200	出差检查	不法分子、歹徒攻击	遇到袭击或发生意外	
201	服务区各场所	消防设施配备不到位或已过审验期	发生火灾等突发情况无法在第一时间处置,易造成人员伤亡	
202	服务区停车场	停放危险化学品运输车辆	发生自燃、泄漏等事故,影响公共安全	
203	服务区停车场	停放来历不明、长期停放的可疑车辆	发生自燃、泄漏等事故,或运载存放危险物品	
204	加油加气站	内部管理不善	可能发生火灾、爆炸事故	
205	加油加气站	站内吸烟或者接打手机	可能导致爆燃、爆炸事故,造成严重人员伤亡	
206	天桥	积水、结冰	容易摔倒、摔伤或从高处坠亡	
207	天桥	广告牌松动脱落	脱落砸伤桥下过往人员或发生伤亡事故	
208	地下通道	积水、结冰	容易摔倒、摔伤	
209	地下通道	夜间单独行走遇到不法侵害	发生抢劫、袭击等	
210	所有场所	易燃易爆物品	发生爆炸,造成人员伤亡	
211	所有场所	电线私拉乱接	引发电路过载、短路漏电、起火自燃等,导致触电、火灾事故	

续上表

序号	工作活动/场所/设施、设备	危险源名称	可能导致的事故和危害	备注
212	人员密集场所	组织活动秩序失控	人员密集可能发生推挤、踩踏、碰撞等群体事件	
213	人员密集场所	出现群体性冲突	导致秩序混乱或发生肢体冲突,造成人员伤亡	
214	高速公路	违法横穿高速公路	极易引发交通伤亡事故	
215	消防灭火器	超压充装	喷射压力过大,反作用力对人体造成伤害	
216	二氧化碳(干冰)灭火器	未正确操作使用	对手部造成冻伤	
217	电源控制箱	质量缺陷	绝缘防护不达标,易造成触电伤害、伤亡事故	
218	各类电源插座、插排	使用质量不达标的插座、插排	易出现短路、漏电、起火自燃等情况,引发火灾、触电等事故	
219	电工专用绝缘手套、绝缘鞋	质量不合格或审验不达标	起不到应有的绝缘保护作用,易发生触电危险,造成人员伤亡	
220	建筑物	高空坠物	坠落物造成附近人员伤亡	
221	暖气片	漏水烫伤	供热水压大,循环水温高,发生泄漏易造成人员烫伤	
222	饮水机	不慎烫伤	使用开水时不慎发生烫伤	
223	开水瓶	碰撞打翻	发生开水烫伤或玻璃碎片割伤	
224	工具使用	锋利尖锐工具发生割伤、刺伤	疏忽或操作不当造成人身伤害	
225	医药箱	药物过期、失效	药物过期、失效可能导致过敏、症状加重、休克等	
226	屋顶维修	扶梯不稳,发生坠落	人员坠落摔伤、伤亡	
227	高温高热设施	违规覆盖遮挡	引燃覆盖物、遮挡物发生火灾,或造成人员烫伤、烧伤	
228	健身器材	操作不当	使用方法不正确、不得当,造成人身伤害	
229	菜地	违规超标使用农药	农药残留对人身健康造成损害	
230	后勤维修	安全防范措施不到位	水、电、暖维修管理过程中发生意外伤害、伤亡	
231	安全监督检查	安全检查过程中未注意自我保护	频繁出入火、电、油、气及消防重点区域,有可能发生意外伤害	
232	纪检案件调查事故处理	得罪不法人员	可能遇到打击报复行为或出现激烈冲突	
...	……	……	……	

批准人：　　　　　审核人：　　　　　编制人：　　　　　年　　月　　日

附录 C 安全生产检查表

办公室活动区域、车辆、锅炉房、食堂、宿舍、客房、浴室、库房、水泵房、档案室、账务室、收费广场、收费岗亭、监控室、票据室、配(发)电室、发电机房、UPS 机房、机房、服务区超市及便利店、服务区汽修、服务区餐饮、服务区广场、服务区厕房、服务区加油站、服务区综合监控中心、稽查工作现场、养护作业、路面保洁、桥梁、隧道等的安全检查表见附表 C-1～附表 C-32。

办公活动区域安全检查表　　　　　　　　　　　　　　　　　　　　　附表 C-1

受检部门/单位：

序号	检查项目	检查内容	备注
场所类型：□办公室　　□会议室　　□阅览室　　□活动室　　□其他			
1	防盗功能	门、窗、锁能否正常锁闭	
2	用电安全	电器、线路有无超负荷运行、漏电	
3	环境卫生	卫生是否保持干净、整洁、有序	
4	消防安全	消防设施、器材是否完好,且在审验有效期内	
5	设备性能	设施、设备是否正常维护,方便好用	

车辆安全检查表　　　　　　　　　　　　　　　　　　　　　附表 C-2

受检部门/单位：

使用单位		车辆号牌		车型	
序号	检查项目	检查内容		备注	
1	外观	车辆外观整洁,各零、部件完好,连接紧固,无缺损,并保持正常的技术性能			
2	灯光	车辆的灯具安装要牢固,不得因车辆振动而松脱、损丢以致失去作用或改变光照方向,其灯泡要有保护装置。灯光开关安装要牢固,开启、关闭自如,不得因车辆振动而自行开启或关闭,开关设置位置适当,便于驾驶员操作,开关上有符合规定的标志。车辆外部照明装置的数量、位置、光色等应符合规定。驾驶室的仪表板上应设置仪表灯,仪表灯亮时,应能看清楚仪表板上所有仪表;仪表板上应设置转向指示信号灯和蓝色远光指示信号灯			

145

续上表

序号	检查项目	检查内容	备注
3	车身	车身的技术状况应能保证驾驶员有正常的劳动条件和安全。车身内外不得有使人致伤的尖锐件或凸出物。驾驶员座椅应舒适可调,各操作件布置合理,操作位置尺寸符合标准。轿车前排必须装置安全带。车门、车窗启闭轻便,不得有自行开启现象,其门锁牢固可靠。车辆前风窗玻璃应具有刮水器,刮刷面积应保证驾驶员有良好、足够的视野。车辆左右两侧必须各设置一面后视镜,后视镜安装位置、角度适宜,镜面影像清晰	
4	仪表	车辆应设置水温表、燃油表、车速里程表等仪表及开关,并灵敏有效	
5	发动机	发动机动力性能良好,运转平稳,不得有异响;急速稳定,机油压力正常;发动机应有良好的起动性能;点火系、燃料系、润滑系、冷却系应齐全,性能良好	
6	传动系统	离合器应结合平稳,分离彻底,不打滑、无抖动和无异响,操作轻便。变速器及分动器换挡时,齿轮啮合灵便,自锁、互锁装置有效,运行中无异响	
7	行驶系统(专业检测机构)	轮胎胎冠上花纹深度,磨损后应不少于1.6mm,胎面因局部磨损不得暴露出轮胎帘布层,胎面和胎侧不得有长度超过25cm、深度足以暴露出帘布层的破损和割伤,转向轮不得装用翻新轮胎。钢板弹簧不得有裂纹、断片和缺片现象,其中心螺栓和U形螺栓必须紧固。车架不得有变形、锈蚀、弯曲,螺栓、铆钉不得缺少和松动。前、后桥不得有变形、裂纹,减振器工作应正常	
8	转向系统	车辆的主转向盘应转动灵活,操作轻便,无阻滞现象,车轮转到极限位置时,不得与其他部件有干涉现象。转向轮转向后应有自动回正能力	
9	制动系统	行车制动踏板自由行程应符合该车整车有关技术条件的规定。行车制动系最大制动效能应在踏板全行程的4/5以内达到,驻车制动系最大制动效能应在操纵杆全行程的3/4以内达到	
10	总体要求	"四动":一提能发动,一脚能制动,一手能转动(转向盘),一人能推动; "四全":蓄电池电足安牢,灯光明亮完好,喇叭清脆响亮,刮水器灵活自如; "四不漏":全车无漏油、漏水、漏气、漏电现象; "四清":蓄电池、空气滤清器、汽油滤清器和机油滤清器清洁; "四无":机件表面无过热现象,各部机件无异响,车身车厢无歪扭,随车工具无丢失; "五足":轮胎气压、润滑油、冷却水、燃油和蓄电池蒸馏水足; 车辆、证件及维修维护记录齐全	

锅炉房安全检查表

附表 C-3

受检部门/单位：

序号	检查项目	检查内容	备注
1	设施、设备环境	锅炉房管理制度、安全操作规程是否上墙，现场查看	
		消防器材是否齐全、有效，现场查看	
		警示标志是否到位，现场查看	
		是否存在私拉乱接电线等行为	
		是否私自使用大功率电器设备	
		卫生是否整洁、干净，是否堆放杂物、易燃易爆品	
		门、窗、锁是否良好	
		照明、通风是否良好	
2	设备状况	是否对锅炉水质处理，是否有处理记录	
		锅炉"三证"（产品合格证、使用登记证、年度检验报告）是否齐全	
3	操作规范	司炉工是否持证上岗，现场查看	
		操作人员是否熟练掌握安全操作流程，现场询问	
		有无运行记录，是否对供水设施及附属设备进行定期巡检，查看相关记录	
		有无酒后上岗、无故脱岗等现象	

食堂安全检查表

附表 C-4

受检部门/单位：

序号	检查项目	检查内容	备注
1	个人卫生	人员健康证是否有效	
		人员是否养成良好的卫生习惯	
		工作服是否干净整洁、没有污渍	
		是否穿拖鞋、短裤和赤膊进行烹饪	
		操作间内是否存在随地吐痰、乱扔废弃物行为和现象	
		是否带病上岗，生病应及时就医	
2	餐厅卫生	是否设置纱帘、纱门、纱窗、防鼠墙裙及门挡板，配置灭蝇灯	
		操作台、地面是否保持无积水、整洁	
		排油烟机是否定期清洁，是否有明显的积油流淌现象	

续上表

序号	检查项目	检查内容	备注
3	操作间	是否设置"非工作人员禁止入内"标志	
		食物是否加盖卫生纱罩	
		是否存放化肥、农药、强酸、强碱等有害物品	
		荤素食品是否分池清洗	
		红白案是否分开	
		食品盛器荤素是否分开使用	
		地面、水池、工作台是否干净	
4	食品制作	是否有腐烂、变质和超过保质期限的食品	
		是否购买病死、毒死或死因不明的禽畜及水产制品	
		是否使用对人体有害的洗涤剂、消毒剂等	
		生品、熟品是否隔离,半成品、成品是否隔离	
		隔餐食品是否冷藏存放	
		制作好的食品是否盛放在专用容器内	
5	设备及餐具	液化气罐、气管是否完好无损,无腐蚀,无漏气,阀门压力表灵敏、可靠	
		液化气罐与炉灶是否保持3m距离	
		炉灶阀门是否安全可靠、无漏气,开关无损坏	
		环保油是否有安全提示语,是否漏油	
		冰箱、消毒柜、蒸柜、开水器、空调等电器是否运行正常,电源线、插座是否漏电	
		就餐桌椅是否破损	
		快餐盘、碗、筷是否消毒	
6	消防器材	厨师和食堂工作人员是否会正确使用灭火器	
		是否足量配置灭火器	
		消防器材是否摆放合理,取用是否方便	
		消防器材是否完好,且在审验有效期内	

宿舍安全检查表　　　　　　　　　　　　　　　　　　　　　附表 C-5

受检部门/单位:

序号	检查项目	检查内容	备注
1	宿舍环境	宿舍内设施、设备是否完好	
		宿舍内是否饲养宠物	
		宿舍内是否向窗外泼水、乱倒杂物	
		楼道内消防器材是否齐全、有效	

续上表

序 号	检查项目	检查内容	备 注
1	宿舍环境	楼道内逃生路线是否明确,是否有逃生路线指示牌	
		宿舍内是否存在私拉乱接电线、网线等行为	
		宿舍内是否私自使用大功率电器设备	
		宿舍、楼道内是否存在易燃易爆等危险物品	
		宿舍内卫生是否良好	
		门、窗、锁是否完好,防盗措施是否到位	
		楼体是否合格,是否存在裂缝、倾斜等情况	
		楼梯是否合格,扶手是否正常	
		正常通行的大门是否正常,通道是否畅通	
2	住宿人员要求	住宿人员是否了解逃生流程、注意事项、逃生通道,现场询问	
		住宿人员是否熟练使用灭火器等消防器材	
		住宿人员是否违规使用办公网络发布危害社会、扰乱治安等信息	
		宿舍内是否存在男女混住现象	
		宿舍内是否存在赌博、酗酒等不良行为	

客房安全检查表　　　　　　　　　　　　　　　　　　附表 C-6

受检部门/单位:

序 号	检查项目	检查内容	备 注
1	客房设备	客房内设施、设备是否完好	
		客房内是否私自使用大功率电器设备	
		客房内是否存在私拉乱接电线、网线等行为、电器、线路是否存在漏电现象	
		楼道内消防设施、器材是否完好、有效	
		楼道内逃生路线是否明确,客房或附近是否设置逃生路线指示牌	
2	客房环境	客房内是否存在卧床吸烟,烟灰、烟蒂随地丢弃等不文明、不安全行为	
		客房内是否存在赌博、酗酒等不良行为	
		客房内是否有易燃、易爆、腐蚀等危险物品	
		客房内下水口是否阻塞,卫生是否保持良好	
		客房内门、窗、锁是否完好	

浴室安全检查表

附表 C-7

受检部门/单位：

序　号	检查项目	检查内容	备　注
1	设施、设备管理	水管、通风、淋浴器、冷热水阀等供水设施是否完好	
		线路和照明灯的使用，是否存在熄灯、电线裸露、供电设备损坏的情况	
2	卫生管理	浴室内是否定期进行消毒，保持浴室清洁，无任何杂物	

库房安全检查表

附表 C-8

受检部门/单位：

序　号	检查项目	检查内容	备　注
1	通风照明	库房通风、照明是否良好，门窗是否完好，屋顶是否漏雨	
2	安全标志	是否有明显标志并有严格的防护措施	
3	物资堆垛	堆垛之间是否留有安全通道，并根据危险程度配备相应的消防报警装置和消防设施	
4	库内设置	是否设置在办公室、休息室	
5	库房防雷	设施是否定期检测，记录是否齐全	
6	危险品储存	专用仓库、专用场地或专用储存室（柜）是否设专人管理	
		是否分类、分项存放，堆垛之间的主要通道是否有安全距离，是否超量储存	
		化学性质或防护、灭火方法互相抵触的是否在同一个仓库内存放	
		遇火、遇潮容易燃烧、爆炸、产生有毒气体，是否在露天、潮湿、低洼地点存放	
7	露天储存	是否分类、分堆摆放整齐，是否超宽、超高，地势高而干燥；是否远离明火作业场所和高压架空线，必要时是否采取降温、防火措施；桶装易燃流体闪点在45℃以下的是否露天存放，防风、防雨、防雷设施是否齐全	

水泵房安全检查表

附表 C-9

受检部门/单位：

序　号	检查项目	检查内容	备　注
1	设施、设备安全	是否存放易燃、易爆、有毒有害物品	
		是否按规定配置消防安全设施、器材，是否按规定检修审验，压力值是否充足有效	

续上表

序号	检查项目	检查内容	备注
1	设施、设备安全	安全警示标志是否醒目、到位	
		是否存在私拉乱接电线等违规违章行为	
		照明能见度是否可以满足工作安全需要	
2	库房环境	是否定期打扫,保持整齐、有序	
		水箱、电箱及设备外壳是否表面无油渍、无锈蚀、无污物,油漆完好、整洁光亮	
3	操作规范	是否对供水设施及附属设备进行定期巡检,查看相关记录,了解水质情况	
		操作人员是否熟练掌握安全操作流程	

档案室安全检查表　　　　　　　　　　　　　　　附表 C-10

受检部门/单位：

序号	检查项目	检查内容	备注
1	防盗	门、窗、锁能否正常锁闭	
2	防火	消防安全设施、器材是否完好,且在审验有效期内	
3	防虫鼠	是否有虫蛀、鼠咬现象,造成档案资料损坏	
4	防潮	是否受潮,对造成档案资料的保存造成影响	
5	防霉	温湿度是否适宜,光照是否正常,有无发霉	

财务室安全检查表　　　　　　　　　　　　　　　附表 C-11

受检部门/单位：

序号	检查项目	检查内容	备注
1	工作场所	财务室是否安装防盗门、窗、锁	
		是否使用超负荷大功率电器	
		下班前办公室水、电器设备及窗户是否关好,离开时门是否锁好	
2	现金安全管理	库存现金是否超过最高库存限额	
		下班是否将保险柜密码打乱	
		是否有现金长、短款等账实不相符情况	
		申请付款及复核授权环节是否为同一人	
3	票据安全管理	空白财务票据是否专人保管	
		票据保管是否做到"三专""六防"	

续上表

序号	检查项目	检查内容	备注
4	印章安全管理	印章使用是否规范	
		印章是否专人保管	
		单位法人名章及银行开户预留法人章与财务印鉴是否分别管理	
5	会计档案安全管理	重要会计资料是否存在随意摆放、随手乱放的现象	
		每月记账凭证是否在结账后及时装订	
		是否由档案管理员统一管理	
6	网络安全管理	财务计算机是否随意接入外来硬盘	
		财务重要数据是否建立备份	

收费广场安全检查表 附表 C-12

受检部门/单位：

序号	检查项目	检查内容	备注
1	收费广场	收费广场是否安装监控设施、照明设施、收费设施,各类交通、安全警示标志设置是否规范合理,有关信号、信息显示是否准确,夜间广场(车道)照明能否满足安全行车、收费操作、录像监控的实际需要	
2		安全岛、收费岗亭消防灭火器数量是否满足实际需要,区位放置是否合理,便于取用	
3		遇冰、霜、雪、雾等恶劣天气时是否及时开启车道雾灯;当收费广场(车道)出现结冰、积雪、积水、交通事故等影响行车安全的情况时,是否及时采取除冰、排水、洒融雪剂、铺草垫等措施	
4		收费广场周边是否有可疑人员、车辆长时间逗留、滞留或存在其他异常状况	
5		当班、执勤人员进入收费广场是否规范穿戴安全反光标志服,穿越车道是否注意遵守"一停、二看、三通过"原则;处理特情是否选择相对安全的地点进行,并有效利用摄像头全程跟踪	
6		检查绿色通道时,是否做到两人或两人以上同时检查,是否先关闭信号灯、放置安全锥,确认后方无车,关闭车道手动栏杆后进行查验	
7		当班人员在进行打扫收费广场卫生时,是否注意观察车辆行驶状态,面对来车方向;清扫车道期间,是否按规定关闭当前车道信号灯、手动栏杆	

续上表

序号	检查项目	检查内容	备注
8	收费广场	当班收费期间,停止不用的车道是否关闭手动栏杆和信号灯;入口接到交通管制信息时,是否及时关闭车道信号灯、手动栏杆,对于司乘人员的疑问,是否及时做好相关解释工作	

收费岗亭安全检查表　　　　　　　　　　　　　　　　　　附表 C-13

受检部门/单位：

序号	检查项目	检查内容	备注
1	收费岗亭	收费岗亭是否安装监控、报警、消防等安全设施,收费岗亭内是否至少配置1支消防灭火器	
2		工作人员是否认真遵守收费设施使用、维护及安全操作规范,发现损坏是否及时保修	
3		当班人员是否存在随意离岗、脱岗、睡岗行为,是否有闲杂人员进入收费岗亭	
4		收费岗亭内温度是否保持在 15~25℃,相对湿度是否在45%~75%范围内,通信、机电设备正常安全运转的环境如何	
5		收费员当班期间是否规范穿戴安全标志服,进出收费岗亭是否及时锁闭门窗	
6		收费岗亭内的收费员是否注意随时观察收费车道(包括相邻车道)内车辆运行情况;发现车辆超高、超宽、超载等异常情况,是否及时提醒驾驶员停车并快速通知班长、收费站管理人员处理	
7		车辆未停稳时,收费员是否存在着急将手伸出窗外的行为。收费岗亭受到异常车辆撞击时,亭内收费员是否采取紧急避险措施,快速退避	
8		收费员检查绿色通道时,是否绕车辆外围行走,防止从收费岗亭与车辆内侧通过时溜车受到伤害	
9		收费站是否每月定期检查安全设施,检查内容包括:防坠落安全门、防盗门牢固程度;消防设施是否完备有效;亭内监控、报警装置是否正常;等等	
10		遇雷、雨天气时,是否及时关闭闲置车道工控机及计重收费系统,保证机电设备安全	
11		收费岗亭电缆井是否存在积水现象。若存在,是否及时进行处理,并采取防止漏电、触电措施	
12		收费岗亭支撑钢架结构是否存在锈蚀和松动的现象。若存在,是否及时修理	

监控室安全检查表

附表 C-14

受检部门/单位：

序 号	检查项目	检查内容	备 注
1	监控室	监控室是否有专人负责值班,当班人员是否有随意离岗、脱岗、睡岗行为,是否有闲杂无关人员随意进出	
2		室内是否保持空气清洁清新,温度是否保持在15~25℃适宜范围内,相对湿度是否在45%~75%范围内	
3		监控室内是否有吸烟、吃零食、睡觉、闲谈等与工作无关的行为	
4		监控室操作台面是否干净、整洁,是否随意堆放与工作无关的物件	
5		监控室值班人员每天是否对机电设备、报警装置、消防器材进行巡检,监控室是否至少配置2支以上二氧化碳灭火器	
6		监控室保险柜密码、钥匙是否有专人负责保管,资金、重要信息安全是否有保障	
7		收费现场管理情况能否有效监控、监督。当发生突发事件时,能否及时调整监控镜头并如实记录,第一时间向上汇报,做到反应迅速、处置有效	

票据室安全检查表

附表 C-15

受检部门/单位：

序 号	检查项目	检查内容	备 注
1	票证室	票据室是否安装防盗门窗,配备保险柜并安装报警器及监控设施,是否有闲杂无关人员随意出入	
2		票据室是否配置消防设施、器材,是否至少有1支以上干粉灭火器	
3		票据安全管理,能否做到"三专""六防"	
4		工作人员进出票证室是否养成随手锁门的安全习惯,钥匙是否有专人负责保管	

配(发)电室安全检查表

附表 C-16

受检部门/单位：

序号	检查项目	检查内容	备注
1	配(发)电室	现场查看站区内室外供电线路安全距离是否符合相关技术规范	
2		埋地电缆接头是否设在地面上的接线盒内	
3		是否配备绝缘鞋、绝缘手套、绝缘杆等装备、器材	
4		配电室是否有安全管理制度、安全操作规程,执行落实情况如何	
5		是否配备消防安全设施、器材,且齐全、有效	
6		安全防盗措施是否到位	
7		是否有漏水、漏油、漏电现象	
8		配电柜、变压器等处安全警示标志是否醒目、有效	
9		是否设置挡鼠板,做好防鼠工作	
10		配电柜各类仪表是否显示正常	
11		配(发)电室、发电机房内是否有杂物、易燃易爆危险品堆放,是否干净、整洁	
12		操作人员能否熟练掌握安全操作规程,现场询问	
13		操作人员是否持合法有效证件上岗,如电工证,现场查看	
14		操作人员是否熟练掌握电气、油料火灾和油料火灾灭火方法,现场询问	

发电机房安全检查表

附表 C-17

受检部门/单位：

序号	检查项目	检查内容	备注
1	发电机房	发电机房安全管理制度、安全操作规程执行落实情况如何	
2		消防设施、器材是否齐全、有效	
3		安全防盗措施是否到位	
4		油机是否分离,输油管道是否良好	
5		发电机有关安全警示标志是否到位	
6		发电机房是否有漏水现象	
7		是否做好防鼠工作,现场查看	
8		发电机是否按时维护,电瓶充放电操作是否规范	

续上表

序 号	检查项目	检查内容	备 注
9	发电机房	发电机能否正常起动	
10		发电机房内是否有杂物、易燃易爆危险品堆放,卫生是否干净、整洁	
11		操作人员是否熟练掌握送电倒闸操作规程,现场询问	
12		操作人员是否熟练掌握电气、油料火灾灭火方法,现场询问	

UPS机房安全检查表 附表C-18

受检部门/单位:

序 号	检查项目	检查内容	备 注
1	UPS机房	UPS机房安全管理制度、安全操作规程执行落实情况如何	
2		是否按规定配置了消防设施、器材,是否在审验有效期内,压力是否充足	
3		安全警示标志是否到位	
4		是否存在私拉乱接电线等行为	
5		是否有漏水现象,房屋是否安全	
6		照明是否良好,能否满足工作正常需要	
7		UPS是否定期充放电,是否有充放电记录	
8		是否做好安全防护措施	
9		UPS机房内温度、湿度是否适宜,室内温湿度计是否正常显示	
10		是否对UPS供电设施及附属设备进行定期巡检,查看相关记录	
11		操作人员是否熟练掌握安全操作规程,现场询问	

机房安全检查表 附表C-19

受检部门/单位:

序 号	检查项目	检查内容	备 注
1	机房	机房管理制度、安全操作规程执行落实情况如何	
2		机房是否设置温湿度计,能否正常使用,现场查看	
3		机房是否漏水	
4		机房空调是否正常,现场查看	

续上表

序 号	检查项目	检查内容	备 注
5	机房	消防设施、器材配备是否齐全、有效,现场查看	
6		检查防静电地板下是否干净,是否经常有老鼠活动痕迹,现场查看	
7		机房内是否有杂物堆放,卫生是否干净、整洁	
8		线路是否规范整齐,各种标签是否齐全、清晰	
9		是否存在私拉乱接电线等隐患问题	
10		机房设备是否定期做好清洁维护工作	
11		是否对重要设施及附属设备进行定期巡检,查看相关记录	

服务区超市、便利店安全检查表 附表 C-20

受检部门/单位:

序 号	检查项目	检查内容	备 注
1	服务区超市、便利店	是否配备消防设施、器材,且完好有效、方便取用	
2		各种食品、调料、配料质量是否合格符合相关规定	
3		是否采取防鼠、防虫、防蝇、防潮等措施	
4		工作人员是否持有营业证、健康证等,着装是否干净、整齐	
5		安保值班员是否能认真填写值班记录,是否有脱岗、睡岗现象	
6		供电线路、设施运行情况是否正常	
7		安全警示标志是否明显	
8		环境卫生是否整洁,地面是否干爽,防止湿滑引起行人摔倒受伤	

服务区汽修安全检查表 附表 C-21

受检部门/单位:

序 号	检查项目	检查内容	备 注
1	服务区汽修	劳动防护用品是否齐全	
2		特殊工种是否持证上岗	
3		是否设置安全警示标志,且醒目、有效	
4		是否及时清理地面油污	
5		电器设施装置是否保护完好,有无私拉乱接现象	

续上表

序　号	检查项目	检查内容	备　注
6	服务区汽修	电器设备放置是否符合安全间距,配件、材料摆放是否合理,是否放置稳固,如乙炔和氧气瓶	
7		有毒、易燃、易爆物品和化学物品以及粉尘、腐蚀剂、污染物、压力容器等是否有安全防护措施	
8		压力容器及仪表等是否按有关部门要求定期校验	
9		是否配置消防设施、器材,且完好有效、方便取用	

服务区餐饮安全检查表　　　　　　　　　　　　　附表 C-22

受检部门/单位：

序　号	检查项目	检查内容	备　注
1	服务区餐饮	餐厅是否配有消防设施、器材,且完好有效、方便取用	
2		食材进货渠道是否符合餐饮业相关法规,无假冒伪劣产品	
3		食品餐饮安全管理制度的制定、执行、落实情况如何	
4		各种食品、调料、配料质量是否合格符合相关规定	
5		是否有防鼠、防虫、防蝇、防潮措施	
6		食品生产经营从业人员是否定期体检,并获得健康检查合格证明	
7		食品生产经营从业人员是否保持良好的个人卫生习惯	
8		前厅、后厨各类餐具是否按规定消毒,洁净	
9		厨房用具是否整齐、清洁,餐桌、椅是否有残缺、破损	
10		餐厅是否设置安全警示标志,地面是否保持干爽,防止湿滑导致行人摔倒受伤	

服务区广场安全检查表　　　　　　　　　　　　　附表 C-23

受检部门/单位：

序　号	检查项目	检查内容	备　注
1	服务区广场	工作人员是否按要求统一着装,穿戴安全反光标志服	
2		安保值班员是否认真填写值班记录,是否有脱岗、睡岗、酒后上岗现象	
3		工作人员是否按要求进行岗位安全巡查	
4		地下安全通道、人行天桥是否畅通,中央隔离墩是否完好	

续上表

序 号	检查项目	检查内容	备 注
5	服务区广场	安全警示标志、减速标志是否设置醒目、完好、有效	
6		危险化学品车辆是否按规定要求停放	
7		照明设施能否满足工作实际需要	
8		门锁、监控及防护网等设施是否完好	

服务区厕所安全检查表　　　　　　　　　　　　　　　　　附表 C-24

受检部门/单位：

序 号	检查项目	检查内容	备 注
1	服务区厕所	是否定期消毒杀虫,面盆、台面、坐便器、手动开关等处是否做好擦拭消毒工作	
2		是否根据实际需要放置防滑垫	
3		是否定期检修设备、排除故障,有故障损坏是否及时修复	
4		是否有跑、滴、漏、损等现象	
5		根据服务区实际功能需要,是否设置残疾人、老年人、儿童等专用卫生设施、洁具	
6		卫生是否保持良好,空气是否清新、无气味	
7		安保值班员是否在岗例行安检,保洁人员是否穿戴整洁	

服务区加油站安全检查表　　　　　　　　　　　　　　　　附表 C-25

受检部门/单位：

序 号	检查项目	检查内容	备 注
1	服务区加油站	消防、安全类相关资质证件是否齐全、有效	
2		"禁止烟火"各类安全警示标志是否醒目、有效	
3		照明设施能否满足工作需要	
4		门窗、防护网是否完好、有效	
5		环境卫生是否保持干净、整洁	
6		工作人员是否经过专业消防培训并取得合格证	
7		工作人员是否穿防静电服、鞋	
8		工作人员在上班期间是否有擅自脱岗、酒后上岗等行为	
9		加油机是否具备质量安全合格证书	

续上表

序　号	检查项目	检查内容	备　注
10	服务区加油站	计量器有无采用铅封,铅封是否完整	
11		加油机运转是否安全、正常,胶管消除静电的连接线是否完好	
12		工作人员是否按照规程操作	
13		工作人员是否按要求着装(穿戴安全帽、工装、工鞋)	
14		是否及时提醒客人加油过程中人员不要滞留在车内	
15		是否及时提醒客人站内不允许接打手机	
16		防雷设施是否安全、有效	
17		周围是否有闲杂可疑人员	
18		装车台、卸油口是否有人监督,防止油管脱扣漏油,造成隐患或污染	
19		供电线路、供配电设施运行是否正常	
20		消防设施、器材是否摆放合理,取用方便	
21		消防设施、器材是否完好、有效,且在审验有效期内	
22		配置的消防设施、器材(灭火器、消防沙、灭火毯、消防锹等)能否满足工作需要	

服务区综合安全检查表　　　　　　　　　　　　　　　　　　　附表 C-26

受检部门/单位：

序　号	检查项目	检查内容	备　注
1	服务区综合	是否定期组织突发事件(如反恐、消防、危险化学品泄漏、抢险救灾等)应急演练并制定相应预案	
2		污水排放是否达标	
3		生活垃圾是否集中无害化处理	
4		饮用水自备水源和二次供水水质是否安全达标,符合国家标准	
5		供水蓄水相关设施是否符合卫生要求,定期进行清洗与安全消毒工作	

监控中心安全检查表　　　　　　　　　　　　　　　　　　　附表 C-27

受检部门/单位：

序　号	检查项目	检查内容	备　注
1	监控大厅	办公室门、窗、锁是否完好	
		天花板是否存在脱落、坠落风险	
		地板有无塌陷情况	

续上表

序 号	检查项目	检查内容	备 注
1	监控大厅	地面有无积水	
		消防设施、器材是否完好、有效	
		办公计算机是否感染病毒	
		电源线是否正常,有无超负荷用电、漏电	
		照明是否正常,能否满足工作实际需要	
2	操作规范	人员是否违规使用外部存储设备(如U盘、光盘等),导致信息数据泄密	
		人员是否在计算机内安装与工作无关的软件	
		人员是否违规使用他人工号权限登录网站,擅自发布信息	
3	值班管理	当班人员是否在岗在位,是否有脱岗、睡岗、酒后上岗现象	
		是否按规定上报日常及突发信息,是否存在谎报、瞒报、错报、漏报	
		是否违规使用内、外线工作电话聊天	
		是否按规定轮岗换班,是否有违规私自外出和擅自离岗现象	
4	机电设备	监控大厅内温度是否达到规定标准或适宜范围	
		监控大厅内湿度是否保持在45%~65%适宜区间	
		机电线路、接头、插座等是否使用正常	
		监控大厅电线是否有外皮老化、破裂、漏电现象	
		UPS是否正常运行,并有放电记录	
		设备运转情况如何,故障问题是否及时报修	
5	安防报警系统	报警装置是否有效、好用	
		报警联动响应是否正常	
		安防监控视频是否显示清楚,没有干扰	
6	环境卫生健康	室内卫生是否保持干净、整洁	
		是否有存放、乱堆与工作无关的杂物现象	
		是否有腐蚀、易燃、易爆危险品进入	

稽查工作现场安全检查表　　　　　　　　　　　　　　　　　附表C-28

受检部门/单位:

序 号	检查项目	检查内容	备 注
1	设施、设备环境及状况	稽查人员是否配备安全标志服	
		稽查有关车辆、设备是否按规定配备安全标志、备胎及维修工具、消防器材等	
		稽查工作设备能否有效防止私自外接设备(录像管理机、收费管理机等)插入	

续上表

序 号	检查项目	检查内容	备 注
2	操作规范	稽查工作现场是否有安全负责人	
		稽查、执勤人员穿越车道是否遵守"一停、二看、三通过"原则	
		稽查人员是否注意观察行驶中的车辆状态,做好自我保护	
		稽查人员是否随意横穿收费车道或横穿高速公路	
		车道长期现场工作时是否开启安全警示灯,设置相关安全标志	
		在专网使用稽查工作外接设备时,是否由专业人员操作	
		是否按规定及时上报安全信息	

养护作业安全检查表　　　　　　　　　　　附表 C-29

受检部门/单位：

序 号	检查项目	检查内容	备 注
1	人员安全	是否进行岗前安全提示教育	
		是否在酒后、伤病、疲劳、精神状态差等情况下作业	
		驾驶员是否存在酒后、疲劳、无证、超速、超载、证驾不符、不系安全带等违法违章驾驶行为	
		特殊工种是否持合法有效证件上岗	
2	车辆设备安全	出车前是否对车辆状况进行安全检查	
		驾驶员是否提示全车人员系安全带	
		所有司乘人员是否均系安全带	
		是否存在车内戏耍、大声喧哗、与驾驶员交谈、将头、手及工具伸出车窗外、带速扒、跳机动车辆等不安全行为	
		特种设备是否定期经过质量监督部门专业检测	
		是否按照《公路养护安全作业规程》(JTG H30—2015)进行涂装,设置安全警示标志	
3	施工过程安全	上下车辆是否遵守纪律,保持秩序	
		是否按照《公路养护安全作业规程》(JTG H30—2015)布设作业区,设置相关安全标志牌	
		夜间施工是否设专门值班人员,照明、夜间红灯警示是否满足工作安全需求	
		养护施工作业人员是否规范穿戴全套安全标志服(上衣、裤子、帽子穿戴齐全),现场是否设安全员	

续上表

序 号	检 查 项 目	检 查 内 容	备 注
3	施工过程安全	养护施工作业人员是否随意横穿中央分隔带	
		作业过程中是否注重观察过往车辆行驶状态,保护自身安全	
		工间休息是否在边沟以外的安全区域进行,并面向来车方向	

路面保洁安全检查表

附表 C-30

受检部门/单位:

序 号	检 查 项 目	检 查 内 容	备 注
1	人员安全	是否进行岗前安全提示教育	
2		是否在酒后、伤病、疲劳、精神状态差等情况下作业	
3		驾驶员是否存在酒后、疲劳、无证、超速、超载、证驾不符、不系安全带等违法违章驾驶行为	
4		作业人员是否服从管理,遵章守纪	
5	车辆设备安全	作业车辆安全技术性能是否良好	
6		作业车辆是否安装频闪灯、反光条及安全警示标志	
7		驾驶员是否提示全车人员系安全带	
8		所有司乘人员是否均系安全带	
9		车辆年检是否在有效期内,是否购置保险	
10	作业过程安全	上下车辆是否遵守纪律,保持秩序	
11		是否按照《公路养护安全作业规程》(JTG H30—2015)布设作业区,设置相关安全警示标志	
12		是否存在影响行车安全的抛洒物	
13		扫帚、铁锹等工具、器具摆放是否规范,不得影响过往行驶车辆安全	
14		作业人员是否规范穿戴全套安全标志服(上衣、裤子、帽子穿戴齐全),现场是否设安全员	
15		中央分隔带过水槽间清扫及护栏清洁过程中,人体伸出隔离护栏是否超过30cm	
16		作业人员是否随意横穿中央分隔带	
17		作业过程中是否注重观察过往车辆行驶状态,保护自身安全	
18		工间休息是否在边沟以外的安全区域进行,并面向来车方向	

桥梁安全检查表　　　　　　　　　　　　　　　　　　　　　　　　　　　　　　附表 C-31

受检部门/单位：

序 号	检查项目	检查内容	备 注
1	防眩板、防抛网	是否存在脱落、损坏、锈蚀、丢失现象	
2	桥面	是否有危害行车安全的桥梁病害和隐患	
3	标志、标线	标志标线是否清晰并符合行业规范要求	
4	桥梁锥坡、护坡	桥梁锥坡、护坡是否有损坏、滑塌、龟裂等情况，或存在其他隐患问题	
5	桥梁基础	是否被河水冲刷侵蚀，有无技术隐患问题	

隧道安全检查表　　　　　　　　　　　　　　　　　　　　　　　　　　　　　　附表 C-32

受检部门/单位：

序 号	检查项目	检查内容	备 注
1	感烟/感温探测器	是否结合实际需要配备，能否正常运转，保持表面清洁	
2	双/三波长火焰探测器	是否结合实际需要配备，能否正常运转，保持表面清洁	
3	线型感温光纤火灾探测系统	是否结合实际需要配备，能否正常运转，保持表面清洁	
4	光纤光栅感温火灾探测系统	是否结合实际需要配备，能否正常运转，保持表面清洁	
5	视频型火灾报警装置	是否结合实际需要配备，能否正常运转，保持表面清洁	
6	手动应急报警电话（按钮）	是否结合实际需要配备，能否正常运转，保持表面清洁	
7	火灾报警控制器	是否结合实际需要配备，能否正常运转，保持表面清洁；检查防水性能、线缆连接是否正常	
8	消防栓及灭火器	有无漏水、腐蚀现象，软管、水带有无损伤情况，进行消防栓放水及水压试验，确认是否有效、好用；消防灭火器数量是否满足隧道实际需要，是否在有效期内，位置是否便于发现和取用	
9	阀门	外观查看，有无漏水、腐蚀；内部检测，能否导通	
10	水泵结合器	清洁表面、内部，检查密封性是否良好	
11	水泵	运转有无异响、振动、过热，压力上升时闸阀动作是否正常；外观有无污染与损伤；检查水泵轴承部位加油与排气状况，泵体各连接螺栓是否紧固、可靠；离心泵内垃圾是否清理；起动是否顺利，自动阀是否有效	
12	电动机	运转有无异响、振动、过热，外观有无污染与损伤，进行电压、电流检测是否出现异常	
13	给水管	外观有无污染、破损、锈蚀等情况，型号字迹是否清晰	

续上表

序号	检查项目	检查内容	备注
14	消防水池	是否结合实际需要配备,有无渗漏现象;水位是否正常,液位检测器是否完好、有效;泄水孔是否通畅	
15	电子反光(导向)标志	检查、调节LED集束像素管的发光亮度;检查显示功能是否正常;外观是否存在污染、破损、锈蚀等情况,字迹显示是否清晰	
16	监测控制	远程操作是否正常	
17	隧道路面	是否存在危害隧道行车安全的路面病害或其他隐患问题	
18	排水设施	检查隧道内排水是否畅通	

附录 D 应急预案参考范例

附录 D-1 公路交通突发事件应急总体预案

1 总则

1.1 编制目的

为切实加强公路养护单位管养公路交通突发事件应急管理工作，建立完善的应急管理体制机制，提高突发事件预防和应对能力，控制、减轻和消除公路交通突发事件引起的严重危害，保障人民生命财产安全，及时恢复交通正常通行；指导各单位建立应急预案体系和组织体系，增强应急保障能力，满足有效应对公路交通突发事件的需要，制定本预案。

1.2 编制依据

依据《中华人民共和国突发事件应对法》《中华人民共和国安全生产法》及相关法律、法规，制定本预案。

1.3 分类分级

本预案所称公路交通突发事件是指由下列突发事件引发的造成或者可能造成公路阻塞、重大人员伤亡、大量人员需要疏散、重大财产损失的紧急事件。

（1）自然灾害。主要包括气象灾害、地震灾害、地质灾害。

（2）公路交通生产事故。主要包括公路大中修工程事故，公路养护、抢险及其他事故。

各类公路交通突发事件按照其性质、严重程度、可控性和影响范围等因素，一般分为四级：Ⅰ级（特别重大）、Ⅱ级（重大）、Ⅲ级（较大）和Ⅳ级（一般）。

1.4 适用范围

本预案适用于涉及公路养护单位职责范围内的公路交通突发事件。

1.5 工作原则

1.5.1 以"以人为本、平急结合、部门学应对、预防为主"为原则，切实履行行业管理职能，把保障人民群众生命财产安全作为首要任务，高度重视公路交通突发事件应急处置工作，提高应急管理水平，增强预警、预防和应急处置能力，坚持预防与应急相结合，常态与非常态相结合，提高防范意识，做好应急演练、宣传和培训工作，有效应对公路交通突发事件。

1.5.2 以"统一领导、分级负责、属地管理、联动协调"为原则，做好公路交通突发事件应急工作。

在公路养护单位统一领导下，相关单位应分级负责、属地管理、上下联动，充分发挥各级应急管理机构的作用。

1.5.3 以"职责明确、规范有序、部门协作、资源共享"为原则，明确应急管理机构职责，建立统一指挥、分工明确、反应灵敏、协调有序、运转高效的应急工作机制和响应程序，实现应急管理工作制度化、规范化、程序化，加强各单位之间密切协作，形成优势互补、资源共享的公路交通突发事件联动处置机制。

2 组织体系

2.1 应急组织机构

应急组织机构由地州公路养护单位,市、县公路养护单位(收费站及服务区)两级应急管理机构组成。

2.2 应急管理机构

应急管理机构由应急指挥部、应急工作组(指挥部应急办公室、公路抢通组、应急保障组、恢复重建组)、专家咨询组、应急响应组等组成。

公路养护单位公路交通突发事件应急管理机构框架如附图 D-1 所示。

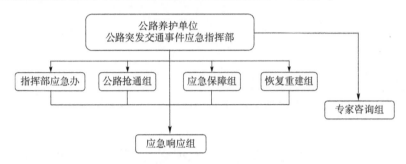

附图 D-1　公路养护单位公路交通突发事件应急管理机构框架

2.3 应急指挥部

由公路养护单位党政主要领导任总指挥,分管领导任副总指挥,相关部门负责人为成员。
应急状态下的职责如下:
(1)决定启动和终止突发事件预警状态和应急响应行动。
(2)负责统一领导突发事件应急处置工作,发布指挥调度命令,并督促检查执行情况。
(3)根据应急处置需要,指定成立现场响应组,指定专人前往突发事件现场开展应急处置工作。
(4)根据需要,会同有关单位或部门,制订应对突发事件联合行动方案并监督实施。
(5)突发事件由上一级主管单位统一指挥时,应急指挥部按照上一级主管单位指令,执行相应应急行动。

2.4 应急工作组

(1)指挥部应急办。指挥部应急办由应急管理主管部门负责人担任主任,相关部门负责人担任副主任。其主要工作内容包括:负责与相关应急管理机构的联络、信息上传与下达等日常工作;负责协调相关部门拟定、修订相关突发事件应急预案及有关规章制度;负责组织公路交通应急培训和演练;配合有关部门负责督导应急物资储备点建设与管理;承办应急指挥部交办的其他工作。

(2)公路抢通组。公路抢通组由分管领导担任组长,相关部门负责人担任副组长。其主要工作内容包括:负责组织公路抢修与保通工作;根据需要组织、协调应急队伍调度和应急机械及物资调配事宜。

(3)应急保障组。应急保障组由分管领导担任组长,相关部门负责人担任副组长。其主要工作内容包括:负责组织、协调人员、物资应急运输保障工作;负责应急状态期间 24h 后勤服务保障工作;承办应急指挥部交办的其他工作。

(4)恢复重建组。恢复重建组由分管领导担任组长,相关部门负责人担任副组长。其主要工作内容包括:负责应急处置情况统计和调研工作;负责拟定恢复重建方案并组织实施;承办应急指挥部交办的其他工作。

2.5 专家咨询组

专家咨询组由工程技术、科研、管理、法律等方面的专家组成。其主要工作内容包括:负责参与拟定、修订公路交通突发事件应急预案及有关规章制度;负责对应急准备以及应急处置方案提供专业咨询和建议;负责对应急响应终止和后期分析评估提出咨询意见;参与公路交通突发事件分析和调查;承办应急指挥部委托的其他事项。

2.6 应急响应组

应急响应组是应急指挥部决定启动突发事件预警状态和应急响应行动时指定成立并派往事发地的临时机构,由公路养护单位相关部门组建,在应急指挥部统一领导下具体承担应急处置工作。

(1)按照统一部署,开展突发事件应急处置工作,并及时向应急指挥部报告现场有关情况。
(2)负责应急队伍现场指挥和调度,保障救援人员安全。
(3)承办应急指挥部交办的其他工作。

3 运行机制

3.1 预测与预警

3.1.1 预警信息。根据有关部门提供的地质灾害、环境污染事件、重大恶性交通事故,以及公路损毁、中断、阻塞信息等紧急事件,向下属单位发布预警信息。

3.2 应急处置

3.2.1 信息报送与处理。建立信息快速通报机制,明确应急管理机构和联络方式,并向社会公布应急救援接报电话;规定信息通报与反馈时限,不断完善突发事件信息沟通机制。信息报告内容包括事件类型、发生时间、地点、影响范围和程度、已采取的应急处置措施和成效。

3.2.2 指挥与协调包括部门间协调机制和现场指挥协调机制。

(1)部门间协调机制。

当发生公路交通突发事件时,公路管理部门与交警和路政部门建立协调联动机制,按照职责分工,加强协作,共同开展应急处置工作,实现"一路三方"。

(2)现场指挥协调机制。

应急响应组负责指导、协调公路交通突发事件现场应急处置工作,并及时收集、掌握相关信息,根据应急物资特性及分布、受灾地点、区域路网结构及损坏程度、天气条件等,优化措施,研究备选方案,及时上报最新动态和运输保障情况。

3.2.3 应急响应终止程序。应急指挥部根据掌握的事件信息,确认公路交通恢复正常运行,公路交通突发事件平息,决定应急响应状态终止。

3.3 恢复与重建

3.3.1 抚恤。按照国家有关规定,对本单位参与应急处理工作致病、致残、死亡人员,给予相应抚恤。

3.3.2 总结与评估。事发地应急管理机构具体负责总结与评估工作。按照要求上报总结评估材料,包括突发事件情况、采取的应急处置措施、取得的成效、存在的主要问题、建议等。

3.3.3 恢复重建。恢复重建小组负责组织恢复重建工作。由事发地单位向上一级主管单位提出报告、建议和意见,报上一级主管单位批准后组织恢复重建,必要时组织专家组进行现场指导。

4 应急保障

4.1 应急队伍

4.1.1 组建原则。各单位按照"平急结合、因地制宜,分类建设、分级负责,统一指挥、协调运转"原则建立公路交通突发事件应急队伍。

4.1.2 在专业应急队伍的组建中,应注意以下4项要求。

(1)公路交通应急抢险保通队伍。

各单位应急管理机构负责应急抢险保通队伍的组建和日常管理。原则上选派年富力强的在职人员,以保证公路交通突发事件发生时应急队伍及时到位、救援应急设备运转正常。

(2)应急运输保障队伍。

按照"平急结合、分级储备、择优选择、统一指挥"原则,在本单位建立应急运力储备,明确纳入应急运力储备的车辆类型和技术状况等,明确运输人员和车辆管理要求,规范应急运输保障行为。

(3)运输装备及技术状况。

应急运输保障车辆的技术等级要求达到二类以上技术状况。建立应急运输车辆技术档案,及时了解和掌握车辆技术状况。应急运输车辆所属单位须负责保持应急运输储备车辆处于良好的技术状态。

(4)应急运输人员。

应急管理机构和执行应急运输保障队伍按照相关标准确定从事应急运输人员,包括管理员、驾驶员、押运员和装卸员。

4.1.3 应急人员安全防护。应急管理机构应协调有关部门提供公路交通突发事件应急人员安全防护装备,采取必要安全防护措施。

4.2 物资设备保障

4.2.1 应急物资设备种类。应急物资包括公路抢通物资和救援物资两类。公路抢通物资主要包括沥青、碎石、砂石、水泥、钢桥、钢板、木材、编织袋、融雪剂、防滑料、吸油材料等;救援物资主要包括方便食品、饮水、防护衣物及装备、医药、照明、帐篷、燃料、安全标志、车辆防护器材及常用维修工具、应急救援车辆等。

应急抢险设备包括挖掘机、装载机、平地机、撒布机、清障车、汽车起重机、运输车、清雪车、平板拖车、发电机等装备。

4.2.2 应急物资管理制度。应急储备物资实行封闭式管理,专库存储,专人负责。对于应急储备物资,要建立健全各项储备管理制度,包括物资台账和管理经费会计账等;储备物资入库、保管、出库等须有完备凭证手续;对新购置入库物资进行数量和质量验收。

5 监督管理

5.1 应急演练

各单位应急管理机构根据公路养护单位突发事件应急演练有关制度规定,结合本单位实际,有计划、有重点地组织开展应急预案演练。

5.2 宣传培训

各单位须将应急宣传、教育和培训纳入日常管理考核工作。应急队伍成员原则上每年至少接受一次相关知识技能培训,并依据培训记录和考试成绩实施滚动式动态管理,提高应急人员素质和专业技能。

5.3 应急评估

应急管理机构根据处置突发事件需要,建立规范化评估机制,综合考虑组织体系、重大危险源分布、通信保障、应急队伍数量、规模、分布等因素,制定客观、部门学的评价指标,提出合理的评估报告。

5.4 责任与奖惩

突发事件应急处置工作实行责任追究制。对应急管理工作中做出突出贡献的单位和个人给予表彰和奖励;对迟报、谎报、瞒报、漏报、重要信息不报或应急处置工作中有其他失职、渎职行为的,依法对有关责任人给予行政处分。

6 附则

6.1 预案管理

本预案是公路养护单位的综合预案。各单位依据本预案精神，制订本级公路交通突发事件应急总体预案，成立组织机构，履行工作职责，完善预案体系。

6.2 预案修订

公路养护单位适时或重特大公路交通突发事件应对工作结束后，组织相关人员对本预案进行修订，并报上一级主管单位审核、备案。各单位也应按照相应时间及条件进行修订与评审，并报公路养护单位审核、备案。

下列情况，本预案应进行修订与完善：

(1)本预案所依据法律法规做出调整、修改，或者国家出台新的应急管理相关法律法规。
(2)根据应急演练和突发事件应急处置结束后的经验总结，认为有必要对预案做出改进。
(3)因机构改革对应急管理机构进行较大调整。
(4)其他认为有必要修订的情形。

6.3 奖惩

对在公路交通突发事件应急救援中做出突出贡献的单位及个人，给予表彰和奖励；对出现严重失职的单位及人员，按照有关规定追究相应责任。

6.4 预案解释

本预案由公路养护单位负责解释并组织实施。

6.5 预案实施时间

本预案自发布之日起实施。

附录 D-2　突发公共事件应急预案

1　总则

1.1　编制目的

为全面提高公路养护单位应对各种突发公共事件的能力，保障人民群众生命财产安全和管养公路的畅通，最大限度地预防和减少突发公共事件及其造成的伤害。

1.2　编制依据

依据国家有关法律法规和地方应急管理相关规定，结合单位工作实际，制定本预案。

1.3　分级

本预案所称突发公共事件，是指突然发生、造成或可能造成重大人员伤亡、财产损失、生态环境破坏和严重社会危害、危及公共交通安全的紧急事件。

突发公共事件应急工作执行统一预警标准：

蓝色等级（Ⅳ级）：预计将要发生一般（Ⅳ级）以上突发公共事件，事件即将临近，事态可能会扩大。
黄色等级（Ⅲ级）：预计将要发生较大（Ⅲ级）以上突发公共事件，事件已经临近，事态有扩大的趋势。
橙色等级（Ⅱ级）：预计将要发生重大（Ⅱ级）以上突发公共事件，事件即将发生，事态正在逐步扩大。
红色等级（Ⅰ级）：预计将要发生特别重大（Ⅰ级）以上突发公共事件，事件会随时发生，事态正在不断蔓延。

1.4 适用范围

（1）影响单位稳定的突发安全保卫事件。严重危害本单位稳定和职工群众生命财产安全、影响极其恶劣的各种破坏活动，以及针对管养公路重要桥梁、隧道和重点路段及其他要害部位进行的恐怖袭击破坏活动等各类安全保卫事件。

（2）影响公路通行的突发事件。涉及严重影响管养国省干线、专用公路、旅游公路、隧道通行的水毁、雪阻等各类突发事件。

（3）规模较大的突发群体性上访事件。由于各种原因造成的单位范围内聚集、围攻、闹事的群体性上访事件。

（4）系统内发生的重特大生产安全事故。

（5）恶劣气候条件下引发的影响公路车辆安全通行的事件。

（6）系统内发生的较大以上公共卫生事件。

1.5 工作原则

（1）坚持"以人为本、减少危害"的原则。把保障人民群众生命财产安全作为应急工作的出发点和落脚点，充分依靠广大职工群众的力量，建立部门学、高效的应急工作机制，不断完善救助手段，最大限度地减少突发公共事件造成的人员伤亡和危害。

（2）坚持"居安思危、预防为主"的原则。把应对突发公共事件管理各项工作落实到日常管理中，加强基础工作，完善网络建设，增强预警分析，做好预案演练，提高防范意识，将预防与应急处置有机结合起来，有效控制危机，力争实现早发现、早报告、早控制、早解决，将突发公共事件造成的损失降至最低。

（3）坚持"属地为主、分级负责"的原则。实行属地管理、专业处置，由统一指挥协调所辖范围的基层单位参与突发公共事件处置工作。建立地州公路养护单位及市、县公路养护单位（收费站、服务区）两级突发公共事件应急指挥机构，形成分级负责、分类指挥、综合协调、逐级提升的突发公共事件处置体系。

（4）坚持"资源整合、协同应对"的原则。按照资源整合和降低成本的要求，实现组织、资源、信息的有机整合，进一步理顺体制、机制，努力实现机构部门之间的协调联动。

1.6 应急预案体系

（1）公路养护单位突发公共事件应急预案是应对突发公共事件的规范性文件。

（2）公路养护单位突发公共事件专项应急预案是为应对单位范围内发生的某一类型或几种类型突发公共事件而制定的应急预案。

（3）公路养护单位突发公共事件专项应急预案是由各单位及其有关部门按照分类管理、分级负责原则，分别制定的应急预案。

（4）大型现场会等活动专项应急预案是由主办单位制定的临时性应急预案，坚持"先制定后开展活动"的原则。

各预案要根据实际情况变化不断调整。

2 组织体系

2.1 领导机构

公路养护单位应急工作领导小组（以下简称应急领导小组），由地州公路养护单位党政主要领导担任组长，分管领导担任副组长，各单位主要负责人及机关部门负责人为成员。

应急领导小组是突发公共事件应急工作的最高指挥机构。应急领导小组的主要职责如下：

（1）研究部署突发公共事件应急工作，指导各单位制定和组织实施各类突发公共事件应急预案。

（2）制订和修订公路养护单位突发公共事件应急预案。

(3)系统范围内有特别重大、重大突发公共事件发生时,指挥和协调应急工作,决定启动和组织实施本预案。

(4)向上级单位报告突发公共事件和应急工作有关情况。

2.2 办事机构

应急领导小组下设办公室(以下简称应急办),应急指挥部备有指挥场所和相应设施、设备,作为突发公共事件发生时的指挥平台。

应急办主要职责:

(1)执行应急领导小组的决定,统一组织、协调、指导、检查全突发公共事件应对工作。

(2)收集分析各单位报送的系统范围内的突发公共事件相关信息,特别重大、重大突发公共事件预警信息,上报应急领导小组,并根据应急领导小组的决定发布警情。

(3)定期组织修订突发公共事件应急预案,审定各类突发公共事件专项应急预案,督促检查预案演练工作。

(4)负责建立健全和完善突发公共事件信息网络系统,实现各单位信息共享,保障网络畅通。

(5)承办应急领导小组交办的其他应急工作。

2.3 工作机构

分别设立专项突发公共事件应急指挥部,确定应急工作牵头部门和参加单位,具体负责指挥专项较大以上突发公共事件应急工作。各分管领导担任总指挥,分管业务部门负责人担任副总指挥,各有关单位、部门人员为成员。(各专项应急指挥部办公室和指挥场所分别设在相应牵头部门。)

(1)设立突发安全保卫事件应急指挥部,指挥系统内较大以上突发安全保卫事件应急工作。指挥部设安全监督保卫部门。

(2)设立突发公路抢险事件应急指挥部,指挥涉及严重影响管养国省干线、专用公路、国防公路、旅游公路、专用公路、桥梁、隧道的水毁、雪阻等各类突发事件应急工作,指挥部设养护管理部门。

(3)设立突发信访群体性事件应急指挥部,指挥各种原因造成单位范围内聚集、围攻、闹事的群体性上访事件应急工作。该指挥部设办公室(党委办公室)。

(4)设立突发生产安全事故应急指挥部,指挥系统内发生的重特大生产安全事故应急救援工作。指挥部设安全监督保卫部门、养护管理部门、劳动保障部门和设备管理部门,共同参与指挥。

(5)设立突发公路收费紧急事件应急指挥部,指挥因恶劣气候、人为等因素引发的影响公路收费紧急事件应急工作。该指挥部设收费稽查部门。

(6)设立突发公共卫生事件应急指挥部,指挥系统内较大以上突发公共卫生事件应急处置工作。该指挥部设办公室(党委办公室)。

2.4 地方机构

各单位依照突发公共事件应急预案和工作机构,制订相应应急预案,建立相应工作机构,负责本单位各类突发公共事件应对工作。

2.5 专家组

成立突发公共事件专家顾问组,由各专项突发公共事件应急工作牵头部门以及聘请的相关行业专业人员组成,主要职责是为应急领导小组研究部署应急工作提供决策咨询、工作建议和参与应急指挥。

3 运行机制

3.1 预测与预警

突发公共事件应急工作要坚持"早发现、早报告、早处置"的方针。各单位、各部门要根据突发事件种类和特点建立健全监测网络,划分监测区域,确定监测点,明确监测项目,落实监测人员,配备必要设施、设备,对有关突发事件进行全天候监测。要经常调查和分析研究本单位、本部门存在的影响稳定的重点问题,特别要关注重点地区、重点领域和要害部位,定期分析预测可能出现的紧急重大情况,及时发现和掌握苗头性问题,重大情况须采取有效措施进行处置并及时上报。

突发公共事件应急工作接警处设在值班室,并公布应急值班电话。值班室依托各单位值班信息报送机制,对系统内突发公共事件统一接警。各单位要设立突发公共事件接警处。

各专项指挥部和市、县公路养护单位(收费站、服务区)及基层养护单位在制订各类突发公共事件分预案或专项预案过程中,应依照预警级别的划分标准,在各自制订的预案中,对各类突发公共事件预警级别具体加以细化。

预警级别首先由主要承担突发公共事件处置的各专项指挥部和事发地单位依照各自制订的分预案、专项预案中所确定的预警等级提出预警建议,并报应急办批准。

一般或较大级别预警,由提出预警建议的部门按照有关规定,负责发布或宣布取消。重大或特别重大级别的突发公共事件的预警信息发布,需报请应急领导小组主要领导批准,由应急办负责发布或宣布取消。预警信息包括突发公共事件的类别、预警级别、起始时间、可能影响范围、警示事项、应采取的措施和发布机关等。

预警信息发布后,应急办、各专项指挥部和事发地单位及基层养护单位应立即做出响应,进入相应应急工作状态。同时,各单位应依据已发布的预警级别,适时启动相应突发公共事件应急处置预案,履行各自所应承担的职责。

3.2 应急处置

3.2.1 消息报告。应急办与参与应急处置的成员单位要指定联络员,具体负责沟通信息、协调业务、传达指令等工作。突发公共事件信息要按照分级负责、条块结合、逐级上报的要求报送。基层单位应急组织得到突发公共事件信息应及时向同级党政主要领导和上一级主管部门报送。基层养护单位得到突发公共事件信息应及时向辖区领导报送。

(1)重大或者特别重大突发公共事件发生后,事发地单位要立即报告,并及时通报有关部门。

(2)应急处置过程中,随时续报有关情况。

3.2.2 先期处置。事发地单位在上报信息的同时,应迅速派出应急分队,作为第一支响应队伍先行到达现场开展应急处置,及时控制面,减少伤亡和损失,防止事态进一步扩大。

3.2.3 应急响应包括分级响应、基本应急和扩大应急。

1)分级响应

特别重大突发公共事件(Ⅰ级):由应急办报请应急领导小组主要领导批准后启动本预案,地州公路养护单位党政主要领导或分管领导赶赴现场,并成立由各专项指挥部和事发地单位组成的现场指挥部。

重大突发公共事件(Ⅱ级):由应急办或各专项指挥部负责启动本预案。分管领导赶赴现场,并成立由各专项指挥部和事发地单位组成的现场指挥部。

较大突发公共事件(Ⅲ级):由各专项指挥部和事发地单位负责启动本单位应急预案。由各专项指挥部或事发地单位负责全权指挥处置。必要时应急办派人到场,参与制订方案,并协调有关单位配合开展工作。

一般突发公共事件(Ⅳ级):由事发地单位负责启动本单位应急预案。事发地单位全权指挥处置。

2)基本应急

(1)当确认突发公共事件即将或已经发生时,事发地单位应立即做出响应,按照"统一指挥、属地为主、专业处置"的要求,成立现场指挥部,确定联系人和通信方式,指挥本单位应急队伍开展应急行动,控制事态,并协调当地有关单位配合应急处置工作。

（2）现场指挥部应维护好事发地公共秩序，做好交通保障、人员疏散、群众安置等各项工作，尽力防止事态进一步扩大。及时掌握事件进展情况，随时向应急办报告，同时结合现场实际情况，研究确定现场处置方案。

（3）参与突发公共事件处置的各相关单位和部门，应立即调动有关人员和应急队伍赶赴现场，在现场指挥部统一指挥下，按照专项预案分工和事件处置规程要求，相互配合、密切协作，共同开展应急处置工作。

（4）应急办应依据突发公共事件级别和种类，适时建议派出由该领域具有丰富应急处置经验人员组成的顾问组，共同参与事件处置工作。顾问组应根据收集掌握的情况，对整个事件进行分析和评估，提出处置措施，为现场指挥部正确决策提供依据。

（5）现场指挥部应随时跟踪事态进展情况，一旦发现事态有进一步扩大趋势，有可能超出自身控制能力时，应立即向应急办发出请求，由应急领导小组协助调配其他应急资源参与处置工作。同时应及时向事件可能波及的地区通报有关情况，必要时可向全系统发出预警。

（6）与突发公共事件有关的单位和部门，应主动向现场指挥部提供与应急处置有关的基础资料，尽全力为实施应急处置工作提供各种便利条件。

3）扩大应急

（1）如果突发公共事件事态进一步扩大，预计依靠现有应急资源和人力难以实施有效处置时，应急小组应协同、配合上级单位和公路管理突发事件应急组织机构开展处置工作。

（2）当突发公共事件超出自身控制能力时，应急小组应将情况立即报告上一级主管单位，服从上级指挥，组织、调动全系统各方应急资源共同参与事件处置工作。

3.2.4 应急结束。突发公共事件处置工作已基本完成，次生、衍生和事件危害被基本消除，应急处置工作即告结束。承担事件处置工作的各专项指挥部、事发地单位和现场指挥部，需将应急处置工作总结报告上报应急办。

一般或较大突发公共事件由发布启动预案的突发公共事件专项应急指挥部、事发地单位宣布应急结束。重大或特别重大突发公共事件由发布启动预案的各专项指挥部或应急办审核，并报应急领导小组主要领导批准后宣布应急结束。

突发公共事件应急处置工作结束后，应将情况及时通知参与事件处置的相关单位和部门，必要时还应通过公路信息和公路网站向系统发布应急结束信息。

3.3 恢复与重建

3.3.1 善后处置。在应急领导小组统一领导下，由应急办和事发地单位负责组织实施。应急办和事发地单位要全面开展突发公共事件损害核定工作，及时收集、清理和处理污染物，对事件情况、人员补偿、征用物资补偿、重建能力、可利用资源等做出评估，制订补偿标准和事后恢复计划并实施。

3.3.2 调查与评估。现场指挥部适时成立事件原因调查小组，组织专家调查和分析事件发生原因和发展趋势，预测事故后果，报应急办。处置结束一周内，现场指挥部应将总结报告报送应急领导小组，由应急办备案。在突发公共事件处置结束的同时，应急办组织有关专家顾问成立事故处置调查小组，对应急处置工作进行全面、客观地评估，并于20日内将评估报告报送应急领导小组。应急领导小组根据以上报告，总结经验，提出应对改进措施和工作要求。

3.3.3 恢复重建。根据实际情况组织实施恢复重建工作。

3.4 消息发布

3.4.1 信息监测。各单位要及时上报较大以上突发公共事件信息，对于事件本身比较敏感，或者发生在敏感地区、敏感时间，或者可能演化为特别重大、重大突发公共事件的信息，必须立即报送应急办。各单位要及时收集、整理、研判可能发生的对本单位造成重大影响的突发公共事件信息，按照"早发现、早报告、早处置"的原则，预测可能发生的情况，及时上报应急办。

3.4.2 信息报告。各单位上报涉及各类突发公共事件信息内容应包括时间、地点、信息来源、事件性质、危害程度、事件发展趋势、已采取的措施等,并及时续报事件处置进展情况。由应急办负责组织全系统突发公共事件信息的汇总、分析和处理。较大以上突发公共事件发生后,事发地单位要立即上报,详细信息按规定时间上报。应急办对接报的较大以上突发公共事件信息,报请应急领导小组主要领导批准后,及时向上一级主管单位报告。经上一级主管单位授权后,可对外发布信息,形式包括信息发布、组织报道等。对于涉密重要信息,负责收集数据的部门应遵守有关管理规定,做好信息保密工作。

4 应急保障

4.1 通信保障

建立各单位应急指挥通信网络系统及信息通信应急保障队伍,形成覆盖地州公路养护单位和市、县公路养护单位的两级通信网络传输体系,建立稳定可靠的应急通信网络,保障事件现场与相关专项应急指挥部之间的联系。

4.2 现场救援和工程抢险装备保障

各单位根据自身应急处置需求,坚持"平战结合"的原则,配备现场救援和工程抢险设备,健全维护和调用等制度,按照统一标准格式,建立救援和抢险设备信息库,及时更新,确保应急指挥调度准确高效。

4.3 应急队伍保障

(1)应急队伍组建,由在职职工组成。

(2)应急队伍调动。当突发公共事件发生时,由各专项指挥部按照预案要求,统一调动所属应急队伍开展处置工作。

(3)应急队伍演练。结合本单位的工作,积极开展专业培训和演练,并依据专项应急预案进行短期脱产训练。应急办定期对各单位应对重大、特别重大突发公共事件的演练进行检查,检验应急队伍的快速反应能力,提高协调配合和现场处置能力,实现突发公共事件应对的规范化和程序化。

4.4 医疗卫生保障

按照"分级救治"原则,各单位通知并协助医疗机构做好应急处置中的相关工作。

当发生特别重大或重大事件后,事发地各单位迅速组织应急队伍进入现场,协助有关单位对伤员进行救治。

4.5 治安保障

当突发公共事件发生后,事发地单位协助当地公安部门做好治安保障,全力维护本单位稳定。

重大以上突发公共事件发生后,如现场有起火、存有易燃易爆危险品、漏电、漏水、漏气等情况发生,先期处置人员要立即通知有关单位实施灭火、排爆、断电、断水、断气等措施,清除现场危险品,避免次生危害出现。

4.6 物资保障

建立应急物资储备制度。各单位要根据各类突发公共事件,建立健全本单位应急物资的生产、储存、调拨体系和方案;加强对储备物资的管理,特别要加强对易燃、易爆危险品的管理工作,防止储备物资被盗用、挪用、流失和失效,及时对应急物资予以补充更新;建立与其他单位的应急物资调剂供应渠道,以备本单位物资短缺时迅速调入。应急物资调用由各单位统一协调,并负责本单位应急物资保障方案的实施,落实应急物资货源渠道和供应网络。

4.7 资金保障

发生突发公共事件后,根据本单位实际情况,调整部门预算,集中财力应对突发公共事件。突发公共事件发生后重大资金动用由应急领导小组审批。

4.8 人员防护保障

各单位应认真分析事件处置过程中对人员造成危害的可能性和所有危害种类,制定切实可行的防范措施和救援程序,配备符合要求的安全防护设备。在应急处置过程中,确保人员安全。

5 培训和演练

5.1 培训

各单位要定期地组织和开展应对突发公共事件相关知识培训,将突发公共事件预防、指挥、协调等作为职工培训重要内容,增强职工应对突发公共事件的能力。

5.2 演练

各单位根据预案,定期组织专业性和综合性应急演练,做好跨地区、跨部门之间的协调配合及通信联络,确保各种紧急状态下的有效沟通和统一指挥。应急演练包括准备、实施和总结三个阶段。通过应急演练,锻炼队伍,落实责任,熟悉应急工作指挥机制、决策、协调和处置程序,识别资源需求,评价应急准备状态,检验预案可行性,改进应急预案。

6 责任与奖惩

事件应急处置工作实行责任追究制。对突发公共事件应急处置工作中做出突出贡献的先进集体和个人给予表彰和奖励;对迟报、谎报、瞒报和漏报突发公共事件重要情况或者应急处置工作中有其他失职、渎职行为的,依法对有关责任人给予行政处分。

7 附则

公路养护单位适时或重特大突发公共事件应对工作结束后,组织相关人员对本预案进行修订,并报上一级主管单位审核、备案。各单位也须按照相应时间及条件进行修订与评审,并报公路养护单位审核、备案。

下列情况,本预案应进行修订与完善:
(1)本预案所依据法律法规做出调整、修改,或者国家出台新的应急管理相关法律法规。
(2)根据应急演练和突发事件应急处置结束后的经验总结,认为有必要对预案做出改进。
(3)因机构改革对应急管理机构进行较大调整。
(4)其他认为有必要修订的情形。

各单位要根据本预案和所担负的应急任务,组织制定相应应急预案,并适时对各类应急预案进行修订,报应急领导小组审批和备案。

本预案由应急办负责解释。

本预案自印发之日起施行。

附录 D-3 办公楼突发事件应急响应预案

1 总则

1.1 编制目的

为进一步强化公路养护单位工作人员应对处置突发事件及暴力恐怖袭击事件的能力,最大限度地阻止和减少突发事件带来的损失,切实维护干部职工生命财产安全,特制定本预案。

1.2 编制依据

《中华人民共和国突发事件应对法》《中华人民共和国反恐怖主义法》。

1.3 适用范围

本预案适用于公路养护单位办公楼突发事件及暴力恐怖袭击事件的紧急应对处置工作。

1.4 工作原则

公路养护单位办公楼突发事件及暴力恐怖袭击事件应急响应和处置工作以"统一领导、综合协调、分工有序、行动迅速"为原则。发生突发事件及暴力恐怖袭击事件,全体干部职工必须保持冷静、听从指挥,以最快速度投入到应对处置、安全保卫及紧急疏散工作中。

2 组织机构及职责

2.1 公路养护单位办公楼突发事件及暴力恐怖袭击事件应急指挥部(以下简称应急指挥部)由公路养护单位党政主要领导担任总指挥,副职领导担任指挥长。如遇突发事件,当日带班领导均可行使现场指挥权,成员由相关部门主要负责人组成。

主要职责:发生突发事件或暴力恐怖袭击事件时,负责领导和指挥全体干部职工进行应对处置、安全保卫及组织疏散群众。

2.2 公路养护单位安保队

公路养护单位办公楼突发事件及暴力恐怖袭击事件应急指挥部下设安保队。党政主要领导任安保队队长,分管领导任安保队副队长,如遇突发事件,党政主要领导外出不在岗时,安保队由楼内现有人员中职级最高人员行使现场指挥权,成员由各部门工作人员组成。

主要职责:发生办公楼突发事件或暴力恐怖袭击事件时,第一时间形成应急行动力量,及时采取应对处置措施。

安保队分设应急处突组、紧急疏散组和通信联络组,在附图 D-2 所示。

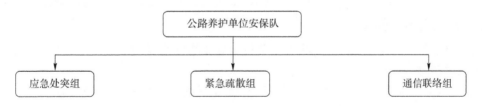

附图 D-2 公路养护单位安保队

1)应急处突组

组长:当日值班负责人。

成员:当日值班工作人员、值班警卫。

主要职责:当发生突发事件时,第一时间启动紧急报警装置;当突发事件性质为暴力恐怖袭击事件时,同时启动与公安联网的紧急报警电话,立即就近拿取安防器材形成第一梯队和先期处置力量,尽可能为安保队其他成员赶来增援争取时间。

2)紧急疏散组

组长:由指挥领导现场确定。

成员:楼内所有需要紧急疏散的人员。

主要职责:根据现场情况机智应对,组织楼内人员快速、有序地疏散,以最大限度地保障人员群众生命安全。

3)通信联络组

联络员:由指挥领导现场确定。

主要职责:保持头脑冷静,迅速与当地公安、消防、武警联络,简明、扼要、清楚地表述事态情况。

3 常态化值班措施

3.1 办公楼实行领导带班、工作人员24h值班制,楼内值班安保人员值班期间必须穿着防刺服、佩戴"安全员"标志、戴上头盔,严禁脱岗、睡岗、找人代岗、酒后上岗。根据"查重点、重点查"的原则,外来人员一律按照"问、看、核实、安检、登记"五步法进行检查,女性来访者若需进一步安检时,应安排女性工作人员进行检查。

3.2 值班警卫负责外来人员来访问询、安保检查、身份登记工作,包括来访时间、来访人姓名、身份证号码、事由、被访人、联系电话、离开时间等信息。每天对楼内进行巡视检查,及时将有关情况记录在值班警卫日志中。夜班期间,及时做好各类设备、器材充电工作,确保安保器材正常使用。

3.3 部门值班人员负责填写公路养护单位值班记录本,及时记录值班当天发生的事件,做好楼内安全巡查。同时,值班人员负责向来访办事人员解答值班警卫不熟悉的业务相关问题。

3.4 办公楼前设置防冲撞硬质隔离设施,楼内监控设施由监控通信部门负责维护管理,确保视频存储时间达到90天或以上标准,监控显示平台设在警卫值班室,保持全天候开启并随时提供相关影像信息。

3.5 安检门设置在门口处,来访人员必须按安保工作要求先接受安检门检测,再接受金属探测仪的检查,如携带包箱等用品,值班警卫必须对其进行开包检查,确认无危险物品后,方可允许携包进入;进入人员在安检后,必须出示身份证等有效证件进行登记,并通过智能访客系统完成信息录入,打印来访单,由办事人员持来访单到相关部门办理业务,办结后,经有关人员签字,方可办理离开手续。

3.6 非上班时间段,保持门厅锁闭,如遇来访人员,先核实确认身份,再行允许进入,并按照上述第3.5条有关规定办理。

4 应急响应和处置

4.1 办公楼突发事件类型

本预案所称办公楼突发事件,是指公路养护单位紧急报警装置紧急启动后(包括吹哨),全体干部职工应急处置及紧急疏散的情况,包括:

(1)暴力恐怖袭击突发事件。办公楼遭到暴恐分子或不法人员攻击破坏,楼内干部职工生命财产安全受到严重威胁。

(2)火灾消防突发事件。办公楼发生火灾,干部职工投入火灾扑救工作,或火势失控,威胁楼内人员生命安全,必须紧急疏散撤离。

(3)地震灾害突发事件。发生震感明显的地震,需要楼内人员紧急撤离。

(4)中毒突发事件。发生食物中毒或人为投毒,需要紧急采取医疗救助措施。

(5)其他突发事件。除以上三种情形外,需要采取全楼应急响应。

4.2 应急措施

4.2.1 在发生暴力恐怖袭击突发事件后,本预案立即启动,应急指挥部统一领导指挥应急处置和紧急疏散工作。

(1)事发第一时间值班人员立即启动紧急报警装置(包括吹哨),全楼进入警戒状态,各部门人员手持防暴器械在1min内赶到办公楼一楼,与值班警卫人员共同行动,形成自我防护队形,做好先期应对处置。

(2)一楼办公人员或值班警卫迅速启动与公安联网的紧急报警电话,无法启动时,迅速通过电话或手机向110报警(报警内容包括公路养护单位地址、参照物、地标性建筑等)。

(3)根据现场情况,楼内实行分层布控:安保队男性队员担任主力,使用防暴盾牌在己方人群最前沿,其余人员使用安防器材从侧翼进行反击或掩护,步步为营,共同进退。在安保队员反击暴力恐怖分子或与其对峙时,办公室工作人员迅速打开应急安全门,掩护妇女及老人先行有序撤离。

①如遇歹徒投掷燃烧瓶、自制炸药等,由当班领导、警卫及值班人员、安保、后勤人员冲锋在前,阻挡歹徒继续投掷爆炸物,用尽可能小的代价换取楼内其他人员的安全;同时,其他人员中职级最高的人迅速组织楼内人员撤离,若无法撤离时,可以设置第二道防御力量,由党员组成突击队,手持盾牌用防御阵型最大限度地保护人群,继续与歹徒对峙,并保护剩余人员转移至楼顶天台处等待救援;如爆炸物暂时未爆炸,由爆炸物就近处党员冲锋在前,第一时间将爆炸物投掷回去,或远离己方人群的方向;如爆炸物已起火燃烧,立即使用楼内消防设施器材进行灭火处理。

②如歹徒手持刀斧、棍棒实施暴力行为,由手持盾牌人员负责防御对抗,安保队全员使用防暴盾牌、制暴钢叉、抓捕器等安防器材进行压制,最大限度地为群众疏散和专业处置力量增援争取时间。

(4)在当地政府、公安等处置力量到位后,按要求配合做好歹徒抓捕及后期处置工作,同时保持警惕,防止二次袭击。

4.2.2 在发生火灾消防突发事件后,本预案立即启动,应急指挥部统一领导指挥应急处置和紧急疏散工作。

(1)当办公楼突发火灾时,起火点就近人员立即通知附近办公人员,并迅速切断楼内电源。如果是初始火灾,就近形成扑救力量,并通过呼叫告知楼内其他人员,快速使用楼内灭火器进行扑救。

(2)当楼内电气类起火时,在指挥人员切断电源的同时,根据日常教育培训的知识,楼内人员需手持二氧化碳灭火器或水基灭火器进行灭火扑救。

(3)如果发现时火势已经失控,应立即放弃扑救。一边高声呼喊一边迅速撤离,并通知值班警卫人员启动紧急报警装置或直接按下报警器(包括吹哨),同时立即拨打119火灾报警电话,请消防人员前来处置。安全部门有关人员迅速组织楼内人员撤离至安全区域。

(4)当火势失控时,听到警报音即楼内人员撤离信号,必须以最快速度撤离,切忌贪恋财物。撤离时,应保持冷静、迅速有序、尽量分流、避免集中,切忌盲目冲撞、推挤踩踏。

(5)撤离途径。各单位根据办公楼实际情况设置安全出口。

4.2.3 在发生地震灾害突发事件后,本预案立即启动,应急指挥部统一领导指挥应急处置和紧急疏散工作。

(1)当楼内有震感时,值班员立即启动楼内紧急报警器(包括吹哨),并高声呼喊,要求大家迅速撤离。

(2)听到警报音及呼叫后,全楼人员立即有序从楼梯迅速撤离。

(3)当震感强烈,但已无法撤离时,楼内人员按照地震逃生常识,就地采取防护措施。

①可迅速躲在坚固的办公桌、书柜下,同时,注意保护头部,如使用皮包、背包、坐垫、枕头、安全帽、防暴头盔等一切可利用资源。

②卫生间等小房间抗震能力相对于大面积房间要强很多,强震来临时,可迅速躲在卫生间等相对坚固的房间内,寻找容易形成三角空间的地方(最好旁边有水管,可以保障水源),同时,注意用毛巾或衣服捂住口鼻防尘、防烟。

③如已经撤离到室外,应选择空旷场所,不要靠近高楼,也不要邻近电线杆或其他容易倒塌的物体,远离高压电线及危险化学品场所。切不可贪恋贵重物品冒险返回楼内。

④如被困或压埋,首先保持冷静,坚定求生意念。如有多人被困或压埋,一定要相互鼓励。在能行动的空间内,逐步清除压物,最大限度地保障呼吸空间,节省气力,敲击求救;同时,注意外围动静,伺机呼救,寻找一切可能的水和食物,创造生存条件,耐心等待救援。

4.2.4 在发生中毒突发事件后,本预案立即启动,应急指挥部统一领导指挥应急处置和紧急疏散工作。

(1)职工食堂发生食物中毒事件时,第一时间告知在场其余职工停止食用当前食物,同时,食堂工作人员或其他职工立即拨打120急救中心电话,简明扼要地告知事发地点、主要症状、受影响人数,并按照120指导要求采取临时措施。

(2)值班领导接到报告后,立即赶赴现场指挥、协调事件处理,维持现场秩序,稳定职工情绪。

(3)如医疗机构急救车不能迅速抵达现场,后勤保障部门应当及时调配车辆,按照就近从速、相对集中的原则送至医院救治。

(4)中毒事件发生后,后勤保障部门须立即对引发中毒的可疑食品、餐具、原料及厨房予以封存,等待卫生部门调查人员查验,配合做好现场控制。

(5)日常防范。职工食堂负责人要做好食品安全管理,定期对食堂物品、食品进行安全检查,保障采购物品来源渠道正规,存放符合安全卫生标准,每日餐后及时对餐具进行消毒处理,禁止无关人员进入后堂。

4.2.5 在发生其他突发事件后,本预案立即启动,应急指挥部统一领导指挥应急处置和紧急疏散工作。

(1)发生其他需要全楼应急响应事件时,报警人员立即启动紧急报警装置(包括吹哨)。

(2)全楼进入应急响应状态,全体工作人员1min内奔赴指定集合地点,按照应急指挥部的统一部署开展相关工作。

4.3 信息报送

办公楼实行24h值班,公布值班室电话。发生办公楼突发事件或暴力暴恐袭击事件,在第一时间投入到应急处置工作中的同时,根据事件类型和事态发展,迅速报告当地政府、公安、消防、医疗等相关部门。

4.4 应急终止

事件处置基本完毕,工作、生活秩序基本恢复后,由应急指挥部宣布应急响应结束。

4.5 善后处置

对参与应急处置与救援的工作人员,按照相关规定给予救助、抚恤、补助,并提供心理援助。对应急工作中做出突出贡献的部门和个人予以表彰。

5 宣传、培训与演练

5.1 宣传与培训

积极开展反恐防暴、消防安全、防震减灾有关知识的普及与宣教,动员全体干部职工了解、熟悉和掌握应对突发事件的正确方法,强化心理素质,积累应对经验,提高处置水平。

5.2 演练

本着提升干部职工应对突发事件处置能力的原则,单位每年至少组织一到两次办公楼突发事件应急响应演练,从实战角度出发,全程情景模拟,全员参与处置,达到强兵练兵,提升素质的目的。

6 附则

6.1 预案管理

本预案是公路养护单位专项预案,单位和有关部门应当依据本预案精神,制订相应应急响应预案,成立相关组织机构,履行各自工作职责,不断完善预案体系。

6.2 预案更新

公路养护单位适时或办公楼突发应急响应事件应对工作结束后,组织相关人员对本预案进行修订,并报上一级主管单位审核、备案。各单位也须按照相应的时间及条件进行修订与评审,并报公路养护单位审核、备案。

下列情况,本预案应进行修订与完善:
(1)本预案所依据法律法规做出调整、修改,或者国家出台新的应急管理相关法律法规。
(2)根据应急演练和突发事件应急处置结束后的经验总结,认为有必要对预案做出改进。
(3)因机构改革对应急管理机构进行较大调整。
(4)其他认为有必要修订的情形。

6.3 制定与解释

本预案由公路养护单位负责解释并组织实施。

6.4 实施时间

本预案自发布之日起实行。

附录 D-4 普通公路冬季防雪保交通应急救援预案

1 总则

1.1 编制目的

为确保冬季公路的安全畅通,有效防止冬季公路雪阻事件的发生,切实做好公路的除雪、除冰、防冻、防滑工作,为冬季公路运输提供安全保障,最大限度地降低冬季雪阻突发事件造成的损失,特制定本预案。

1.2 编制依据

依据《公路养护技术规范》(JTG H10—2009)《公路养护安全作业规程》(JTG H30—2015)"公路养护单位公路养护管理办法""公路养护单位公路冬季养护管理制度"等相关办法、制度,制定本预案。

1.3 应急救援工作原则

冬季防雪保交通应急救援工作应坚持以下原则:
(1)统一指挥、协调联动、快速反应、果断处理、恢复交通。
(2)统一指挥、分工负责、相互配合、快速高效。
(3)以风雪灾害发生单位为主组织自救。
(4)由风雪灾害发生单位承担救援费用。
(5)任何单位和个人都必须支持、配合救援,并提供雪灾救援所需一切便利条件。

1.4 适用范围

本预案适用于公路养护单位及所属单位发生的雪阻、雪灾和社会影响较大的冬季风雪灾害应急救援工作。

2 应急救援工作体系及工作职责

2.1 成立指挥部

成立公路养护单位冬季防雪保交通应急救援指挥部,配合上级有关单位,统一组织指挥系统范围内的冬季防雪保交通应急救援工作。

2.2 指挥部主要职责

(1)统一协调系统冬季防雪保交通应急救援。
(2)组织制订并实施冬季防雪保交通应急救援方案。

(3)全面掌握冬季风雪灾害的性质以及风雪灾害的人员伤亡和财产损失情况,结合风雪灾害现场,实际采取果断措施,实施救援,防止事态蔓延扩大。

(4)统一调配救援人员、物资等,以备不时之需。

(5)适时批准启动和终止本预案。

(6)做好冬季防雪保交通救援工作的安全实施,确保救援工作的顺利进行。

2.3 指挥部组成人员

(1)公路养护单位冬季防雪保交通应急救援指挥部总指挥、副总指挥及成员由领导、养护管理、设备管理、后勤服务等部门工作人员组成。

(2)指挥部内设办公室、专家组、救援组、善后组和后勤保障组,如附图 D-3 所示。

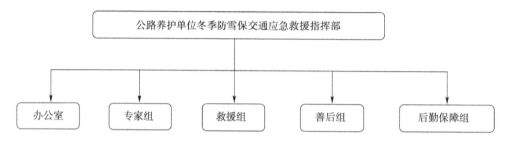

附图 D-3　公路养护单位冬季防雪保交通应急救援指挥部

2.4 内设机构主要职责

(1)成立公路养护单位冬季防雪保交通应急救援指挥部办公室,作为应急救援工作常设机构,承担公路养护单位应急救援指挥部日常工作。

主要职责:负责组织修订冬季防雪保交通应急救援预案;负责组织系统冬季防雪保交通应急处置综合协调工作,掌握雪阻应急救援动态情况,及时调整、部署应急救援措施;负责征用、具体调配救援人员、物资等,以备不时之需;负责协调救援组、专家组、善后组和后勤保障组工作;负责起草风雪灾害应急救援工作报告;负责雪阻信息管理;负责各单位应急救援预案实施指导、协调工作;承办指挥部负责人交办的其他工作。

(2)成立专家组,专家组组长由公路养护单位主管安全生产领导担任,专家组成员由公路养护单位选派的在养护管理方面及相关技术领域具有突出专长的人员组成。

主要职责:按照国家和地方相关政策及规定,为应急救援工作提供技术保障;参加风雪灾害评估,并对预案提出修改意见。

(3)成立救援组,救援组组长由事发地单位主要负责人担任,组成人员为事发地单位防雪保交通应急救援领导小组成员。

主要职责:具体制订并实施防雪保交通应急救援措施;统一指挥现场救援队伍。

(4)成立善后组,善后组组长由应急救援所在地单位主要负责人担任,组成人员为防雪保交通应急救援领导小组成员。

主要职责:负责救助人员的安抚、接待及善后处理工作;承办指挥部负责人交办的其他事项。

(5)成立后勤保障组,后勤保障组组长由应急救援所在地单位主要负责人担任,组成人员为防雪保交通应急救援领导小组成员。

主要职责:组织有关人员对雪灾现场进行清理,维护区域秩序;统一指挥后勤保障队伍;筹措调集应急所需交通工具、药品、食品、防寒用品等,以备不时之需;承办指挥部负责人交办的其他事项。

2.5 应急救援组织机构

应急救援组织机构分为地州公路养护单位和市、县公路养护单位二级组织机构。

3 应急响应分级

按照公路风雪灾害事件的性质、严重程度、影响范围等因素,应急响应分为四级:Ⅰ级(特别重大)、Ⅱ级(重大)、Ⅲ级(较大)和Ⅳ级(一般),分别用红、橙、黄、蓝四种颜色表示。

(1)蓝色预警信息:24h 内降雪量将达 1cm 以上,小于 5cm 以下,且降雪持续,能见度大于 20m,对交通有影响。养护单位应按照职责做好防雪灾和防冻害准备工作;按照公路养护巡查制度、要求及频率对道路进行巡查维护,做好公路清扫和积雪融化工作。

(2)黄色预警信息:12h 内降雪量将达 5cm 以上,小于 10cm 以下,且降雪持续,能见度为 150~200m,对交通有影响。养护单位应按照职责做好防雪灾和防冻害准备工作;加大管养公路巡查力度,做好公路清扫和积雪融化工作。

(3)橙色预警信息:6h 内降雪量将达 10cm 以上,小于 20cm 以下,且降雪持续,能见度为 50~150m,可能或者已经对交通有较大影响。养护单位组织冬季除雪应急工作。

(4)红色预警信息:2h 内降雪量将达 20cm 以上,且降雪持续,能见度小于 50m,降雪可能或者已经对交通有较大影响。养护单位及时安排除雪应急工作,做好各项准备工作。防风雪保交通工作人员集中待命,在第一时间投入除雪保交通现场。

4 应急救援处理

(1)风雪灾害发生后,所属单位应立即向其上一级主管部门及当地政府报告,同时按应急响应级别启动应急救援预案,抢救受灾人员及物资,最大限度地减少人员伤亡和经济损失。

(2)严格按照救援预案职责分工实施救援,未经指挥部批准,不得擅自改变计划。

(3)应急救援人员进入救援现场应采取合理措施,密切关注灾情,及时报告现场总指挥,尽快将受灾人员救出。

5 应急保障

5.1 信息发布

加强风雪灾害路段气象监测和路况信息收集,及时做好预警、预报工作。预警信息发布遵循"归口管理、统一发布、快速传播"原则,根据风雪灾害收集的相关资料,分析结果,由风雪灾害抢险指挥部办公室负责制作并按预警级别分级发布。其他任何组织、个人不得制作和向社会发布公路风雪灾害预警信息。

公路风雪灾害预警信息内容包括事件的类别、预警级别、起始时间、可能影响范围、警示事项、应采取的措施和发布机关等。

5.2 发布途径

建立和完善多种手段互补的公路风雪灾害预警信息发布系统。当灾害发生时,一般情况下,指挥部办公室通过电话、手机短信、电子显示屏、出行信息咨询台等传播手段及时向相关单位及社会公众发布公路风雪灾害预警信息。紧急情况下,经地州应急指挥部授权,各级广播、电视及通信部门无偿采取增播、插播、群发等一切可能的传播方式播发公路风雪灾害预警信息。涉及可能引发次生、衍生灾害的预警信息,通过有关信息共享平台向相关部门发布。

5.3 风雪灾害易发路段

对于风吹积雪路段,以最短的时间抢通一个车道,疏通受阻车辆,再逐步将路面积雪清除,确保公路畅通。同时,在公路养护单位内储备食物,服务于受阻旅客,确保安全。

5.4 应急救援物资保障

指挥部应配备必要的应急救援物资,同时建立应急响应物资台账及保障机制。

5.5 应急救援经费保障

指挥部应设立应急救援专项经费,为冬季防雪保交通应急救援工作提供资金保障。

6 预案启动及终止

6.1 预案启动及终止

(1)预案启动。当天气发生Ⅲ级预告时,各单位应立即启动本预案。本预案启动后,指挥部办公室立即通知有关人员赶赴雪灾现场实施救援。

(2)救援终止。应急救援结束,指挥部宣布防雪保交通应急救援终止。

7 附则

7.1 预案管理

本预案是公路养护单位的专项预案。各单位依据本预案精神,制订本级冬季除雪保交通应急预案,成立组织机构,履行相应职责,完善预案体系。

7.2 预案修订

公路养护单位适时或冬季除雪保交通工作结束后,组织相关人员对本预案进行修订,并报上一级主管单位审核、备案。各单位也须按照相应时间及条件进行修订与评审,并报公路养护单位审核、备案。

下列情况,本预案应进行修订与完善:
(1)本预案所依据法律法规做出调整、修改,或者国家出台新的应急管理相关法律法规。
(2)根据应急演练和突发事件应急处置结束后的经验总结,认为有必要对预案做出改进。
(3)因机构改革对应急管理机构进行较大调整。
(4)其他认为有必要修订的情形。

附录 D-5 生产安全事故应急救援预案

1 总则

1.1 编制目的

为进一步做好公路养护单位生产安全事故应急管理与应急响应工作,及时、有效地实施应急救援各项工作,最大限度地减少人员伤亡、降低财产损失,维护人民群众生命财产安全及社会稳定,制定本预案。

1.2 编制依据

根据《中华人民共和国安全生产法》《中华人民共和国突发事件应对法》《生产安全事故报告和调查处理条例》,结合公路养护单位行业工作实际情况,制定本预案。

1.3 应急救援工作原则

生产安全事故应急救援工作应坚持以下原则:
(1)安全第一、预防为主、综合治理。

(2)统一指挥、分工负责、相互配合、快速高效。
(3)以事故发生单位为主组织自救。
(4)由事故发生单位承担救援费用。
(5)任何单位和个人都必须支持、配合事故救援,并提供事故救援所需一切便利条件。

1.4 适用范围

本预案适用于公路养护单位及所属单位发生的Ⅱ级以上生产安全事故和社会影响较大的生产安全事故应急救援工作。

2 应急救援工作体系及工作职责

2.1 成立指挥部

成立公路养护单位生产安全事故应急救援指挥部,配合上级有关单位,统一组织指挥系统范围内的生产安全事故应急救援工作。

2.2 指挥部主要职责

(1)统一协调系统生产安全事故应急救援。
(2)制定并组织实施生产安全事故应急救援方案。
(3)全面地掌握生产安全事故的性质以及事故所造成的人员伤亡和财产损失情况,结合事故现场,实际采取果断措施,防止事态蔓延扩大。
(4)统一调配救援人员、物资、药品、器材、设备。
(5)适时地批准启动和终止本预案。
(6)做好生产安全事故救援的安全保障,确保救援工作的顺利进行。

2.3 指挥部组成人员

(1)公路养护单位生产安全事故应急救援指挥部由总指挥、副总指挥及成员组成。
(2)指挥部内设办公室、专家组、救援组、事故调查组、善后组和后勤保障组,如附图D-4所示。

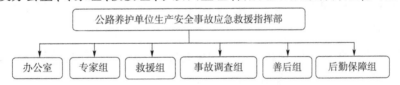

附图D-4 公路养护单位生产安全事故应急救援指挥部

2.4 内设机构主要职责

(1)成立公路养护单位生产安全事故应急救援部办公室,作为应急救援工作常设机构,负责公路养护单位生产安全事故应急救援指挥部日常工作。

主要职责:负责组织修订生产安全事故应急救援预案;负责组织系统生产安全事故应急处置综合协调工作;负责调配救援人员、物资、药品、器材、设备;负责协调救援组、专家组、事故调查组、善后组和后勤保障组工作;负责向事故调查组提供有关情况、资料和事故调查必需物品;负责起草事故应急救援工作报告;负责事故信息管理;负责各单位应急救援预案演练指导、协调工作;承办公路养护单位生产安全事故应急救援指挥部负责人交办的其他工作。

(2)成立专家组,专家组组长由公路养护单位主管安全生产领导担任,组成人员由公路养护单位在安全生产管理方面及相关技术领域具有突出专长的人员组成。

主要职责:按照国家和地方相关政策及规定,为应急救援工作提供技术保障;参加重大危险源评估,并对预案提出修改意见。

(3)成立救援组,救援组组长由事发地单位主要负责人担任,组成人员为事发地单位安全生产领导小组成员。

主要职责:制定并实施防止事故扩大的安全防范措施;统一指挥现场救援队伍,保护事故现场;迅速指挥抢险救灾,查明事故性质及基本情况;承办公路养护单位生产安全事故应急救援指挥部负责人交办的其他事项。

(4)成立事故调查组,事故调查组组长由上级单位派员担任,公路养护单位安全监督保卫部门负责人担任副组长,组成人员为事发地单位安全生产领导小组成员。

主要职责:按照国家和地方有关重特大生产安全事故调查处理的规定,负责调查事故发生全过程以及采取的措施和善后处理等工作,并将调查结果报送公路养护单位生产安全事故应急救援指挥部。

(5)成立善后组,善后组组长由事发地单位主要负责人担任,组成人员为事发地单位安全生产领导小组成员。

主要职责:负责事故伤亡人员亲属安抚、接待及善后处理工作;承办公路养护单位生产安全事故应急救援指挥部负责人交办的其他事项。

(6)成立后勤保障组,后勤保障组组长由事发地单位主要负责人担任,组成人员为事发地单位安全生产领导小组成员。

主要职责:组织有关人员对事故现场进行保护,维护事故发生区域秩序;统一指挥后勤保障队伍;疏散事故影响区域人员;筹措和调集应急所需交通工具、器材、通信、急救药品等;承办公路养护单位生产安全事故应急救援指挥部负责人交办的其他事项。

2.5 应急救援组织机构

应急救援组织机构分为地州公路养护单位和市、县公路养护单位(收费站及服务区)二级组织机构。

3 应急响应分级

生产安全事故的等级按事件可控性、严重程度和影响范围等因素,分为四级:Ⅰ级(特别重大)、Ⅱ级(重大)、Ⅲ级(较大)和Ⅳ级(一般)。

3.1 Ⅰ级应急响应

发生以下生产安全事故为Ⅰ级应急响应:死亡10人以上(含10人)的;重伤20人以上的;直接财产损失在1000万元以上的。

当发生Ⅰ级应急响应事件时,启动本预案。

3.2 Ⅱ级应急响应

发生以下生产安全事故为Ⅱ级应急响应:死亡3人以上(含3人)10人以下的;重伤10人以上、20人以下的;直接财产损失500万元以上、1000万元以下的。

当发生Ⅱ级应急响应事件时,启动本预案。

3.3 Ⅲ级应急响应

发生以下生产安全事故为Ⅲ级应急响应:死亡1~2人;重伤10人以下的;规模较大、有可能继续造成人员伤亡和重大经济、政治、社会影响的。

当发生Ⅲ级应急响应事件时,启动事发地单位应急救援预案。

3.4 Ⅳ级应急响应

发生以下生产安全事故为Ⅳ级应急响应:事故正在发生,并有可能继续造成人员伤亡、社会影响的。

当发生Ⅳ级应急响应事件时,启动事发地单位应急救援预案。

3.5 启动生产事故应急救援预案时,应急救援应纳入公路养护单位统一管理与指挥。

4 应急处理

(1)生产安全事故发生后,事发地单位应立即向其上一级主管部门及当地安全生产监督管理部门报告,同时按应急响应级别启动应急救援预案,封闭并保护现场,抢救受伤人员及物资,疏散事故危险区域人员,控制事态发展,最大限度地减少人员伤亡和经济损失。

(2)必要时,责令受到严重威胁的生产经营单位立即停止生产经营活动,并撤离、疏散人员。

(3)严格按照救援预案职责分工实施救援,未经指挥部批准,不得擅自改变计划。

(4)应急救援人员进入救援现场应采取防护措施,现场安全管理人员要密切监视险情,及时报告现场总指挥,一旦发现可能危及应急救援人员安全的情况,要尽快将人员疏散、撤离到安全地带。

(5)按照生产安全事故等级,根据应急响应进展情况,由发生响应的生产安全事故应急救援指挥部宣布应急响应解除,解除应急响应所采取的各项措施。

(6)公路养护单位生产安全事故应急救援指挥部根据国家新闻发布相关规定确定发布内容,经上一级主管单位批准后,指定专人及时发布。

5 应急保障

5.1 通信与信息保障

公路养护单位生产安全事故应急救援指挥部应配备必要的通信设备,同时建立应急响应机构联络表和相关单位联络表,并向社会公布应急接报电话。

5.2 设备与装备保障

公路养护单位生产安全事故应急救援指挥部应建立应急救援设备台账。

5.3 应急救援物资保障

公路养护单位生产安全事故应急救援指挥部应配备必要的应急救援物资,同时建立应急响应物资台账及保障机制。

5.4 应急救援经费保障

公路养护单位生产安全事故应急救援指挥部应设立应急救援专项经费,为生产安全事故应急工作提供资金保障。

6 预案启动及终止

6.1 预案启动及终止

当单位发生Ⅱ级应急响应事件,或单位发生影响特别恶劣的生产安全事故时应立即启动本预案。本预案启动后,公路养护单位生产安全事故应急救援指挥部办公室立即通知有关人员赶赴事故现场实施救援。

公路养护单位生产安全事故应急救援指挥部宣布生产安全事故救援预案终止。按照国家和地方有关重特大生产安全事故调查处理的规定,向有关机构提供事故调查处理所需有关情况和资料。

7 应急救援培训与演练

7.1 应急救援培训

根据《公路养护单位突发事件演练制度》做好应急救援预案的学习培训,不断提高应急救援人员业务知识水平。

7.2 应急救援演练

各单位应根据本单位实际情况,制订本单位应急演练计划和方案,并报上级部门批准后实施。

7.3 应急救援演练总结与评估

在应急救援演练结束后,应急救援演练单位应对演练效果进行总结与评估,对演练是否达到预期目标和效果,防范意识、救援能力及应变能力是否有明显提高,应急预案制度是否符合实际等,提出建议和措施,并将总结、评估及有关材料报上一级主管单位备案。

8 附则

8.1 预案管理

本预案是公路养护单位的专项预案。各单位依据本预案精神,制订本级生产安全事故救援应急预案,成立组织机构,履行相应职责,完善预案体系。

8.2 预案修订

公路养护单位适时或重特大生产安全事故应对工作结束后,组织相关人员对本预案进行修订,并报上一级主管单位审核、备案。各单位也须按照相应时间及条件进行修订与评审,并报公路养护单位审核、备案。

下列情况,本预案应进行修订与完善：
(1)本预案所依据法律法规做出调整、修改,或者国家出台新的应急管理相关法律法规。
(2)根据应急演练和突发事件应急处置结束后的经验总结,认为有必要对预案做出改进。
(3)因机构改革对应急管理机构进行较大调整。
(4)其他认为有必要修订的情形。

8.3 奖惩

对在生产安全事故应急救援中做出突出贡献的单位及个人,给予表彰和奖励;对出现严重失职的单位及人员,按照有关规定追究相应责任。

8.4 预案解释

本预案由公路养护单位负责解释并组织实施。

9 预案实施时间

本预案自发布之日起实施。

附录 D-6 突发公共卫生事件应急预案

1 总则

1.1 编制目的

为有效预防、及时控制和消除突发公共卫生事件造成的危害,认真落实突发公共卫生事件应急处置工作,不断地提高应对突发公共卫生事件的能力,最大限度地减少人员伤亡和危害,保障职工群众身体健康和生命安全,维护正常生产生活秩序。

1.2 编制依据

依据《中华人民共和国食品卫生法》《中华人民共和国安全生产法》《中华人民共和国突发事件应对

法》《国家突发公共卫生事件应急预案》以及地方应急条例和应急救援预案,结合公路行业工作实际情况,制定本预案。

1.3 工作原则

(1)统一领导、明确职责、属地管理、分级负责。
(2)以人为本、减少损害、整合资源、信息共享。
(3)加强配合、密切协作、常抓不懈、有效应对。

1.4 适用范围

本预案适用于公路养护单位系统范围内发生的突发公共卫生事件应急处置工作。

2 组织体系及职责

2.1 组织机构

(1)公路养护单位突发公共卫生事件应急指挥部作为突发公共卫生事件应急处置工作领导机构,统一领导与指挥系统范围内突发公共卫生事件应急处置工作。

主要职责:做好预测、预警、预防工作,配合当地人民政府和相关部门做好突发公共卫生事件应急处置工作;开展相应的演练、培训、宣教等工作。

(2)各单位成立相应突发公共卫生事件应急指挥部,负责制订和完善本单位突发公共卫生事件应急预案;按照属地管理原则,切实做好本单位内突发公共卫生事件应急处置及日常管理工作。

2.2 日常办事机构

公路养护单位应急指挥部办公室设在应急领导小组办公室,作为突发公共卫生事件应急处置日常办事机构。

主要职责:履行值守应急、信息汇总和综合协调职责;及时了解、收集和汇总突发公共卫生事件信息,并向上一级主管单位报告;建立完善公路养护单位突发公共卫生事件应急体系;编制、修订公路养护单位突发公共卫生事件应急预案,指导各单位突发公共卫生事件应急预案的编制、修订;指导、协调系统范围内较大以上突发公共卫生事件的预防预警、应急演练、应急处置、调查评估、信息发布、应急保障和宣传培训等工作;负责处理日常事务及应急指挥部交办的其他工作。

各单位要结合本单位实际,设定突发公共卫生事件日常办事机构,负责本单位应急日常管理、协调工作。

2.3 现场指挥部

当发生突发公共卫生事件时,成立现场指挥部。现场指挥部是较大以上突发公共卫生事件现场应急处置机构,由事发地人民政府、相关单位、指挥部及事发地单位现场指挥部有关人员组成,下设若干应急小组,必要时邀请有关专家参与现场指挥工作。现场指挥部领导由指挥部委派。各应急小组组长由有关部门负责人和事发地单位有关负责人担任。

主要职责:确定现场应急处置方案,指挥协调现场应急处置工作,调动和调配各类应急资源,组织应急现场保障工作,负责现场信息收集及上报工作。

2.4 定点医疗机构

配合事发地医疗机构现场抢救、运送。

3 应急响应分级

根据突发公共卫生事件性质、危害程度、涉及范围,划分为特别重大(Ⅰ级)、重大(Ⅱ级)、较大(Ⅲ级)和一般(Ⅳ级)四级。

4 预警

根据突发公共卫生事件性质、可能造成人员伤亡和危害公众健康程度、受事件影响范围等,按照以下权限确定:

特别重大(Ⅰ级,红色)预警和重大(Ⅱ级,橙色)预警,由国家和地方发布;较大(Ⅲ级,黄色)预警和一般(Ⅳ级,蓝色)预警,由当地人民政府、卫生防疫部门发布。

5 应急响应

5.1 应急响应原则

发生突发公共卫生事件时,指挥部及各单位现场指挥部依据分级响应原则,按照预警级别和发布规定做出相应级别应急响应。

5.2 分级响应

(1)一般突发公共卫生事件(Ⅳ级)应急响应。

当一般突发公共事件(Ⅳ级)正在发生,并有可能继续造成人员伤亡、社会影响的,启动事发地单位突发公共卫生事件应急预案。

(2)较大突发公共卫生事件(Ⅲ级)应急响应。

当较大突发公共卫生事件(Ⅲ级)发生后,且规模较大、有可能继续造成人员伤亡和重大经济、政治、社会影响的,启动事发地单位突发公共卫生事件应急预案。

(3)重大突发公共卫生事件(Ⅱ级)和特别重大突发公共卫生事件(Ⅰ级)应急响应。

重大突发公共卫生事件(Ⅱ级)和特别重大突发公共卫生事件(Ⅰ级)发生后,立即上报上一级主管单位并启动本预案,配合国家及地方有关部门做好公共卫生事件处置工作。

5.3 应急结束

根据事发地人民政府和医疗卫生机构终止应急响应的建议,应急处置结束。

6 后期处置

6.1 善后处置

突发公共卫生事件发生后,事发地单位现场指挥部应当积极配合当地人民政府和卫生防疫部门迅速采取措施,救济救助受灾人员,恢复单位正常秩序,并协同当地人民政府组成善后处置工作组,做好本单位受灾人员安置工作,确保基本生活保障,配合医疗卫生机构做好现场污染物收集、清理与处置工作。

6.2 后期评估

突发公共卫生事件应急响应终止后,事发地单位现场指挥部应配合卫生医疗机构在当地人民政府领导下,对突发公共卫生事件应急处置情况进行评估工作。

6.3 抚恤、补助与补偿

对因参与突发公共卫生事件应急处置工作致病、致残、死亡人员,按照国家有关规定给予相应补助和抚恤。

7 应急保障措施

7.1 信息保障

(1)建立健全覆盖全系统的突发公共卫生事件信息系统,承担突发公共卫生事件及相关信息收集、上报工作。

(2)根据不同类型突发公共卫生事件应急需要,联系定点医院,组建应急队伍。

7.2 通信保障

各单位现场指挥部要根据应急工作要求配备必要的通信保障设备,同时建立应急响应机构和相关单位联络表,并公布固定应急接报电话。

7.3 物资保障

建立健全突发公共卫生事件应急物资储备管理制度,建立应急物资仓储站,强化应急物资储备的调控能力。

7.4 宣传教育

组织有关部门利用宣传栏、手机短信、LED显示屏、互联网、宣传手册等宣传媒介,对家属区、办公楼、收费站、服务区、职工食堂等人员密集场所,广泛开展突发公共卫生事件应急知识宣传教育活动。

8 应急培训与演练

8.1 培训与演练

(1)加强应急管理人员、应急队伍业务培训,提高应急处置能力。

(2)各单位应根据本单位实际,制订本单位突发公共卫生事件应急演练计划和方案,并报上一级主管单位批准后实施。

8.2 演练总结与评估

在应急演练结束后,演练单位应对演练效果进行总结与评估,内容包括演练是否达到预期目标和效果,防范意识、应急救援能力是否有明显提高,应急预案制订是否符合实际,并提出建议和措施。演练结束后,将总结与评估及有关资料报上一级主管单位进行备案。

9 附则

9.1 预案管理

本预案是公路养护单位的专项预案。各单位依据本预案精神,制订本级突发公共卫生事件应急预案,成立组织机构,履行相应职责,完善预案体系。

9.2 预案修订

公路养护单位适时或重特大突发公共卫生事件应对工作结束后,组织相关人员对本预案进行修订,并报上一级主管单位审核、备案。各单位也须按照相应的时间及条件进行修订与评审,并报公路养护单位审核、备案。

下列情况,本预案应进行修订与完善:

(1)本预案所依据法律法规做出调整、修改,或者国家出台新的应急管理相关法律法规。

(2)根据应急演练和突发事件应急处置结束后的经验总结,认为有必要对预案做出改进。

(3)因机构改革对应急管理机构进行较大调整。

(4)其他认为有必要修订的情形。

9.3 奖惩

对在突发公共卫生事件应急救援中做出突出贡献的单位及个人,给予表彰和奖励;对出现严重失职的单位及人员,按照有关规定追究相应责任。

9.4 预案解释

本预案由公路养护单位负责解释并组织实施。

9.5 预案实施时间

本预案自发布之日起实施。

附录 D-7　地震应急预案

1　总则

1.1　编制目的

为强化公路养护单位应对地震灾害防范与抗灾工作,各部门高效、有序地组织地震灾害应急处置,最大限度地减少地震灾害带来的损失,尽快恢复管养公路交通正常运行,保障公路畅通,结合公路养护单位工作实际,制定本预案。

1.2　编制依据

依据《中华人民共和国突发事件应对法》及地方防震减灾办法和地震应急预案,结合公路交通工作实际,编制本预案。

1.3　适用范围

本预案适用于公路养护单位应对突发地震事件应急处置工作。

1.4　工作原则

公路养护单位地震应急工作坚持以"统一领导、综合协调、分级负责、属地管理"为主的工作原则。当发生较大和一般地震后,事发地单位应在当地政府领导下,按照职责分工和相关预案开展应急处置工作。

2　组织机构及职责

2.1　公路养护单位地震应急指挥部

公路养护单位地震应急指挥部(以下简称地震应急指挥部)由地州公路养护单位党政主要领导担任总指挥,分管领导担任副总指挥,成员由有关部门主要负责人组成。

主要职责:贯彻落实地方公路管理地震应急指挥部应急决策、部署和措施;启动应急预案,迅速了解震情灾情,确定应急工作方案;参与地方公路管理抗震救灾现场指挥部工作,组织部署公路养护单位实施地震应急工作;指导协调系统内地震各项应急行动;安排落实抢险救灾资金,实行专款专用;研究决定其他相关重大事项。

2.2　公路养护单位地震应急指挥部办公室

地震应急指挥部办公室由地州公路养护单位分管领导担任主任,安全监督保卫部门负责人担任副主任,成员由有关部门人员组成。

主要职责:建立与地方地震应急指挥部联络机制;负责贯彻落实地震应急指挥部各项指令;牵头成立现场工作组;编制和修订本预案;履行应急值守、信息汇总职责,组织现场调查,统计公路交通基础设施损坏情况,及时报送地方地震应急指挥部;协调本预案应急演练;落实地方公路养护单位地震应急指挥部交办的其他事项。

2.3　公路养护单位地震现场工作组

根据地震应急工作需要,设立公路交通设施抢修、运输保障、工程检测和救灾宣传组。

(1)公路交通基础设施抢修组。

公路交通基础设施抢修组由养护管理部门和事发地单位等相关人员组成。

主要职责：组织、调集公路交通抢修保通队伍和机械设备，对被损坏道路、桥梁、隧道等交通重要设施进行抢修抢险，力争在最短时间内恢复正常。

（2）运输保障组。

运输保障组由设备管理部门、收费稽查部门和事发地单位等相关人员组成。

主要职责：组织一定数量的应急交通运输工具，做好应急物资运输保障工作；组织开通应急救援"绿色通道"，确保救灾物资、器材和人员紧急输送。

（3）监测与次生灾害防御组。

监测与次生灾害防御组由养护管理部门、监控通信部门和事发地单位等相关人员组成。

主要职责：组织相关工程技术人员，参与次生灾害防治、灾情收集评估工作，加强公路交通基础设施动态监测，采取必要防范措施，防止公路交通次生灾害发生。

（4）抗震救灾宣传组。

抗震救灾宣传组由办公室（党委办公室）、组织人事部门和事发地单位等相关人员组成。

主要职责：准备新闻稿，组织安排新闻采访，对全抗震救灾工作情况进行宣传报道。

3 信息报送

当发生特别重大和重大地震灾害时，实行24h值班，值班室设在公路养护单位值班室，公布值班电话。各单位应同时建立值班制度，及时收集公路交通设施受损及修复情况，根据突发事件信息报告制度有关规定上报地震应急指挥部办公室，同时报送同级人民政府。

4 应急响应和处置

4.1 地震灾害事件分级

按地震灾害严重程度分为特别重大地震灾害、重大地震灾害、较大地震灾害和一般地震灾害四个级别（地震震级通常用字母M表示）。

（1）特别重大地震灾害，是指在地州境内地区发生$M \geq 5.0$级地震，出现以下情况之一：造成300人以上死亡；紧急转移安置10万人以上；倒塌和严重损坏房屋1万间以上。若地州境内陆地区发生$M \geq 7.0$级以上地震，可初步判定为特别重大地震灾害。

（2）重大地震灾害，是指在地州境内陆地区发生$M \geq 5.0$级地震，出现以下情况之一：造成50人以上、300人以下死亡；紧急转移安置0.5万人以上、10万人以下；倒塌和严重损坏房屋0.3万间以上、1万间以下。若地州境内陆地区发生$6.0 \leq M < 7.0$级地震，可初步判断为重大地震灾害。

（3）较大地震灾害，是指在地州境内陆地区发生$M \geq 5.0$级地震，出现以下情况之一：造成50人以下死亡；紧急转移安置0.5万人以下；倒塌和严重损坏房屋0.3万间以下。若地州境内陆地区发生$5.0 \leq M < 6.0$级地震，可初步判断为较大地震灾害。

（4）一般地震灾害，是指地震灾害各项指标均明显小于较大地震灾害标准，但部分建筑物有一定损坏，造成较大范围人员恐慌。若地州境内陆地区发生$4.5 \leq M < 5.0$级地震，可初步判断为一般地震灾害。

4.2 应急措施

发生特别重大和重大地震灾情后，根据当地人民政府和地方公路养护单位的要求，地震应急指挥部启动本预案，统一领导指挥各单位应急处置工作。

（1）地震应急指挥部办公室根据灾害程度和规模，及时研究提出公路交通保障应急对策、措施和建议。按照地方地震应急指挥部的要求，迅速开展公路保通、物资调运等应急救援工作。当地震灾情特别重大，超出公路养护单位自身能力，需要上级公路养护单位和当地人民政府支援时，立即由地震应急指挥部报请上级公路养护单位。

（2）监测与次生灾害防御组立即组织有关技术人员赶赴灾害现场，对公路、桥梁、隧道等重要部位受损状况进行调查与动态检测，提出应急预防对策及措施，并及时报送地震应急指挥部办公室。

（3）运输保障组立即制订公路运输保障计划，调集有关单位运输车辆，按地震应急指挥部要求到达指定地点，保障抗震应急物资有序运输；开辟"绿色通道"，保障抗震物资与人员优先通行。

（4）公路基础设施抢修组立即制定公路抢修计划，并调集抢险队伍和设备，按地震应急指挥部指令到达指定地点，开展公路、桥梁等抢险保通工作。

事发地单位迅速启动本级应急预案，在当地政府统一指挥下，先期组织实施地震应急工作，迅速抢修公路交通重要设施，做好公路运输保障工作，并向地震应急指挥部办公室报告交通设施受损情况。

4.3 应急终止

在抢修救灾工作基本结束、紧急转移和安置工作基本完成、地震次生灾害后果基本消除，公路交通基础设施及灾区生活秩序基本恢复后，根据上级地震应急指挥部通知，由上级地震应急指挥部适时宣布地震应急期结束。

4.4 善后处置

4.5 应急响应调查与总结

在应急救援工作结束后，负有相应事权的单位应对本次地震应急响应过程中协调指挥、组织实施、预案执行等情况进行调查、总结，并上报地震应急指挥部办公室。

4.6 奖惩

地震应急工作实行党政领导负责制和责任追究制。对地震灾害应急工作中做出突出贡献的集体和个人，给予表彰；对出现严重失职的单位及人员，按有关规定追究责任。

5 宣传、培训与演练

5.1 宣传教育

认真做好防震减灾科学知识普及和法律法规宣传教育，动员职工群众积极参与防震减灾知识普及活动，提高防震避险和自救互救能力。

5.2 培训与演练

各单位要做好地震应急管理及救援人员培训工作，从实战角度出发，有计划地组织实施演练，积极动员全站职工全员参与，达到普及地震应急知识、提高应急防范能力的目的。

6 附则

6.1 预案管理

本预案是公路养护单位专项预案，各单位和部门依据本预案精神，制定本级地震应急预案，成立组织机构，履行工作职责，完善预案体系。

6.2 预案修订

公路养护单位适时或地震灾害应对工作结束后，组织相关人员对本预案进行修订，并报上一级主管单位审核、备案。各单位也应按照相应时间及条件进行修订与评审，并报公路养护单位审核、备案。

下列情况，本预案应进行修订与完善：

（1）本预案所依据法律法规做出调整、修改，或者国家出台新的应急管理相关法律法规。

（2）根据应急演练和突发事件应急处置结束后的经验总结，认为有必要对预案做出改进。

（3）因机构改革对应急管理机构进行较大调整。

(4)其他认为有必要修订的情形。

6.3 制定与解释

本预案由公路养护单位负责解释并组织实施。

6.4 实施时间

本预案自发布之日起实行。

附录 D-8　突发安全保卫事件应急救援预案

1　总则

1.1　编制目的

为全面提升应对突发安全保卫事件的能力,保障人民群众生命财产安全,最大限度地预防和减少突发安全保卫事件、重大火灾事故及其造成的伤害,切实维护社会稳定,确保一方平安,制定本预案。

1.2　编制依据

根据《中华人民共和国突发事件应对法》及地方突发公共事件应急预案,结合公路养护单位工作实际情况,制定本预案。

1.3　应急救援工作的方针和原则

(1)应急救援工作的方针:打防结合、预防为主、专群结合、依靠群众。
(2)应急救援工作的原则:
①统一指挥、分工负责、相互配合、快速高效。
②以事件发生单位为主组织自救。
③事件发生单位承担救援费用。
④任何单位和个人都必须支持、配合事件救援,并提供事件救援所需一切便利条件。

1.4　适用范围

本预案适用于公路养护单位及所属单位发生的严重危害本单位稳定、职工群众生命财产安全的重大刑事案件、重大火灾事故以及针对管养公路重要桥梁、隧道、交通"咽喉"路段及其他关键部位进行的恐怖袭击破坏活动的应急救援工作。

2　应急救援工作体系及工作职责

2.1　成立指挥部

成立公路养护单位突发安全保卫事件应急救援指挥部(以下简称应急救援指挥部),配合上一级主管单位,统一组织指挥系统范围内的突发安全保卫事件应急救援工作。

2.2　指挥部主要职责

(1)统一协调公路养护单位应急救援突发安全保卫事件。
(2)组织制订并实施公路养护单位突发安全保卫事件应急救援方案。
(3)全面掌握事件性质以及所造成的人员伤亡和财产损失情况,结合事件现场实际采取果断措施,防止事态蔓延扩大。
(4)统一调配救援人员、物资等。
(5)做好事件救援安全保护,确保救援工作顺利进行。
(6)适时批准启动和终止本预案。

2.3 指挥部组成人员

(1)公路养护单位应急救援指挥部总指挥、副总指挥及成员组成。

(2)公路养护单位应急指挥部内设办公室、专家组、救援组、事件调查组、善后组和后勤保障组,如附图 D-5 所示。办公室组成人员。

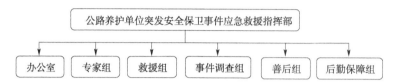

附图 D-5　公路养护单位突发安全保卫事件应急救援指挥部

2.4 内设机构主要职责

(1)办公室作为应急救援工作常设机构,承担公路养护单位应急救援指挥部日常工作。

主要职责:负责执行应急救援指挥部的决定,统一组织、协调、指导、检查突发安全保卫事件应对工作;负责收集分析各单位报送的社会安全相关信息,特别重大突发安全保卫事件预警信息,上报应急救援指挥部,并根据应急救援指挥部的决定发布警情;负责定期组织修订突发安全保卫事件应急预案,审定各级突发安全保卫事件专项应急预案,督促检查预案演练工作;负责建立健全和完善突发安全保卫信息网络系统,实现各单位信息共享,保障网络畅通;负责组织协调有关应对突发安全保卫事件宣传教育和培训工作;承办应急救援指挥部交办的其他事项。

(2)专家组由公路养护单位相关人员组成。

主要职责:按照国家和地方相关政策和规定,为应急救援工作提供技术保障;参加重大危险源评估,并对预案提出修改意见;承办应急救援指挥部交办的其他事项。

(3)救援组由事发地单位党组(支部)书记担任组长,组成人员为单位社会治安综合治理领导小组成员。

主要职责:具体制定并实施防止事件扩大的安全防范措施;统一指挥现场救援队伍,保护事件现场;迅速指挥救援,查明事件性质及基本情况;承办应急救援指挥部交办的其他事项。

(4)事件调查组由公路养护单位党委书记担任组长,组成人员为公路养护单位相关部门、事发地单位社会治安综合治理领导小组成员。

主要职责:按照国家和地方重特大治安事件调查处理有关规定,负责调查事件发生全过程以及采取的措施和善后处理等工作,调查结果反馈应急救援指挥部的同时,及时上报上一级主管单位。

(5)善后组由单位党组(支部)书记担任组长,组成人员为事发地单位社会治安综合治理领导小组成员。

主要职责:负责事件伤亡人员亲属安抚、接待及善后处理工作;承办公路养护单位应急救援指挥部交办的其他事项。

(6)后勤保障组由单位党组(支部)书记担任组长,组成人员为事发地单位社会治安综合治理领导小组成员。

主要职责:组织有关人员对事件现场进行保护,维护事件发生区域秩序;统一指挥实施后勤保障队伍;指挥疏散事件影响区域人员;筹措调集应急所需交通工具、器材、通信设备、急救药品等;承办应急救援指挥部交办的其他事项。

2.5 应急救援组织机构

应急救援组织机构分为地州公路养护单位和市、县公路养护单位二级组织机构。

3 应急响应分级

根据突发安全保卫事件性质、可控性和社会危害程度等因素,划分为特别重大(Ⅰ级)、重大(Ⅱ级)、较大(Ⅲ级)和一般(Ⅳ级)四级。

(1)特别重大突发安全保卫事件(Ⅰ级)应急响应。当Ⅰ级(特别重大)突发事件发生时,应在最短时间内报告上级单位,启动本预案。

(2)重大突发安全保卫事件(Ⅱ级)应急响应。当Ⅱ级(重大)突发事件发生时,应启动本预案。

(3)较大突发安全保卫事件(Ⅲ级)应急响应。当Ⅲ级(较大)突发事件发生时,应启动单位突发安全保卫事件应急预案。

(4)一般突发安全保卫事件(Ⅳ级)应急响应。当Ⅳ级(一般)突发事件发生时,应启动单位突发安全保卫事件应急预案。

4 应急处置

(1)突发安全保卫事件发生后,单位应立即向其上一级主管单位及当地公安部门报告,同时迅速启动本单位应急救援预案,封闭并保护现场,抢救受伤人员及物资,疏散事件危险区域人员,控制事态发展,最大限度减少人员伤亡和经济损失。

(2)基层单位接到突发安全保卫事件报告后,其党组(支部)书记、分管领导应立即赶赴事件现场,启动本单位突发安全保卫事件应急救援预案,迅速组织救援工作,同时立即向上一级主管单位报告。

(3)必要时,责令受到严重威胁的单位立即撤离并疏散人员。

(4)严格按照救援预案的职责分工实施救援,未经指挥部批准,不得擅自改变计划。

(5)应急救援人员进入救援现场应采取防护措施,现场治安管理人员应密切监视险情并及时报告现场指挥部,一旦发现有可能危及应急救援人员安全的情况,尽快将受到安全威胁的人员疏散、撤离到安全地带。

(6)按照突发安全保卫事件等级,根据应急响应进展情况,由发生响应的突发安全保卫事件应急指挥机构宣布应急响应解除。

(7)各级突发安全保卫事件应急指挥机构根据新闻发布有关规定确定发布内容,经上一级主管单位批准后,指定专人及时发布。

5 应急保障

5.1 通信与信息保障

各级应急指挥机构应配备必要的通信保障设备,同时建立公路养护单位应急响应机构联络表和相关单位联络表,并向系统公布应急救援接报电话。

5.2 设备与装备保障

各级应急指挥机构应建立应急救援设备台账。

5.3 应急救援物资保障

各级应急指挥机构应配备必要的应急救援物资,同时建立应急响应物资台账,以及应急救援物资保障机制。

5.4 应急救援经费保障

各级应急指挥机构应设立应急救援专项经费,为突发安全保卫事件应急工作提供资金保障。

6 预案启动及终止

6.1 预案启动

当单位发生Ⅲ级及Ⅲ级以上突发安全保卫事件时应立即启动本预案。

本预案启动后,应急指挥部办公室立即通知有关人员赶赴事件现场实施救援。

6.2 救援终止

应急指挥部宣布突发安全保卫事件救援终止。按照国家和地方重特大治安事件调查处理相关规定，向有关机构提供事件调查处理所需有关情况和资料。

7 应急救援培训与演练

7.1 应急救援培训

根据突发事件演练要求做好应急救援预案培训工作，不断提高应急救援人员业务知识水平。

7.2 应急救援演练

各单位应根据本单位实际，制订应急救援预案演练计划和方案，并报上一级主管单位批准后实施。

7.3 应急救援演练总结、评估

在应急救援演练结束后，应急救援演练单位应对演练效果进行总结和评估。应急救援演练内容包括演练是否达到预期目标和效果，防范意识、救援能力是否有明显提高。演练结束后，将总结与评估及有关资料报上一级主管单位备案。

8 附则

8.1 预案管理

本预案是公路养护单位的专项预案。各单位依据本预案精神，制订本级突发安全保卫事件应急救援预案，成立组织机构，履行相应职责，完善预案体系。

8.2 预案修订

公路养护单位适时或发生重特大突发安全保卫事件应对工作结束后，组织相关人员对本预案进行修订，并报上一级主管单位审核、备案。各单位也须按照相应时间及条件进行修订与评审，并报公路养护单位审核、备案。

下列情况，本预案应进行修订与完善：
(1) 本预案所依据法律法规做出调整、修改，或者国家出台新的应急管理相关法律法规。
(2) 根据应急演练和突发事件应急处置结束后的经验总结，认为有必要对预案做出改进。
(3) 因机构改革对应急管理机构进行较大调整。
(4) 其他认为有必要修订的情形。

8.3 奖惩

对在突发安全保卫事件应急救援中做出突出贡献的单位及个人，给予表彰和奖励；对出现严重失职的单位及人员，按照有关规定追究相应责任。

8.4 预案解释

本预案由公路养护单位负责解释并组织实施。

9 预案实施时间

本预案自发布之日起实施。

附录 D-9 公路收费计重收费突发安全保卫事件应急预案

1 编制目的及依据

为有效地预防和减少公路收费站突发事件，控制和消除突发事件引起的危害，健全和完善统一指挥、反应灵敏、运转高效的收费公路突发事件反应系统,全面提高应对公路收费站突发事件的快速反应能力、应急处置能力和服务保障能力,确保公路收费站安全运营。

依据《中华人民共和国突发事件应对法》《关于印发收费公路试行计重收费指导意见的通知》(交公路发〔2005〕492号)及地方政策精神,结合《公路养护单位突发公共事件应急预案》《公路养护单位突发安全保卫事件应急救援预案》,制定本预案。

2 适用范围

本预案适用于公路养护单位收费站计重收费工作中可能发生或已经发生的,需由政府、上级主管、本级相关机构负责协调处置的重大、较大突发事件的应对工作。

主要包括:

(1)公路收费区域内交通量突然增大,有较多车辆滞留在收费区域或车辆堵塞收费车道。由收费稽查部门及收费站做好应急处置和收费工作。

(2)公路收费区域内发生重大交通事故或车辆突发故障,由人为因素导致堵塞收费车道,由设备管理部门做好道路清障。

(3)公路收费区域内发生暴力抗费及群体事件,由收费站报请当地公安部门处置。

(4)车辆损坏公路收费设施或公路收费系统出现故障,不能正常进行计重收费,由收费稽查部门启动应急预案。

3 工作原则

(1)坚持"居安思危、预防为主"原则。
(2)坚持"统一领导、分级负责"原则。
(3)坚持"依法规范、加强管理"原则。
(4)坚持"快速反应、协同应对"原则。

4 组织机构

成立公路养护单位收费公路计重收费突发安全保卫事件应急指挥部,配合上级有关单位,统一组织指挥系统内收费公路计重收费中突发的安全保卫事件应急处置工作。各单位应结合单位实际制订相应预案,并成立有关应急机构。

(1)主要职责:负责重大突发事件协调、处置工作;按照发生突发安全保卫事件应急响应级别,决定启动突发事件应急预案,设立临时指挥部或派专员到现场指挥;及时查找不足,总结经验。

(2)组成人员:由总指挥、副总指挥及成员组成。

(3)内设机构包括综合协调组、公路收费管理组、安全保卫组、事发地公路管理机构和事发地公路收费站,如附图D-6所示。

附图D-6 公路养护单位收费公路计重收费突发安全保卫事件应急指挥部

5 内设机构主要职责

5.1 综合协调组

主要职责:负责对突发事件应急处置的指导协调、监督检查、组织实施,对突发事件所涉及重大工作事项提出建议,履行应急值守、预案管理、信息汇总和综合协调职能,发挥应急管理工作运转枢纽作用,保障公路收费计重收费正常进行。

5.2 公路收费管理组

主要职责:以确保正常的公路收费管理为原则,做好公路养护单位收费站计重收费实施工作,督促有关部门做好支持和配合工作,制订公路收费站有关机电设备运转、监控、计算机软件运行突发事件预案,配合有关部门做好突发事件应急处置工作。

5.3 安全保卫组

主要职责:制订公路收费计重收费突发安全保卫事件应急预案,建立应急处置机制;遇有突发性、群体性事件,按规定程序上报。协调、组织有关单位联合执法,维护正常收费秩序;应急预案启动后,按规定程序通知各成员单位在第一时间赶往现场,按照职责做好现场应急处置工作。

5.4 事发地公路管理机构

主要职责:协助主管单位、部门做好公路收费站过往车辆疏导,提高车辆通行能力,尽量减少交通主干道车辆堵塞现象;配合做好收费公路滞留车辆治安工作,遇有围堵收费车道、收费广场,阻碍正常收费工作,干扰正常收费秩序的事件,应及时配合当地政府及公安部门迅速处置。

5.5 事发地公路收费站

主要职责:加强与有关单位的沟通、协调和联系,形成联动机制;组织本单位力量参与应急处置工作;加强对过站车辆进行疏导,设立专用通道,保障收费站畅通;负责组织现场有关人员疏散、撤离、隔离;做好损坏设施登记、备案工作;及时向上一级应急处置领导小组反馈收费环境和收费秩序情况。

6 应急报告

根据突发事件的事态发展,确定其预警级别并及时上报情况。各单位在发生突发事件后,应立即报告事发地公安部门,同时报告上一级主管部门,并及时处置突发事件。发生Ⅲ级(较大)以上突发事件时,事发地单位应于30min内如实向公路养护单位报告,并报告所辖地方政府及有关部门,书面信息必须于事件发生后2h内上报,不得迟报、谎报、瞒报和漏报。

7 突发事件等级分类

针对收费公路计重收费可能发生的各类突发事件,按其性质、可控性和社会危害程度等因素,将其划分为四级,即Ⅰ级(特别重大)、Ⅱ级(重大)、Ⅲ级(较大)、Ⅳ级(一般)。

7.1 特别重大突发事件(Ⅰ级)

(1)由非人为因素外界条件引起的公路收费站秩序十分混乱,24h以上无法实施收费的。
(2)由人为因素引起的公路收费站发生较大规模群体停运、围堵收费站,车道被堵12h以上的。
(3)其他因素导致公路收费站的工作无法正常开展的。

7.2 重大突发事件(Ⅱ级)

(1)由非人为因素外界条件引起的公路收费站秩序比较混乱,12h以上无法实施收费的。
(2)由人为因素引起的公路收费站发生群体停运、围堵收费站,造成单向车道被堵12h以上的。
(3)其他因素导致公路收费站的工作无法正常开展的。

7.3 较大突发事件(Ⅲ级)

(1)由非人为因素外界条件引起的公路收费站全部车道在30min以内或部分车道在6h以内被堵塞,不能实施正常收费的。
(2)由人为因素引起的收费问题纠纷,发生治安案件或安全事故,情况较严重的。

(3)其他因素导致收费站工作无法正常开展的。

7.4 一般突发事件（Ⅳ级）

(1)由非人为因素外界条件引起的公路收费站车道被短时间堵塞,10min以上、3h以内不能实施正常收费的。

(2)由人为因素引起的一般性收费问题纠纷,发生一般性治安案件或安全事故,造成较轻的人员伤害的。

(3)其他因素导致收费站的工作无法正常开展的。

8 应急预案的启动

(1)当发生Ⅰ级(特别重大)突发事件时,事发地单位在最短时间内报告上级单位启动收费公路计重收费突发安全保卫事件应急预案。

(2)当发生Ⅱ级(重大)突发事件时,启动公路养护单位收费公路计重收费突发安全保卫事件应急预案。

(3)当发生Ⅲ级(较大)突发事件时,启动事发地收费站收费公路计重收费突发安全保卫事件应急预案。

(4)当发生Ⅳ级(一般)突发事件时,启动事发地收费站收费公路计重收费突发安全保卫事件应急预案。

9 应急处置

9.1 应急报告程序

(1)收费站当班收费班长、收费员、监控员、执勤人员遇突发事件应立即向值班站领导报告。

(2)站领导根据事件严重程度,组织协调有关力量开展临时应急处置工作,并迅速向当地公安和上一级主管单位报告。

(3)事发地其他单位在得到有关突发事件报告时,应根据事件情况,积极配合收费站做好应急处置工作。

9.2 应急处置措施

(1)应急预案启动后,各有关单位应在第一时间赶赴现场,协助做好启动应急预案的各项准备工作。

(2)针对出现的不同情况,根据指示启动以下应急程序：

①当公路收费区域突然出现交通量增大,车辆通行速度缓慢,造成车辆积压,滞留车辆超过40辆以上时,收费站应急处置领导小组应立即调派人员及时指挥交通,采取放行方式进行疏导。若滞留车辆持续增加,收费站应立即向上一级主管单位报告,确保在公安、路政等增援力量到来之前事态不进一步扩大。经交通疏导后交通仍然堵塞,并有进一步扩大趋势的,收费站应急领导小组应立即向上一级主管单位和有关部门报告,请求支援。

②当公路收费区域发生重大交通事故时,收费站应急处置领导小组成员应迅速做出响应,立即向当地交警部门报告,拨打120和110救援电话,第一时间将人员补充到位,维持交通秩序、保护现场,协助卫生部门抢救事故受伤人员,并采取灵活收费办法,及时疏散滞留车辆通过收费区域。当车辆突发故障堵塞收费车道时,收费站应急处置领导小组应调派和组织人员及时将故障车辆拖离收费车道或收费区域,确保收费区域各收费车道畅通。

③当发生暴力抗费或群体事件时,收费站应急处置领导小组成员应立即向上一级主管单位、事发地人民政府、公安部门报告,并启动应急预案,组织有关人员赶赴现场,控制局面、平息事态。同时,维持好交通秩序,疏通车道,并组织人员做好现场监控录像工作。对司乘人员使用暴力造成收费员伤害或使收费设施财产受损的,报请当地公安部门处理。

④当车辆损坏公路收费设施时,收费站应急处置领导小组成员应立即报告事发地公安(交警、路

政),协助做好维持交通秩序,疏导无关车辆快速通过收费区域和收费道口,配合公安交警部门对肇事现场进行拍照、取证,安排人员将肇事车辆拖离现场。

⑤当公路收费站所有车道计重收费设备发生故障,且无法实施计重收费时,收费站应急处置领导小组成员应立即按规定程序上报,并针对不同故障情况采取相应应急措施,或立即恢复原收费方式或启动有关应急收费措施。

9.3 事件善后处理

按规定程序对事件处置过程进行评估,并按照要求妥善开展应急事件善后各项工作。

10 应急保障

10.1 通信与信息保障

应急指挥机构配备必要的通信保障设备,建立公路养护单位应急响应机构联络表和相关单位联络表,并向系统内公布应急处置接报电话。

10.2 设备与装备保障

应急指挥机构根据应急工作需要建立应急处置设备台账。

10.3 应急处置物资保障

建立应急处置物资保障机制,根据应急工作需要配备必要的应急处置物资,同时建立应急响应物资台账。

10.4 应急救援经费保障

根据应急工作需要设立应急处置专项经费,为突发安全保卫事件应急处置提供资金保障。

11 应急处置终止

按照应急预案响应处置级别,突发事件处置完成后,由总指挥下达终止命令。有关部门做好应急处置总结和评估工作。

12 应急救援培训与演练

12.1 应急救援培训

根据《公路养护单位突发事件演练制度》,做好应急预案培训工作,不断提高应急处置人员业务知识水平。

12.2 应急救援演练

各单位根据本单位实际,制订应急预案演练计划和方案,并报上一级主管单位批准后实施。

12.3 应急处置演练总结、评估

应急处置演练结束后,应急处置演练单位应对演练效果进行总结和评估,其内容包括演练是否达到预期目标和效果,防范意识、应急救援能力是否有明显提高。演练结束后,将总结与评估及有关资料报上一级主管单位备案。

13 附则

13.1 预案管理

本预案是公路养护单位的专项预案。实行计重收费的收费站可依据本预案,制订收费公路计重收费突发安全保卫事件应急预案,成立组织机构,履行相应职责,完善预案体系。

13.2 预案修订

公路养护单位适时或重特大收费公路计重收费突发安全保卫事件应对工作结束后,组织相关人员对本预案进行修订,并报上一级主管单位审核、备案。实行计重收费的各收费站也须按照相应时间及条件进行修订与评审,并报公路养护单位审核、备案。

下列情况,本预案应进行修订与完善:

(1)本预案所依据法律法规做出调整、修改,或者国家出台新的应急管理相关法律法规。
(2)根据应急演练和突发事件应急处置结束后的经验总结,认为有必要对预案做出改进。
(3)因机构改革对应急管理机构进行较大调整。
(4)其他认为有必要修订的情形。

13.3 奖惩

对在收费公路计重收费突发安全保卫事件应急救援中做出突出贡献的单位及个人,给予表彰和奖励;对出现严重失职的单位及人员,按照有关规定追究相应责任。

13.4 预案解释

本预案由公路养护单位负责解释并组织实施。

13.5 预案实施时间

本预案自发布之日起实施。

附录 D-10 财务安全管理应急预案

1 总则

1.1 编制目的

为了确保单位资金、财务数据、会计档案等安全,维护财务信息系统的安全稳定运行,提高对财务紧急事件的应对和处置能力,按照上级有关部署,结合自身工作实际,特制定本预案。

1.2 适用范围

本预案适用于单位涉及财务安全的各类事件的防范、应对和处置。主要包括危及现金、银行存款、财务信息系统及财务网络、会计档案等事件。各单位可参考执行。

2 紧急事件

2.1 盗窃、抢劫事件

盗窃、抢劫事件指在财务办公室内或财务人员外出途中针对单位现金、支票、印章、其他票据等发生盗抢事件,一般可造成单位财产损失甚至人员伤亡。

2.2 会计档案损坏

会计档案损坏指在档案室、财务办公室或计算机房发生的会计档案损毁事件,如发生火灾、水灾、故意损坏等行为致使纸质或电子档案损毁。

2.3 财务数据失窃

财务数据失窃指财务部门以外人员未经授权,取得财务数据(包括纸质数据或电子数据)的行为,不论是否将数据用于非法用途均属财务数据失窃。

2.4 计算机病毒感染或黑客攻击

计算机病毒感染或黑客攻击指由于财务部门计算机或财务服务器感染各类计算机病毒,致使计算机系统不能正常工作,或者计算机产生数据丢失、破坏,甚至造成银行账户资金损失。

2.5 操作失误

操作失误主要指工作人员由于误操作致使资金损失或数据丢失。

3 防范措施

(1)出纳人员、网络资金结算人员、财务信息系统维护人员、计算机软硬件维护人员等应树立安全第一的思想,增强安全防范意识,并将安全意识落实到日常工作中。

(2)相关人员要保管好自己的所有密码,包括保险柜、财务信息系统、网银重要密码等,不得向他人泄露,并定期修改。

(3)在离开办公室前应将重要物品及时收纳妥善保管好,如财务印章、保险柜钥匙、银行系统操作卡等,办公室内如没有本部门人员时,离开时必须锁好门窗。

(4)在办公室附近或取款途中发现可疑车辆、人员,应加强警惕或通知安保部。

(5)所有财务人员都要注意日常工作中存在的安全隐患,定期检测报警系统、监控系统、防盗门窗、保险柜等的性能,确保各安全设备正常运行。

(6)财务信息系统的操作人员要注意严格执行系统安全规定,不得向别人出借自己的用户名,不得在公共场所登录系统。

(7)网上银行操作必须在办公室指定的计算机上进行,不得在指定计算机以外的任何计算机上操作,如在其他单位、其他部门、操作人员家中、公共场所等。

(8)加强财务付款审核工作,包括通过银行柜台办理和通过银行提供的网络结算系统两种形式,防止由一个人操作而引起的操作失误。

(9)严格按照管理要求做好电子数据的备份和保管工作。手工备份要及时,自动备份操作人员必须定期检查备份结果。对于备份结果,应多处分别保管。

(10)财务部门专用计算机不得从事与工作无关的操作,应严格按照指定用途使用,如税务专用和银行结算专用要严格区分,一般不得串用。

(11)财务人员因工作调动而进行工作移交,除移交纸质文档和实物外,还要移交电子数据和本人使用的计算机。

(12)根据实际情况,阶段性地进行防火、防盗等演练。

4 应急事件处理

4.1 盗窃、抢劫事件

4.1.1 在办公室内或外出途中遭遇不法分子抢劫时,财务人员应及时拨打110向公安机关报案。

4.1.2 发生暴力抢劫事件时,工作人员应尽可能避免与歹徒发生正面冲突,在确保自身安全的前提下,记住歹徒的相貌、年龄、身高等基本特征,如对犯罪车辆,应记住车牌号或车型、车身颜色,方便公安机关追查。如现场有人员受伤,应拨打120急救。

4.1.3 发生盗窃事件时,第一发现者应立即向领导汇报,并保护案发现场,同时做好保密工作,避免产生不良影响,以便领导统一指挥。

4.2 会计档案安全事件

当发生危及会计档案安全事件时,如火灾、水灾等事件,应正确使用干粉灭火器进行灭火,千万不能用水和泡沫灭火器。如计算机着火应立即切断电源,应使用二氧化碳灭火器扑救,若发现及时,可以在断开电源后迅速用湿地毯或棉被等盖计算机。当发生危及电子数据安全的事件时,第一发现者立即报告领导并通知监控信息中心采取有效措施,如进行存储设备保护、数据转移、数据恢复等操作。

4.3 财务数据失窃

发现财务数据被窃取时,第一发现者应立即报告领导,领导在第一时间组织专业人员控制数据散播,尽可能将损失降到最低,并组织相关人员对被窃情况进行分析,查找数据被窃取的源头和渠道,分析窃取者采用的手段和方法,判断可能导致的后果,进一步查找窃取者。对于难以查找窃取者的情况,由领导决定是否向公安机关报案,由公安机关进行处理。

4.4 计算机病毒感染或黑客攻击

4.4.1 财务计算机系统受计算机病毒感染或黑客攻击,致使系统不能正常运行时,计算机使用人员直接向监控信息中心报告,由监控信息中心人员进行初步诊断,查找原因,分析造成的影响或后果,判断是否产生数据丢失或破坏、是否被窃取银行账户信息(如用户名、账号和密码)。对于没有造成严重后果的,由监控信息中心人员进行维护后继续使用;对于造成严重后果的,包括电子数据破坏、系统瘫痪、资金通过网络失窃等,应立即采取措施减少损失,并向领导汇报,领导可以向公安机关报案,由公安机关介入调查。

4.4.2 对于情况复杂的案例,监控信息中心人员无法准确判断或正确处理的,可以请外部相关合作单位协助处理,如软件供应商、网络运营商、硬件提供商的专业人员。

4.5 操作失误

4.5.1 对于付款操作失误,一经发现,首先与开户银行取得联系,确认该笔款项是否已经经过银行系统付出。如果银行尚未付出,通知银行立即取消(适用于非实时汇款);如果银行确认已付出,立即通知领导小组,由领导和具体经办人员与对方协商,要求对方退回款项。对于对方不承认收到款项或不愿意退回款项的,经多次协商仍无效的,可以决定通过法律手段进行处理。

4.5.2 对于电子档案操作失误,一般为误删除或没有按照规定进行数据备份。一经发现,立即停止任何操作,通知相关人员,进行数据的恢复和抢救。

5 附则

公路养护单位适时或重大财物安全管理事件应对工作结束后,组织相关人员对本预案进行修订,并报上一级主管单位审核、备案。各单位也须按照相应时间及条件进行修订与评审,并报公路养护单位审核、备案。

下列情况,本预案应进行修订与完善:
(1)本预案所依据法律法规做出调整、修改,或者国家出台新的应急管理相关法律法规。
(2)根据应急演练和突发事件应急处置结束后的经验总结,认为有必要对预案做出改进。
(3)因机构改革对应急管理机构进行较大调整。
(4)其他认为有必要修订的情形。

附录 D-11 机电系统突发故障应急预案

1 总则

1.1 编制目的

为快速、有效地处理重大机电系统突发故障,使故障应急处置工作有序开展,把机电故障对收费及运营管理工作的影响降至最低,特制订本预案。

1.2 适用范围

本预案适用于各收费站机电设备使用单位的机电系统突发故障抢修工作。

机电系统突发故障是指部分机电设备及其附属由于故障引起的,严重影响机电设备使用部门正常的收费、监控和通信工作,或者威胁网络和设备人员安全的事件。当发生以下机电系统突发故障时,适用本应急预案:

(1)收费设备重大故障。

(2)通信设备重大故障。

(3)软件重大故障。

(4)通信线路(光缆)重大事故。

(5)供电线路重大故障。

(6)UPS供电重大故障。

(7)网络安全重大故障。

(8)维修设备问题。

(9)意外事件造成的重大故障。

2 事故类型和危害程度分析

针对收费机电设备运行工作可能发生的各类突发事件,按其性质、可控性和社会危害程度等因素,将其划分为四级,即Ⅰ级(特别重大)、Ⅱ级(重大)、Ⅲ级(较大)、Ⅳ级(一般)。

2.1 特别重大突发事件(Ⅰ级)

(1)由非人为因素外界条件引起的某个路网内收费站秩序十分混乱,72h以上无法实施正常收费,需要领导层面解决的。

(2)由人为因素引起公路收费站发生较大规模群体停运、围堵收费站,造成车道被堵72h以上的。

(3)其他导致公路收费站的工作无法正常开展的。

2.2 重大突发事件(Ⅱ级)

(1)由非人为因素外界条件引起的公路收费站秩序比较混乱,48h以上无法实施收费的。

(2)由人为因素引起的公路收费站发生群体停运、围堵收费站,造成单向车道被堵48h以上的。

(3)其他导致公路收费站的工作无法正常开展的。

2.3 较大突发事件(Ⅲ级)

(1)由非人为因素外界条件引起的公路收费站全部车道在30min以内或部分车道在6h以内被堵塞,不能实施正常收费的。

(2)由人为因素引起的公路收费站发生收费问题纠纷,发生治安案件或安全事故,造成人员伤害2人以下的。

(3)其他导致公路收费站的工作无法正常开展的。

2.4 一般突发事件(Ⅳ级)

(1)由非人为因素外界条件引起的公路收费站车道被短时间堵塞,10min以上3h以内不能实施正常收费的。

(2)由人为因素引起的公路收费站发生一般性收费问题纠纷,发生一般性治安案件或安全事故,造成较轻的人员伤害的。

(3)其他导致公路收费站的工作无法正常开展的。

3 应急指挥机构及职责

3.1 组织领导

成立机电系统故障应急处置领导小组。

组　　长：地州公路养护单位党政主要领导
副组长：地州公路养护单位分管领导
成　　员：各部门负责人、基层党政主要领导

领导小组主要职责：

(1)负责全范围内机电系统突发重大故障应急处置工作的统一指挥与调度,在组织做好机电系统修复的同时,协调安排收费等相关部门的协助工作,保障应急处置工作的有序开展。
(2)负责落实上级应急指挥机构的指示。
(3)负责机电系统突发故障应急指挥中心应急预案的制订和完善。
(4)负责督促考核各项应急工作、措施的落实。

3.2 领导小组下设办公室

办 公 室 主 任：地州公路养护单位监控通信部门负责人
成　　　　员：地州公路养护单位监控通信部门全体人员、公路收费站负责人及站级维护员

办公室主要职责：

(1)负责突发重大故障应急处置工作的具体指挥与监督落实。
(2)指挥调度故障抢修时机电技术人员、设备技术资源、备品备件等,为故障修复提供人员、技术和设备的支持与保障。
(3)负责机电系统突发故障等信息的分类统计和定量分析,做好收集、处理和上报工作。
(4)负责协调或组织抢修损毁的机电设施、设备。
(5)负责各类应急知识的教育、培训和预案演练。
(6)负责应急工作的检查、考核等日常管理工作。
(7)组织落实领导组对应急工作的各项决定、指示等。
(8)负责应急处置的定期总结,做出对有关部门、人员相应的奖惩。

4 应急处置工作程序

4.1 突发事件响应

机电系统突发故障应急处置坚持"统一领导、以人为本、分级负责、处置得力、及时反应"的原则。

机电系统突发故障应急响应实行首问责任制,各机电设备使用部门当班负责人为第一责任人,值班人员必须保证24h在岗,遇有突发事件随时上报。

监控通信部门负责人负责实时向机电系统突发故障工作应急领导组汇报请示,及时执行领导处理意见。

4.2 关联响应

当机电系统故障影响正常收费工作时,由监控通信部门负责向上级单位及相关部门报告,并按照《机电设备应急预案》进行处置;造成交通拥堵时,由各收费站上报监控通信部门,由监控通信部门监控中心负责向上级信息监控中心报告,并发布路况信息提示。

4.3 信息报告

监控中心接报突发事件时,视事件程度,向值班领导、分管领导或上级单位及相关部门报告。

当情况紧急时,监控中心负责通知相关部门或单位组织力量赶赴事发现场,进一步查明情况,妥善处理。

处理事件过程中应及时向值班领导、分管领导或上级单位及相关部门报告处理过程,并于24h内以书面形式专项报告。

4.4 故障的发现与初步判定

当收费站发现设备或者机电系统运行出现重大故障时,立即通知站级机电维护人员和监控通信部门,并及时启动站级应急预案。站级机电维护人员接到报告后,及时赶赴故障现场对故障进行初步判定,同时指导应急预案启动,然后将故障及判定情况上报监控通信部门。

4.5 故障抢修方案的确定

初步判定后,由站级机电维护人员对故障机电设备或系统进行抢修,尽快恢复机电设备或系统运转正常。如果故障不能及时修复,应上报监控通信部门委派维护单位配合故障修复相关工作。同时,将故障和组织修复情况上报监控通信部门。

4.6 故障的修复

在应急指挥调度领导小组办公室的统一调度指挥下,按照处置方案修复故障机电设备或系统。

4.7 应急处置工作的分析总结

故障修复后,应急指挥调度领导小组办公室组织站机电管理和维护人员及参与故障修复的技术人员对故障修复进行技术研讨,分析故障发生的原因,并制定相应措施降低故障发生率;总结故障排除的处理流程,修订并完善应急预案。

5 处置措施

5.1 干线光缆中断处理应急预案

(1)光缆中断的故障现象和造成的影响如下:

①收费站可以进行正常的收费工作,但由于收费数据不能及时上传,会影响到每天的拆分工作,同时影响到其他路段通行卡的路径查询、出入口车辆的图片查询功能。

②辖区内干线光缆中断将使收费站内线电话、有线电视、办公网络中断,收费系统暂不能执行车辆抓拍图片、通行卡查询、数据上传等功能,分中心、相关收费站数据采集系统将出现报警。收费站能进行正常的收费工作,不影响交接班操作。

光缆接通后,上述功能立即恢复,报警自动取消。

(2)技术应对措施及处理预案如下:

①监控通信部门安排技术人员、维护人员认真值班,注意观察和记录中心、收费站机电系统运行和报警情况,出现异常情况后及时通告负责人及相关收费站监控室,立即进行光缆故障排除,检查系统设备状况,故障排除后系统功能自动全部恢复。

②监控通信部门应根据通信系统故障现象确定故障点,同时通知光缆接续维修单位携带相关设备(光纤测试仪、光纤熔接机等)尽快赶到现场进行光缆接续,保证重大设备故障48h完成维修。

③本路段内光缆中断后内线电话不能使用的收费站应立即和监控通信部门取得联系,留下联系方式,保证临时通信畅通。

④除按上述操作方式处理外,各站监控人员应做好登记工作,并结合日常管理措施处理,必要时应及时上报上级主管部门。

5.2 通信设备故障处理应急预案

收费站、服务区通信设备出现故障会导致内线电话不通、与分中心服务器网络中断、收费数据不能及时上传、通行卡的路径、出入口车辆的图片不能查询等现象,但是不影响正常收费工作,故障解除后自动恢复正常。

技术应对措施及处理预案如下:

(1)光网络单元(Optical Network Unit,ONU)故障现象比较明显,当ONU发生故障时,收费站与监控通信部门网络中断,内线电话不能使用,不影响正常收费。收费站监控室应立即上报监控通信部门,并详细描述故障现象,便于及时判断故障并维修。

(2)收费站监控室维修通信设备时必须要有监控通信部门系统维护工程师指导进行,不得擅自维护。通信设备应定期清洗防尘滤网。

(3)系统维护工程师如判定通信设备板卡损坏时,先查询备品备件库有无此板卡代换,如没有,可以在不影响其他收费站通信设备正常运行的情况下,借用所需板卡,待故障解除后恢复原样。

(4)通信系统设备出现故障时,应首先向监控通信部门汇报,内线电话不通时,监控室设立应急电话,以应对紧急情况。

5.3 监控中心、监控室服务器故障处理应急预案

监控通信部门服务器出现故障会造成收费数据不能上传上级主管部门、收费数据无法备份等现象,但是不影响收费站正常收费。收费站服务器发生故障时,收费站网络会中断、无法操作上下班系统、不能进行图像查询等,不影响正常收费。

技术应对措施及处理预案如下:

(1)服务器发生故障时,收费站监控室应立即上报监控通信部门,并详细描述故障现象,便于及时判断故障并维修。

(2)如服务器软件出现故障,监控通信部门备份的有数据硬盘,系统维护工程师将软件恢复。

5.4 收费系统供配电故障处理应急预案

收费站停电对收费系统的影响是非常严重的,不能保证正常的供电,设备就不能正常工作。不间断电源(Uninterruptible Power System,UPS)报警时收费站监控室要查明原因,及时上报监控通信部门排除故障。UPS要定期放电维护,清理卫生。收费站停电后,应急发电机立即启动,但是要在发电机运行稳定、有平稳的输出电压后再向UPS供电,大概15~30min。

技术应对措施及处理预案如下:

(1)在收费站供配电系统出现异常情况时,站区水电工应迅速判断原因,及时报告监控通信部门及站领导,并迅速启动站区固定发电机,切换至备用电源供电,优先保证收费系统供电。

(2)当收费站因故障停电时,站区水电工应立即查明故障原因并恢复供电,如故障不能自行解决,需上报监控通信部门、站领导,由综合办公室电工班进行处理。

(3)在市电正常停电的情况下,当市电恢复后,需切换至正常电源,按正常程序关停发电设备。

(4)在市电停电且站区固定发电机出现故障不能正常启动的情况下,需上报监控通信部门,由监控通信部门安排移动发电设备迅速到达现场,仅对监控、收费系统进行供电。在市电恢复正常后,应迅速对发生的故障进行修复,并做好维修记录。

(5)移动发电设备对监控、收费系统进行供电时,先将监控电源室配电箱内的市电空气开关断开,电源线接驳在发电机专用空气开关上,检查无误后方可送电。

5.5 车道设备故障紧急处理应急预案

收费车道上机电系统设备十分集中,由于工作环境恶劣,容易出问题,车道收费软件实时检测各种硬件故障,如果故障发生,即在故障提示区中进行有关提示。收费员应根据故障提示上报监控室,详细描述故障现象,以利于设备维护。

技术应对措施及处理预案如下:

(1)网断。由于网络或收费站数据库服务器的原因,车道计算机无法正常访问收费站数据库。网断

发生时不影响收费员正常收费操作,网络或服务器恢复正常后收费数据自动上传。系统检测网络故障后在网络图标上显示红"×"。

(2)打印机。系统实时检测各类打印机故障,并且提示有关信息。打印机故障应及时维修,系统检测打印机故障后在打印机图标上显示红"×"。

(3)读写器。系统实时检测读写器是否正常工作,如果故障系统在读写器图标上显示红"×"。IC卡读写器故障应及时维修。

(4)当终止票号－当前票号≤10时,系统闪烁提示"注意更换券票"。

(5)为了保证系统数据的完整性、正确性,系统实时检测内存、硬盘、CPU等内部设备状态,如果发生故障,系统会弹出严重故障提示框,禁止收费员的任何操作。当发生系统故障时,收费员应关闭车道,不进行任何操作,做好详细记录(一般为最后一辆车的入口信息、车型、收费金额等信息),及时通知有关人员进行维修。

5.6 IC卡、报表管理计算机故障处理应急预案

IC卡、报表管理计算机故障会造成收费站不能领用IC卡、无法操作上下班系统、不能打印报表、不能交接班等故障现象。

技术应对措施及处理预案如下:

(1)收费站监控室应立即上报监控通信部门,并详细描述故障现象,便于及时判断故障并维修。

(2)监控通信部门收到故障通知后判断故障点,如果是软件故障,将备份的数据恢复,如果是硬件故障,则更换相应的设备。

5.7 车道计算机故障紧急处理预案

车道计算机故障会造成不能正常操作上下班系统、不能正常发卡收费等故障现象。

技术应对措施及处理预案如下:

(1)车道计算机发生故障时,先关闭故障车道,上报监控通信部门,并详细描述故障现象,便于及时判断故障并维修。

(2)监控通信部门收到车道计算机故障通知后判断故障点,如果是软件故障,将备份的数据恢复;如果是硬件故障,则更换相应的设备。

6 附则

公路养护单位适时或重大机电系统突发故障应对工作结束后,组织相关人员对本预案进行修订,并报上一级主管单位审核、备案。各单位也须按照相应时间及条件进行修订与评审,并报公路养护单位审核、备案。

下列情况,本预案应进行修订与完善:

(1)本预案所依据法律法规做出调整、修改,或者国家出台新的应急管理相关法律法规。

(2)根据应急演练和突发事件应急处置结束后的经验总结,认为有必要对预案做出改进。

(3)因机构改革对应急管理机构进行较大调整。

(4)其他认为有必要修订的情形。

附录 D-12 机械车辆伤害事故应急预案

1 编制目的

为认真贯彻执行"安全第一,预防为主,综合治理"的安全生产方针,进一步加强安全生产管理工作,控制和减少机械车辆伤害事故的发生,并在一旦发生事故时能够当机立断,采取有效措施和及时救援,最

大限度地减少人员伤亡和财产损失,结合单位安全生产工作的实际情况,制定本预案。

2 适用范围

本预案适用于机械车辆在发生机械伤害事故时,做出应急准备与响应。

3 应急处理与要求

3.1 防止机械车辆伤害事故的基本安全要求

(1)教育培训措施。对各类机械车辆操作手加强机械车辆常识、安全操作知识的教育和培训,提高其安全生产技能和安全自我防护意识。

(2)加强机械车辆维修维护。各单位定期对机械设备进行维修维护,查找安全隐患,对国家强制要求检测的设备需经权威部门检测。

(3)各单位定期对所有机械车辆进行专项检查,重点检查设备安全部件、检测情况,设备完好状况。对查出的设备安全隐患及时维修、整改,力求各类机械车辆处于安全运行状态。

3.2 应急预案内容

3.2.1 轻伤事故的应急预案内容如下:

(1)立即关闭运转机械车辆,保护现场,向有关部门及单位同事求救。

(2)对伤者采取消毒、止血、包扎、止痛等临时措施。

(3)尽快将伤者送医院进行防感染处理,或根据医嘱做进一步检查。

3.2.2 重伤事故的应急预案内容如下:

(1)立即关闭运转机械车辆,保护现场,及时向部门同事求救、向有关部门汇报,应急指挥部接到事故报告后,迅速赶赴事故现场,组织事故抢救。

(2)立即对伤者进行消毒、止血、包扎、止痛、固定等临时措施,防止伤情恶化。如有断肢等情况,及时用干净毛巾、手绢、布片包好,放在无裂纹的塑料袋或胶皮袋内,扎紧袋口,在口袋周围放置冰块、雪糕等降温物品,不得在断肢处涂酒精、碘酒及其他消毒液。

(3)迅速拨打120电话求救并送附近医院急救,断肢随伤员一起运送。

(4)遇有创伤性出血的伤员,应迅速包扎止血,使伤员保持头低脚高的卧位,并注意保暖。正确的现场止血处理措施如下:

①一般伤口小的止血法:先用生理盐水(0.9% NaCl 溶液)冲洗伤口,涂上红药水,然后盖上消毒纱布,用绷带较紧地包扎。

②加压包扎止血法:用纱布、棉花等做成软垫,放在伤口上再加压包扎,增强压力达到止血的目的。

③止血带止血法:选择弹性好的橡皮管、橡皮带或三角巾、毛巾、带状布条等,上肢出血结扎在上臂上 1/2 处(靠近心脏位置),下肢出血结扎在大腿上 1/3 处(靠近心脏位置)。结扎时,在止血带与皮肤之间垫上消毒纱布。每隔 25~40min 放松一次,每次放松 0.5~1min。

3.3 电话报警救援须知

3.3.1 在就地抢救的同时,应立即打120电话,向医疗单位求救,并准备好车辆,随时运送伤员到就近的医院救治。

3.3.2 拨打电话时要尽量讲清楚以下内容:

(1)说明伤情和已经采取了哪些措施,好让救护人员事先做好急救准备。

(2)讲清楚伤者在什么地方,附近有什么特征。

(3)说明求救者单位、姓名和电话。

(4)通完电话后,应派人在现场外等候接应救护车,同时及时清除救护车驶入现场的路上障碍,以使救护车到达后,能及时进行抢救。

3.4 事故后续处理工作

(1)配合有关部门查明事故原因及责任人。

(2)以书面形式向上级写出报告,包括发生事故时间、地点、受伤(死亡)人员姓名、性别、年龄、工种、伤害程度、受伤部位。

(3)制定有效的预防措施,防止此类事故再次发生。

(4)组织所有人员进行事故教育。

(5)向所有人员公布事故结果及对责任人的处理意见。

4 附则

公路养护单位适时或重大机械车辆伤害事故应对工作结束后,组织相关人员对本预案进行修订,并报上一级主管单位审核、备案。各单位也须按照相应时间及条件进行修订与评审,并报公路养护单位审核、备案。

下列情况,本预案应进行修订完善:

(1)本预案所依据法律法规做出调整、修改,或者国家出台新的应急管理相关法律法规。

(2)根据应急演练和突发事件应急处置结束后的经验总结,认为有必要对预案做出改进。

(3)因机构改革对应急管理机构进行了较大调整。

(4)其他认为有必要修订的情形。

参 考 文 献

[1] 中国安全生产科学研究院.安全生产管理[M].北京:应急管理出版社,2019.
[2] 中国安全生产科学研究院.安全生产技术基础[M].北京:应急管理出版社,2019.
[3] 滕炜,刘左军.中华人民共和国安全生产法解读[M].北京:中国法制出版社,2014.
[4] 邹刚,李国虎.公路日常养护标准化手册[M].北京:人民交通出版社股份有限公司,2019.